AGON SPORTVERLAG STATISTICS BAND 22

Fußball in der DDR 1945 - 1989

Teil 4:
Der FDGB-Pokal, die Olympiamannschaft, der Jugendbereich

Quellenverzeichnis

Eigenes Archivmaterial
Das war unser Fußball im Osten, Fuwo-Sonderausgabe
Dynamo Dresden, ein Fußballklub stellt sich vor, Sportverlag Berlin
1. FC Lok Leipzig, ein Fußballklub stellt sich vor, Sportverlag Berlin
Fußball-Informativ, Sportverlag Berlin
Europameisterschaft, Europacup 1984, Sportverlag Berlin,1985
Europameisterschaft, Europacup 1988, Sportverlag Berlin
Fußballwoche, Ausgaben 1950 bis 1985

Bilder: Fotoagentur Kruzcynski
Agon-Archiv
Archiv R. Keifu
Einband: AGON, Wolfgang Fuhr
Repro: Bräuning & Rudert, Espenau
Druck: KoroPrint, Gorizia/Italien
DELO - Tiskarna d.o.o., Lubljana/Slowenien

Frankfurter Str. 92A
D - 34121 Kassel

Printed in Slovenia

ISBN 3-89609-102-6

Einleitung

Dem Leser liegt nunmehr der letzte Teil der Geschichte des DDR-Fußballs vor. Er behandelt die FDGB-Pokalendspiele und enthält die Spiele der Olympia-, Nachwuchs- und Juniorenauswahl bis Ende der 80er Jahre. In all diesen Bereichen gab es Höhen und Tiefen, Erfolge und Mißerfolge, spannende Spiele, aber auch Begegnungen auf niedrigem Niveau. 1949 wurde in der ehemaligen DDR der Pokalwettbewerb ins Leben gerufen. Der Pokal wurde vom Freien Deutschen Gewerkschaftsbund (FDGB) gestiftet, um die "beste Fußballmannschaft der Sportgemeinschaften der volkseigenen Betriebe" zu ermitteln.

Zunächst wurde in vier Ländern der neugegründeten DDR der jeweilige Pokalsieger ermittelt. Mecklenburg nahm am ersten Wettbewerb nicht teil. Beide Finalisten der Länder Brandenburg, Sachsen, Sachsen-Anhalt und Thüringen sowie der Pokalsieger Ostberlins ermittelten den ersten Pokalsieger der DDR. Die Trophäe errang Waggonbau Dessau nach einem knappen Sieg gegen Gera-Süd. In beiden Teams standen bewährte Fußballer, die sich bereits in den Spielen um die Gaumeisterschaft einen Namen geschaffen hatten. Auf Dessauer Seite traten besonders hervor: Walter Elze, Paul Breitmann, Franz Kusmierek, Rudolf Kersten und Werner Welzel. Im Geraer Team standen die bewährten Fritz Blumert, Fritz Zerrgiebel, Max Wollenschläger, Kurt Golde und Georg Buschner.

Im Kampf um Platz 3 standen sich Horch Zwickau und Carl Zeiss Jena in drei Spielen gegenüber. Nach 270 Minuten hatte sich Zwickau durchgesetzt und damit gleichzeitig den noch freien Platz in der neugegründeten DDR-Oberliga gesichert. Mit Hofsommer, Jugel, Schubert und Satrapa hatten die Westsachsen die größeren Spielerpersönlichkeiten in ihren Reihen.

Sensationelle Ergebnisse gab es im Wettbewerb des Jahres 1950. Die unterklassige Mannschaft von Neustadt/Orla gewann beim Oberligist Einheit Meerane 2:1, Pokalverteidiger Motor Dessau unterlag auf eigenem Platz Tabak Dresden mit 1:7!

Bis 1991 lebte der Pokal von Überraschungen und Sensationen, spielten sich unterklassige Mannschaften immer wieder in den Vordergrund. Der anfangs nicht so populäre Cup gewann immer mehr an Bedeutung. Bis 1949 beteiligten sich 193 Mannschaften am erstmals ausgetragenen Wettbewerb. Ende der 80er Jahre waren es bereits über 14.000 Teams aus allen Bezirken der DDR.

Seit 1975 fanden die Endspiele regelmäßig im Berliner Stadion der Weltjugend statt, ein Beschluß des DFV, der anfangs auf wenig Gegenliebe stieß. Schließlich profitierte davon in erster Linie der Berliner FC Dynamo, der sechsmal Heimrecht genoß, doch diesen Vorteil nur in zwei Pokalsiege ummünzen konnte.

Als erfolgreichste Pokalmannschaften erwiesen sich der 1. FC Magdeburg und Dynamo Dresden. Siebenmal erreichte Magdeburg das Finale und konnte stets als Pokalsieger den Rasen verlassen. Dynamo Dresden erreichte elfmal das Endspiel und gelangte ebenfalls zu sieben Erfolgen. Viermal hieß der Endspielpartner der Elbflorenzer Berliner FC Dynamo und nie konnten die Berliner gegen die Dresdner gewinnen. Dresden wiederum konnte keines der Endspiele gegen den FC Carl Zeiss Jena gewinnen.

Bis 1990 erreichte der FC Hansa Rostock fünfmal ein Endspiel, konnte jedoch keines gewinnen. Erst 1991 beim letztmalig ausgetragenen Wettbewerb konnte der Pokal an die Ostseeküste geholt werden. Carl Zeiss Jena und der 1. FC Lok Leipzig gelangten bei je sieben Finalteilnahmen zu vier Pokalsiegen.

Einen sensationellen Verlauf nahm der Pokalwettbewerb 1990. Die unterklassige Mannschaft des PSV Schwerin eliminierte Stahl Riesa sowie die Oberligisten 1. FC Magdeburg und 1. FC Lok Leipzig. Selbst im Endspiel gegen Dynamo Dresden gaben sich die Norddeutschen erst in der 84. Minute durch einen Treffer Ulf Kirstens knapp mit 1:2 geschlagen. Das große Los als FDGB-Pokalsieger zog 1974

Spielszene aus dem FDGB-Pokalendspiel 1975 Sachsenring Zwickau - Dynamo Dresden 1:1 n.V. 6:5 n.Elfm. Zwickaus Torhüter Jürgen Croy holt sich den Ball vor dem Dresdener Peter Kotte aus der Luft.

der 1. FC Magdeburg. Nach dem Erfolg beteiligten sich die Elbestädter am Europapokal der Pokalsieger, erreichten das Endspiel und schalteten in Rotterdam den großen Favoriten AC Mailand aus. Das sollte allerdings der einzige Europapokal-Erfolg für eine DDR-Mannschaft bleiben.

1959 mußte das Endspiel erstmals wiederholt werden, denn der SC Dynamo Berlin und SC Wismut Karl-Marx-Stadt trennten sich in Dresden 0:0. Neun Finalspiele wurden erst in der Verlängerung entschieden, zwei davon nach einem Elfmeterschießen. Seit der Vergabe des FDGB-Pokalendspiels nach Berlin stieg die Zuschauerzahl sprunghaft an. Die Besucherzahl lag überwiegend bei über 50.000.

Knappe Ergebnisse standen in den Endspielen auf der Tagesordnung. Die klarsten Resultate verzeichneten 1950 EHW Thale gegen KWU Erfurt (4:0), 1969 und 1983 der 1. FC Magdeburg jeweils gegen den FC Karl-Marx-Stadt mit dem gleichen Ergebnis. Folgende Mannschaften erreichten das Endspiel:

Mannschaft	Finale	Gewonnen	Verloren
Dynamo Dresden	11	7	4
Berliner FC Dynamo	9	3	6
1. FC Magdeburg	7	7	0
FC Carl Zeiss Jena	7	4	3
1. FC Lok Leipzig	7	4	3
FC Hansa Rostock	6	1	5
Sachsenring Zwickau	4	3	1
FC Vorwärts Berlin	4	2	2
FC Karl-Marx-Stadt	3	0	3
SC Chemie Halle	2	2	0
SC Lok Leipzig	2	2	0
1. FC Union Berlin	2	1	1
SC Wismut Karl-Marx-St.	2	1	1
FC Rot-Weiß Erfurt	2	0	2
Waggonbau Dessau	1	1	0

EHW Thale	1	1	0
SC Einheit Dresden	1	1	0
BSG Gera-Süd	1	0	1
Einheit Pankow	1	0	1
SC Leipzig	1	0	1
Chemie Zeitz	1	0	1
Lok Stendal	1	0	1
FC Vorwärts Frankfurt	1	0	1
PSV Schwerin	1	0	1
Stahl Eisenhüttenstadt	1	0	1

Die Olympiaauswahl der DDR beteiligte sich von 1963 bis 1988 siebenmal an den Qualifikationsspielen zu den olympischen Fußballturnieren. 1968 und 1988 scheiterte die Mannschaft an Bulgarien bzw. Italien, 1984 konnte die DDR als Sieger der Europagruppe B durch den Boykott der Spiele in Los Angeles sich nicht am Endrundenturnier beteiligen. Bei ihren vier Teilnahmen kam sie jedoch stets zu einer Medaille. 1964 in Tokio und 1972 in München konnte die Bronzemedaille erkämpft werden, 1980 in Moskau warfen die Ostdeutschen den hohen Favoriten UdSSR aus dem Rennen, scheiterten jedoch im Finale knapp an der CSSR. Zuvor hatten sie 1976 in Montreal olympisches Gold errungen.

Die Geschichte der ostdeutschen Olympiaauswahl beginnt jedoch schon früher. 1955 wurde die DDR auf der 50. IOC-Tagung als IOC-Mitglied aufgenommen. Die Spiele 1956 in Melbourne standen an. Doch nach einer IOC-Festlegung durften die beiden deutschen Staaten nur in einer gemeinsamen Mannschaft starten. Der DFB der damaligen BRD und das NOK der ehemaligen DDR versuchten ihren Standpunkt durchzusetzen, es kam zu keiner Einigung. So zog die DDR ihren Fußballkader zurück. Der IOC-Beschluß galt auch für die Spiele 1960 in Rom. Doch wer sollte in der deutschen Mannschaft spielen? Die Entscheidung fiel letztlich in zwei Ausscheidungsspielen, die für die DDR in Berlin mit 0:2 und in Düsseldorf mit 1:2 verloren gingen. Die DDR blieb nur Zaungast.

Für die Olympischen Spiele 1964 in Tokio mußten die beiden deutschen Staaten wiederum Ausscheidungsspiele bestreiten. Diesmal konnten sich die DDR-Spieler durchsetzen, gewannen in Karl-Marx-Stadt klar mit 3:0 und unterlagen in Hannover knapp mit 1:2.

In der DDR hatten der 1909 geborene Ungar Karoly Soos und der um zehn Jahre jüngere Hans Studener die Geschicke der Olympiaauswahl in ihre Hände genommen. Die weitere Qualifikation wurde probremlos überstanden. Überraschend konnten die Spieler um Klaus Urbanczyk und Henning Frenzel die Sowjetunion in einem Entscheidungsspiel in Warschau klar mit 4:1 ausschalten.

Im fernen Japan wurde in den ersten vier Endrundenspielen gegen den Iran, Rumänien, Mexiko und Jugoslawien ein Torverhältnis von 8:1 erzielt. Auch im Halbfinale gegen die Tschechoslowakei stand es 1:0 für die DDR. Doch dann kam die Wende. Kapitän Klaus Urbanczyk erlitt eine schwere Knieverletzung und mußte in das Krankenhaus eingeliefert werden. Das verkraftete die Mannschaft nicht. Die Begegnung ging noch 1:2 verloren. Aber gegen Ägypten gelang der Gewinn der Bronzemedaille. Eine Begebenheit am Rande sorgte damals für Schlagzeilen. Für den verletzten Urbanczyk spielte der Jenenser Peter Rock. Nach dem Spiel überreichte er dem Hallenser Urbanczyk seine Bronzemedaille, denn damals gab es nur elf Medaillen für jede Mannschaft. Rock war der Held in der DDR.

Erst viel später wurde bekannt, was keiner zuvor gewußt hatte. Trainer Karoly Soos verlangte vor dem Spiel, daß der verletzte Kapitän Klaus Urbanczyk die Medaille erhält. Soos soll geäußert haben: "Egal, wen ich im Spiel um Bronze einsetze, ich erwarte ganz einfach, daß derjenige meine Entscheidung akzeptiert. Und wenn das der Mannschaft nicht paßt, dann spielen wir nur mit zehn Mann."

Derjenige, der somit ohne Medaille blieb, war eben Peter Rock. Er selbst wäre nicht auf den Gedanken gekommen, die Medaille freiwillig abzugeben. Er gestand selbst ein: "Selbst bin ich nicht auf den Gedanken gekommen. Ich wurde vielmehr überredet. Das war keine schwere Auseinandersetzung, aber die Entscheidung fiel mir, ehrlich gesagt, nicht leicht. Ich war ja damals erst 20 Jahre alt und logischerweise ganz heiß auf die Medaille."

1968 stand der Dresdner Werner Wolf dem Ungar Soos zur Seite. Mit ihnen überstand die Olympiaelf der DDR die Begegnungen gegen Griechenland und Rumänien ohne Punktverlust und Gegentor. Dann trat vor den beiden entscheidenden Spielen gegen Bulgarien der Brandenburger Harald Seeger an die Stelle von Karoly Soos. Doch ihm war das Glück nicht hold. In Stara Zagora hielten die Ostdeutschen bis zur 74. Minute ein 1:1, gerieten dann innerhalb von 60 Sekunden mit 1:3 in Rückstand und erhielten nach weiteren fünf Minuten den Todesstoß.

Im Leipziger Rückspiel hätte das Blatt noch gewendet werden können, denn nach 37 Minuten waren die Sparwasser, Vogel & Co. nach einem 3:1-Zwischenstand bis auf ein Tor herangekommen. Doch vierzig Minuten lang fiel kein weiterer Treffer, stattdessen für die Bulgaren nach 76 Minuten das 2:3. Der olympische Traum war ausgeträumt.

1972 in der Bundesrepublik Deutschland waren die DDR-Kicker nach problemloser Qualifikation gegen Italien und Jugoslawien wieder mit von der Partie. Ghana und Kolumbien waren für sie keine Hürde, aber das Spiel gegen die Polen ging mit 1:2 verloren. Trotzdem war die Zwischenrunde erreicht. Durch eine 0:2-Niederlage im Passauer Drei-Flüsse-Stadion gegen Ungarn reichte es wie in Tokio nur zum Spiel um Platz 3.

Gegner war die Mannschaft der UdSSR. Die Sowjetrussen, in stärkster Besetzung antretend, sahen nach einer halben Stunde wie der sichere Sieger aus, führten sie doch klar mit 2:0. Dann brachte Kreische die DDR auf 1:2 heran. Der UdSSR gelang kein weiteres Tor, auch die DDR schien ihr Pulver verschossen zu haben. Da nahm Trainer Georg Buschner, Nachfolger von Harald Seeger, in der 75. Minute den Magdeburger Wolfgang Seguin aus dem Spiel und brachte Eberhard Vogel. Nur drei Minuten auf dem Feld, jagte der Jenenser einen Weitschuß unhaltbar für Torwart Rudakow ins Netz. Da das Match auch nach 120 Minuten 2:2 stand, erhielten beide Teams die Bronzemedaille.

1976 in Montreal hatte dann Georg Buschner eine Mannschaft stehen, die auf die Minute topfit war. Sie steigerte sich von Spiel zu Spiel. Dem 0:0 gegen Brasilien folgte ein 1:0 gegen Spanien. Danach wurde Frankreich mit 4:0 deklassiert und im Halbfinale die UdSSR mit 2:1 ausgeschaltet. Das Endspiel war erreicht. Der Finalpartner hieß Polen. Die deutsche Mannschaft war genügend motiviert, hatte mehr erreicht, als eigentlich erwartet wurde. Nun sollte aus Silber Gold werden. Die DDR-Mannschaft spielte wie aus einem Guß und hatte zwei glückliche Dresdner in ihren Reihen. Nach sieben Minuten erzielte Hartmut Schade nach einem Freistoß die Führung, in der 84. Minute schaffte Reinhard Häfner mit einem Supersolo das entscheidende 3:1.

Für den ostdeutschen Fußball war das nach dem 6. Platz bei der WM-Endrunde 1974 in der Bundesrepublik Deutschland der größte Erfolg, für Trainer Georg Buschner eine Genugtuung, unter seiner Regie hatte der DDR-Fußball seine größten Erfolge errungen. 1980 war die Gegnerschaft nicht so hochkarätig wie bei vorangegangenen Spielen, fehlten durch den Boykott der Spiele doch fast alle Mannschaften der westlichen Hemisphäre.

Der erste große Knüller erfolgte im Halbfinale zwischen der UdSSR und der DDR. 95.000 begeisterte Zuschauer im Moskauer Lenin-Stadion peitschten den Favoriten UdSSR nach vorn, doch den spielentscheidenden Treffer erzielte der Berliner Wolf-Rüdiger Netz. Erneut war das Finale erreicht.

Im Spiel gegen die Tschechoslowakei führte ein Feldverweis des Magdeburgers Wolfgang Steinbach zur Schwächung der deutschen Mannschaft, die schließlich in der 77. Minute den entscheidenden Treffer hinnehmen mußte. Für den neuen Trainer Dr. Rudolf Krause war dies nach zwanzigjähriger Trainertätigkeit trotzdem ein Erfolg. Bei der Qualifikation für die Olympischen Spiele 1988 wurde die DDR-Auswahl ausgerechnet vom krassen Außenseiter Island aus dem Rennen geworfen.

Die überraschende 0:2-Niederlage in Reykjavik, die einzige Niederlage überhaupt, konnte nicht mehr wettgemacht werden.

Sieht man die Liste der Spieler durch, die in der Olympiaauswahl mit Erfolg gespielt haben, findet man viele bekannte Namen. Eberhard Vogel und Jürgen Croy bestritten je 23 Qualifikations- und Endrundenspiele, gefolgt von Konrad Weise mit 22, Bernd Bransch mit 20, Klaus Urbanczyk mit 17 sowie René Müller und Henning Frenzel mit je 16 Einsätzen.

Sie gaben auch der A-Nationalmannschaft das Gepräge. Doch es gab auch die Enttäuschten. So bestritten der Rostocker Michael Mischinger und der Karl-Marx-Städter Joachim Müller je elf Spiele in der Olympiaauswahl, waren jedoch nie bei einem olympischen Turnier dabei.

Zusammenfassend kann eingeschätzt werden: Die Olympiaauswahl der DDR war die erfolgreichste Auswahlmannschaft der ehemaligen DDR. Doch ihre Erfolge waren keine Zufallsprodukte, entsprangen vielmehr guter spielerischer Leistungen, einer hervorragenden Kondition, Spielfreude und des Könnens und Einfühlungsvermögens des jeweils tätigen Trainers. Für die ehemalige DDR ein hervorragendes und auch im Ausland anerkanntes Kapitel Fußballgeschichte.

Der DDR-Fußball wurde nicht erst repräsentativ durch seine Nationalspieler und Oberligastars. Ihre Karriere begann bereits bei den Schülern, der Jugend und den Junioren. Im DDR-Fußball wurde eine hervorragende Nachwuchsarbeit geleistet. Die Junioren, Jugendlichen und Schüler ermittelten ihre eigenen Meister und Pokalsieger. In den 50er Jahren konnten bei den Junioren noch kleine Betriebssportgemeinschaften wie Chemie Bitterfeld, Stahl Helbra, Empor Halle und TSG Wismar überraschend Meistertitel erringen. Dann setzten sich die Vertretungen der Oberligamannschaften durch.

Bis 1989 gingen sechs Titel an Dynamo Dresden, fünfmal war der 1. FC Magdeburg erfolgreich und je vier Meisterschaftserfolge sicherten sich die Junioren vom Berliner FC Dynamo und dem 1. FC Lok Leipzig.

Von 1963 bis 1965 kam der 1. FC Magdeburg, damals noch als SC Aufbau Magdeburg spielend, zu drei Titelgewinnen in Folge. Um den "Junge Welt"-Pokal der Junioren spielten anfangs Mannschaften aus Westberlin und den alten Bundesländern mit. 1949 gewann Nordstern 07 aus Westberlin, 1954 Turu Düsseldorf und 1956 sowie 1957 Eintracht Braunschweig den Pokal. TSV 1860 München scheiterte zweimal im Finale am SC Turbine Erfurt und Eintracht Braunschweig. Die Junioren des Berliner FC Dynamo gewannen fünfmal den Pokal, der 1. FC Lok Leipzig war viermal sowie Dynamo Dresden und Stahl Riesa je dreimal erfolgreich.

Von 1954 bis 1985 absolvierte die Juniorenauswahl 435 Länderspiele, von denen sie 175 gewann, 121 unentschieden gestaltete und 139 verlor. Häufigste Länderspielpartner waren Polen (59 Spiele), die CSSR (52), Ungarn (50), Rumänien (49) und Bulgarien (47).

Viele bekannte Nationalspieler der DDR verdienten sich schon in der Juniorenauswahl ihre ersten Sporen, so Rainer Nachtigall (FC Vorwärts Berlin), Helmut Stein (FC Carl Zeiss Jena), Ulf Kirsten, Matthias Sammer und Hartmut Schade von Dynamo Dresden, Jürgen Pommerenke vom 1. FC Magdeburg, Harald Irmscher (Motor Zwickau/Jena) oder die Leipziger Matthias Liebers, Dieter Kühn und Olaf Marschall.

1986 wurden die Junioren der DDR Europameister. Von den noch heute in der Bundesliga spielenden Akteuren waren Rico Steinmann (1. FC Köln), Matthias Sammer (Borussia Dortmund), Uwe Jähnig (Hamburger SV), Axel Kruse (Hertha BSC Berlin), Stefan Minkwitz (Stuttgarter Kickers) und Dirk Schuster (Karlsruher SC) mit von der Partie.

1988 konnte nach einem 2:0 gegen Spanien Platz 3 belegt werden. Beachtliche zweite Plätze bei den Europameisterschaften belegte 1978 die U 21-Auswahl und 1974 die U 23-Auswahl. Weltmeisterschaftsdritter wurde die U 20-Auswahl 1987 in Chile.

Beachtlich auch das Abschneiden bei den 33 UEFA-Turnieren, die den Europameisterschaften vorausgingen. 1965 in Deutschland (3:2 gegen England) konnte Platz 1 belegt werden. 1969 in der DDR endete das Endspiel gegen Bulgarien 1:1 nach Verlängerung, Bulgarien wurde durch Losentscheid Turniersieger. 1970 wurde in Schottland erneut Platz 1 und 1973 in Italien Platz 2 belegt.

Fallrückzieher des Zwickauers Mattern, links der Erfurter Franke. Viertelfinalspiel 1966/67 Motor Zwickau - Rot-Weiß Erfurt 2:0.

Eine ausgezeichnete Jugendarbeit wurde in den Oberligagemeinschaften geleistet. Jugendmeister wurden u. a. der 1. FC Lok Leipzig (5 Titel), FC Rot-Weiß Erfurt (4) sowie der 1. FC Magdeburg, Berliner FC Dynamo, FC Hansa Rostock, Dynamo Dresden und der FC Vorwärts Frankfurt, die jeweils drei Titel verbuchen konnten. Auch die Jugendspieler hatten ihren eigenen Pokalwettbewerb. Der BFC Dynamo war mit fünf Pokalsiegen am erfolgreichsten. Der Hallesche FC Chemie und der FC Karl-Marx-Stadt verzeichneten je drei Pokalerfolge.

Auch die Schüler standen ihren älteren Sportfreunden in nichts nach. Sechs Titel holten sich bis 1986 die Jüngsten des 1. FC Magdeburg. Je dreimal waren Dynamo Dresden, der 1. FC Lok Leipzig und FC Rot-Weiß Erfurt erfolgreich. Besondere Höhepunkte waren die Kinder- und Jugendspartakiaden.

Die Kinder und Jugendlichen aller Sportklubs ermittelten in allen Sportarten ihre Besten, so auch im Fußball. Während von 1966 bis 1975 Bezirksauswahlmannschaften der Schüler, Jugend und Junioren den Spartakiadesieger ermittelten, waren es in der folgenden Zeit Auswahlmannschaften der verschiedenen Altersgruppen. Zeitweilig wurden wieder Bezirksauswahlmannschaften gebildet, mitunter die Bezirke durch ihre Oberligamannschaften und eine Territorialmannschaft vertreten.

Am erfolgreichsten erwiesen sich die Auswahlvertretungen von Leipzig, Dresden, Magdeburg und Rostock. In den folgenden Ausführungen sollen die Pokalendspiele sowie der Nachwuchsfußball ausführlicher behandelt werden.

Der FDGB-Pokal

Beim ersten Wettbewerb waren nur die Betriebssportgemeinschaften startberechtigt. Der neue Wettbewerb wurde zunächst auf Landesebene ausgetragen. Am Finale waren die beiden Finalisten der Länder Brandenburg, Sachsen, Sachsen-Anhalt und Thüringen sowie der Vertreter Ostberlins beteiligt. Mecklenburg verzichtete auf eine Teilnahme.

So endete der Pokalwettbewerb in den einzelnen Ländern:

Brandenburg

Halbfinale:

ZSG Welzow - Synthese Schwarzheide 6:2
ZSG Wittenberge - Volkspolizei Potsdam 2:6 n. V.

Endspiel

Volkspolizei Potsdam - ZSG Welzow 3:1
Zuschauer: 1.500 im Ernst-Thälmann-Stadion, Potsdam
Referee: Wolf (Deetz)
Torfolge: 1:0 Zschernagk, 2:0 Zschernagk, 2:1 Lehser, 3:1 Schröter

Volkspolizei Potsdam

Schüler - Michael, Jaster - Dalies, Bartholomäus, Kirchmann - Pasternack, Merbs, Zschernagk, Schröter, Matzen.

ZSG Welzow

Böhme - K. Wiedner, Alwin Mark - G. Wiedner, R. Molz, G. Molz - Draak, Uhsemann, Lehser, Lachmann, Arno Mark.

Sachsen-Anhalt

Viertelfinale:

Schuh.-M. Weißenfels - Komb. Bitterfeld 1:2 n.V.
Spielort: Bitterfeld
EHW Thale - Waggonbau Dessau 1:0
Spielort: Schönebeck
ECW Eilenburg - Börde Magdeburg 1:0
Spielort: Dessau
Genossenschaft Halle - Mansfeld Eisleben 3:1
Spielort: Merseburg

Halbfinale

Waggonbau Dessau - Kombinat Bitterfeld 4:0
Spielort: Halle
ECW Eilenburg - Genossenschaft Halle 2:1
Spielort: Dessau

Endspiel in Halle:

ECW Eilenburg - Waggonbau Dessau 3:1 (2:1)
Zuschauer: 4.000
Referee: Schebera (Eisleben)
Torfolge: 0:1 Kusmierek (10.), 1:1 Meuche (31.), 2:1 Losse (34.), 3:1 Meuche (74.)

ECW Eilenburg

Weber - Voigtmann, Lösser II - Lösser I, Weiser, Wolf - Hermann, Gröbner, Meuche, Losse, Harnisch.

Waggonbau Dessau

Döbler - Matthias, Elze - Gerngroß, Breitmann, Manthey - Witte, Kusmierek, Kersten, Welzel, Schnelle.

Thüringen

Halbfinale:

Carl Zeiss Jena - Werra Breitungen 4:0
Spielort: Arnstadt
BSG Gera-Süd - Rheinmetall Sömmerda 3:2
Spielort: Weimar

Endspiel in Erfurt:

BSG Gera-Süd - Carl Zeiss Jena 1:0 (0:0)
Zuschauer: 10.000 im Steigerwald-Stadion
Referee: Schmidt (Erfurt)
Tor: 1:0 Ritter (82.)

BSG Gera-Süd

Blumert - Sturm, Zerrgiebel - Wollenschläger, Golde, G. Breitenstein - Thomas, Buschner, Ritter, Frey, Klotz.

Carl Zeiss Jena
Linke - Schüßler, Vollandt - Malter, Oehler, Schipphorst - Neupert, Becker, Lindig, Sorm, Schmidt

Sachsen

Halbfinale:

Horch Zwickau - ZSG Meißen 2:1
Spielort: Chemnitz
Konsum Chemnitz - Stahlwerk Riesa 4:1
Spielort: Dresden

Endspiel in Leipzig:

Horch Zwickau - Konsum Chemnitz 4:0 (3:0)
Zuschauer: 12.000
Referee: Lehmann (Leipzig)
Torfolge: 1:0 Lenk (12.), 2:0 Satrapa (18.), 3:0 Lenk (36.), 4:0 Lenk (74.)

Horch Zwickau
Otto - Fuchs, Schlegel - Satrapa, Fröhlich, Oelsner - Schürer, Heinze, Kunack, Lenk, Meier

Konsum Chemnitz
Hoffmann - Schildbach I, Riedel - Richter, Bierbaum, Hoyer - Beyer, Ambroß, Schildbach II, Lorenz, Weigand.

In Berlin wurde der Wettbewerb nach einem anderen Modus durchgeführt.

Abschlußstand Berlin

1. Concordia Wilhelmsruh
2. Sparta Siemens
3. VeB Buchholz
4. DMW Johannisthal

Ausscheidungsspiel zur Endrunde:

VP Potsdam - Concordia Wilhelmsruh 7:3 (2:0)
Zuschauer: 1.000 im Ernst-Thälmann-Stadion, Potsdam
Referee: Franke (Jahnsdorf)
Torfolge: 1:0 Zschernagk, 2:0 Bartholomäus, 3:0 Zschernagk, 4:0 Schröter, 4:1 Zikow, 4:2 Kranowski, 4:3 Säckelmann, 5:3 Zschernagk, 6:3 Schröter, 7:3 Zschernagk.

Viertelfinale:

Waggonbau Dessau - Volkspolizei Potsdam 6:3
Zuschauer: 5.000 im Schillerpark, Dessau
Referee: Bachmann (Dresden)
Torfolge: 1:0 Rottmann, 1:1 Matzen. 2:1 Kusmierek, 3:1 Kusmierek, 4:1 Witte, 5:1 Kusmierek, 5:2 Kuhle, 6:2 Kusmierek, 6:3 Matzen

Horch Zwickau - ZSG Welzow 12:1
Zuschauer: 6.000 in der Westsachsen-Kampfbahn Planitz
Referee: Barth (Delitzsch)
Torfolge: 1:0 Meier, 2:0 Satrapa, 3:0 Lenk, 4:0 Lenk, 5:0 Kunack, 6:0 Breitenstein, 7:0 Breitenstein, 8:0 Kunack, 9:0 Lenk, 10:0 Fröhlich, 11:0 Breitenstein, 12:0 Dittes, 12:1 Lehser.

Carl Zeiss Jena - ECW Eilenburg 3:1 (0:0)
Zuschauer: 6.000 im Ernst-Abbe-Sportfeld, Jena
Referee: Köhler (Leipzig)
Torfolge: 1:0 Malter, 2:0 Becker, 3:0 Sorm, 3:1 Picrek

BSG Gera-Süd - Konsum Chemnitz 1:1 n. V.
Zuschauer: 6.000 im Geraer Stadion
Referee: Ehmann (Erfurt)
Torfolge: 1:0 Buschner, 1:1 Lorenz

Wiederholungsspiel
BSG Gera-Süd - Konsum Chemnitz 3:0 (1:0)
Zuschauer: 5.000 in Chemnitz
Referee: Liebschner (Weißenfels)
Torfolge: 1:0 Klotz (38.), 2:0 Frey (76.), 3:0 Ritter (85.)

Halbfinale

Waggonbau Dessau - Carl Zeiss Jena	2:0 (1:0)
Horch Zwickau - BSG Gera-Süd	0:1 (0:1)

Spiele um Platz 3

H. Zwickau - C. Zeiss Jena 1:1 (0:0, 1:1) n. V.

Zuschauer:	6.000 im Geraer Stadion
Referee:	Schmidt (Schönebeck)
Torfolge:	0:1 Neupert, 1:1 Meier

1. Wiederholungsspiel

Horch Zwickau - Carl Z. Jena 2:2 (1:1) n. V.

Zuschauer:	8.000 im Heinz-Steyer-Stadion, Dresden
Referee:	Paufler (Dessau)
Torfolge:	1:0 Dittes, 1:1 Oehler, 1:2 Neupert, 2:2 Kunack

2. Wiederholungsspiel

Horch Zwickau - Carl Zeiss Jena 5:1 (2:1)

Zuschauer:	3.500 im Schillerpark, Dessau
Referee:	Huhn (Schwaan)
Torfolge:	1:0 Heinze (21.), 2:0 Heinze (23.), 2:1 Neupert (40.), 3:1 Vollandt (46. Eigentor), 4:1 Kunack (59.), 5:1 Heinze (81.)

Horch Zwickau

Otto - Fuchs, Jugel - Schürer, Satrapa, Schubert - Heinze, Lenk, Kunack, Dittes, Meier.

Carl Zeiss Jena

Linke - Schüßler, Vollandt - Retschke, Oehler, Schipphorst - Becker, Lindig, Neupert, Sorm, Bachmann.

1. Pokalfinale am 28. August 1949 in Halle

Waggonbau Dessau - Gera-Süd 1:0 (0:0)

Zuschauer:	10.000 im Kurt-Wabbel-Stadion
Referee:	Pöhner (Zwickau)
Tor:	1:0 Kusmierek (76.)

Waggonbau Dessau

Fritz Döbler - Hans Höhne, Walter Elze - Robert Gerngroß, Paul Breitmann, Heinz Matthies - Gerhard Witte, Franz Kusmierek, Rudolf Kersten, Werner Welzel, Willy Rottmann; Trainer: Manthey

BSG Gera-Süd

Fritz Blumert - Helmut Sturm, Fritz Zerrgiebel - Max Wollenschläger, Kurt Golde, Gerhard Breitenstein - Herbert Thomas, Harry Frey, Günter Ritter, Georg Buschner, Edgar Klotz, Trainer: Dietel

Im 1. Pokalfinale stehen sich der Landespokalsieger von Thüringen sowie der Zweite des Landes Sachsen-Anhalt gegenüber. Dessaus Vorteil lag im Angriff, mit Kusmierek, Witte, Kersten und Welzel waren die Anhaltiner schlagkräftiger besetzt. Gera vertraute in erster Linie seiner starken Abwehr mit den alten

DDR-Meister und FDGB-Pokal-Dritter 1949/50 Horch Zwickau. Hinten v. l.: Herbert Heinze, Lothar Kunack, Lothar Schürer, Heinz Satrapa, Helmut Schubert, Gottfried Lenk, Johannes Breitenstein, Manfred Fuchs, Siegfried Meier. Vorn v. l.: Helmut Möckel, Joachim Otto, Egon Jugel.

Haudegen Zerrgiebel, Wollenschläger, Golde und Breitenstein. In der Mannschaft der Thüringer stand auch der spätere Auswahltrainer Georg Buschner. Lange Zeit konnte Gera das Spiel offen gestalten. Erst in der Schlußphase gelang Franz Kusmierek der spielentscheidende Treffer.

Zusätzlich wurde 1949 das Spiel um Platz 3 ausgetragen. Der Sieger qualifizierte sich für die neugebildete DS-Liga, die dann als Oberliga weitergeführt wurde. Das erste Spiel zwischen Horch Zwickau und Carl Zeiss Jena endete in Gera 1:1 nach Verlängerung. Im Dresdner Heinz-Steyer-Stadion endete das Wiederholungsspiel 2:2 nach Verlängerung. Erst im dritten Vergleich im Dessauer Schillerpark konnten sich die Sachsen klar mit 5:1 durchsetzen. Die Jenenser konnten bis zur Halbzeit das Spiel offenhalten (1:2), doch der Feldverweis Walter Bachmanns in der 10. Minute schwächte die Mannschaft erheblich. Somit stieg Horch Zwickau in die Oberliga auf, Jena schaffte es erst nach der Saison 1951/52.

Der Weg ins Finale 1950

2. Hauptrunde:

Lokomotive Cottbus - Sachsenverlag Dresden	1:4
Einheit Meerane - ZSG Neustadt/Orla	1:2
BSG KWU Erfurt - Keramik Meißen	3:0
ZSG Industrie Leipzig - Chemie Jena	5:2
Motor Zwickau - Falke Sandersdorf	5:0
Carl Zeiss Jena - ZSG Union Halle	0:1
SG Finsterwalde - Volkspolizei Berlin	0:1
BSG Finow - Glühlampenwerk Berlin	0:1
Märk. Volksst. Babelsberg- ZSG Großräschen	9:1
ZSG Zittau - Aktivist Brieske-Ost	2:0
Volkspolizei Schwerin - Konsum Potsdam	7:1
Motor Friedrichshain - EHW Thale	1:9
Schuhmetro Weißenfels - Rheinm. Sömmerda	4:0
Motor Dessau - Tabak Dresden	1:7
Chemie Zeitz - Lokomotive Nordhausen	4:1
Heiddorf Magdeburg - ZSG Burg	0:7

Achtelfinale

EHW Thale - BSG Finow	14:1
ZSG Union Halle - ZSG Zittau	6:0
Sachsenverlag Dresden - Tabak Dresden	2:0
ZSG Neustadt/Orla - KWU Erfurt	1:2
Märk. Volksst. Babelsberg - VP Berlin	9:0
Vorwärts Schwerin - ZSG Burg	1:4 n.V.
Chemie Zeitz - Motor Zwickau	2:1
Schuhmetro Weißenfels - Chemie Leipzig	2:0

Viertelfinale

EHW Thale - Schuhmetro Weißenfels	2:1
KWU Erfurt - Chemie Zeitz	5:2
ZSG Burg - ZSG Union Halle	4:3
Sachsenverlag Dresden - MV Babelsberg	3:3 n. V.

Wiederholungsspiel in Babelsberg

MV Babelsberg - Sachsenverlag Dresden	11:0

Halbfinale

KWU Erfurt - ZSG Burg	4:1 (2:0)
MV Babelsberg - EHW Thale	2:3 (2:2)

2. Pokalendspiel am 3. September 1950 in Berlin

BSG EHW Thale - KWU Erfurt 4:0 (1:0)

Zuschauer: 15.000 im Walter-Ulbricht-Stadion
Referee: Gerhard Schulz (Berlin)
Torfolge: 1:0 Weitkuhn (1.), 2:0 Wlassny (65.), 3:0 Oberländer (80.), 4:0 Gropp (87.)

BSG Eisenhüttenwerk (EHW) Thale

Heinz Bernhardt - Heinz Bake, Hans Grützemann - Walter Klapproth, Otto Trolldenier, Helmut Feuerberg - Günter Weitkuhn, Gerhard Apel, Werner Oberländer, Rudolf Wlassny, Willi Gropp; Trainer: Ehrig

BSG KWU Erfurt

Heinz Senftleben - Wilhelm Hoffmeyer, Hans Machts - Werner Brock, Helmut Nordhaus, Jochen Müller - Eduard Franke, Heinz Hammer, Wolfgang Nitsche, Winfried Herz, Helmut Lippert; Trainer: Fischer

Im Berliner Endspiel standen sich der Vierte der 1. DDR-Meisterschaft, KWU Erfurt, und der Aufsteiger zur Oberliga, EHW Thale, gegenüber. Die Thüringer waren favorisiert. Deshalb war das klare 4:0 der Harzstädter die Sensation der Saison. Erfurt schien gleichmäßiger besetzt zu sein. Im Tor stand der erfahrene Heinz Senftleben, im Mittelfeld agierte Helmut Nordhaus, früher bei Wacker und VfB Erfurt aktiv, mit dem stellungssicheren Jochen Müller, der überwiegend beim SC Erfurt gespielt hatte. Den Angriff kurbelten Eduard Franke,Winfried Herz und Heinz Hammer an.Doch immer wieder liefen sich die Thüringer in der stellungssicheren Abwehr der Harzstädter fest.

Der Joker der Thalenser war Werner Oberländer. Der 1,74 m große und 75 kg schwere Mittelstürmer war beidfüßig schußstark und zweikampfentschlossen. Am 28. November 1921 in Thale geboren, blieb er lange Zeit seiner Mannschaft treu.

Über Preußen und SpVgg. 04 Thale gelangte er nach seiner Entlassung aus der Kriegsgefangenschaft zu EHW Thale. In den vorangegangenen Pokalspielen gegen Friedrichshain, Finow, Weißenfels und Babelsberg erzielte er bereits 13 Tore.

Erfurt wird bereits unmittelbar nach dem Anpfiff geschockt. Der erste Thalenser Angriff bringt durch Weitkuhn das 0:1. Erfurt hat noch genügend Zeit, das Ergebnis zu korrigieren. Doch an diesem Tag will den Thüringern nichts gelingen. Wlassnys 2:0 nach einer reichlichen Stunde Spielzeit bringt die Domstädter endgültig auf die Verliererstraße. In der Schlußphase sichern Oberländer und Gropp den klaren Erfolg, der allerdings um ein bis zwei Tore zu hoch ausgefallen ist.

Thale hatte in der 2. Hauptrunde und im Achtelfinale keine Probleme. Motor Berlin-Friedrichshain wurde klar mit 9:1 in Berlin bezwungen, Werner Oberländer machte mit sechs Treffern allein alles klar. Im Achtelfinale mußte die BSG Finow beim 1:14 die Überlegenheit des Oberligaaufsteigers anerkennen. Feuerberg (5) und Oberländer (4) erwiesen sich am treffsichersten.

Im Viertelfinale hatte Thale mit Schuhmetro Weißenfels mehr Mühe als erwartet (2:1) und im Halbfinale gelang bei Märkische Volksstimme Babelsberg erst in der 85. Minute der Siegestreffer durch Gropp. Schöne und Tietz hatten die Thalenser Führung durch Oberländer (2) bis zur Halbzeit ausgeglichen.

KWU Erfurt hatte sich in der 2. Hauptrunde gegen Keramik Meißen mit 3:0 durchgesetzt, im Achtelfinale bei der ZSG Neustadt/Orla jedoch große Probleme, um am Ende als 2:1-Sieger den Platz zu verlassen. Sichere Siege gegen Chemie Zeitz und die ZSG Burg brachten die Thüringer in das Endspiel.

Der zweite Pokalwettbewerb hatte seine Sensationen. Der Thüringer Landesligist ZSG Neustadt/Orla setzte sich beim Oberligavertreter Einheit Meerane mit 2:1 durch, Landesligist ZSG Zittau warf Oberligist Aktivist Brieske-Ost mit 2:0 aus dem Rennen.

Die größte Sensation vollbrachte das unterklassige Team von Tabak Dresden. Der Vorjahres-Pokalsieger Motor Dessau mußte im heimischen Stadion eine vernichtende 1:7-Niederlage hinnehmen. Im Achtelfinale scheiterte Tabak Dresden am Ortsnachbarn Sachsenverlag Dresden.

Sachsen-Anhalts Vizemeister Chemie Zeitz schickte Motor Zwickau mit einer 1:2-Niederlage nach Hause, und auch Chemie Leipzig scheiterte mit 0:2 an Schuhmetro Weißenfels.

Im Viertelfinale können die routinierten Spieler von Union Halle bei der ZSG Burg nicht gewinnen und unterliegen knapp mit 3:4. Sachsenverlag Dresden hatte sich im Viertelfinale von Märkischer Volksstimme Babelsberg 3:3 nach Verlängerung getrennt, kommt im Wiederholungsspiel in Babelsberg mit 0:11 total unter die Räder. Hans Schöne brachte es in diesem Spiel auf sieben Tore.

So blieben die Pokalspiele keine Langweiler, sondern brachten guten Fußball und echte Sensationen.

1952 setzte sich VP Dresden souverän gegen Einheit Pankow durch. Die Siegerelf von links: Schoen, Klemm, Michael, Matzen, Holze, Hänsicke, Haufe, Fischer, Usemann, Schröter und Möbius.

Der Weg ins Finale 1952

Achtelfinale

Empor Wurzen-West - Aktivist Brieske-Ost	5:2
Eintracht Oranienburg - Motor Wismar	3:2 n. V.
Motor Finsterwalde - Motor Altenburg	0:5
Chemie Zeitz - Rotation Dresden	2:3
Chemie Lauscha - Stahl Thale	1:2 n. V.
Motor Torgelow - Einheit Pankow	1:2
Motor Nordhausen-West - Lok Stendal	2:6
Chemie Döbern - VP Dresden	0:6

Viertelfinale

Rotation Dresden - Empor Wurzen-West	1:5
Einheit Pankow - Eintr. Oranienburg	7:0
Lokomotive Stendal - Stahl Thale	6:2
Motor Altenburg - VP Dresden	1:3 n. V.

Halbfinale

Empor Wurzen-West - VP Dresden	1:3
Lokomotive Stendal - Einheit Pankow	1:0

Stendal disqualifiziert

3. Pokalendspiel am 14. September 1952 in Berlin
SG Volkspol. Dresden - Einheit Pankow 3:0 (2:0)

Zuschauer:	18.000 im Stadion an der Normannenstraße
Referee:	Fritz Köpcke (Wusterhausen/D.)
Tore:	1:0 Matzen (5.), 2:0 Holze (21.), 3:0 Holze (82.)

VP Dresden
Heinz Klemm - Manfred Michael, Erhard Haufe - Kurt Fischer, Herbert Schoen, Günther Usemann - Karl-Heinz Holze, Günter Schröter, Gerhard Hänsicke, Rudolf Möbius, Johannes Mathen; Trainer: Döring

Einheit Pankow
Spickenagel - Schmidt, Radunski - Braun, Landmann, Schulz - Zöller (ab 70.Horst Assmy), Hofmann, Ginzel, Jockel, Grille; Trainer: Schulz

In dieser Begegnung haben die Berliner nie die Spur einer Chance. Das Spiel wird zu einer einseitigen Angelegenheit. Bereits in der 5. Minute verwertet Matzen eine Flanke von Holze zur frühzeitigen Führung. In der 21. Minute tauschen beide die Rollen. Holze versenkt eine Flanke von Matzen ebenfalls per Kopf zum 2:0 im Berliner Netz.

Die Sachsen zeigen ein Lehrspiel, das die Zuschauer begeistert. Die Mannschaft zeigt

Spielverständnis, Sprungkraft und saubere Technik. Nach der frühzeitigen Führung stecken die Elbestädter einen Pflock zurück. In der 82. Minute spielen sich Möbius und Holze durch die Berliner Abwehr, Holze kurvt nach innen und verwandelt sicher.

Die "Fußballwoche" schwärmte nach dem Spiel: "Lange sahen wir in Berlin kein so gleichmäßig besetztes, schnelles, technisch sauberes, harmonisch wirkendes Kollektiv. "

Eigentlich hätte der Finalgegner der Dresdner Lokomotive Stendal heißen müssen. Doch die Altmärker hatten im Halbfinale gegen Einheit Pankow (1:0) einen nicht spielberechtigten Spieler eingesetzt, so daß die Disziplinar-Kommission die Nordberliner zum Sieger erklärte.

Dresdens Weg ins Finale war alles andere als leicht. Im Viertelfinale benötigten die Spieler bei Motor Altenburg eine Verlängerung, um als 3:1-Sieger den Platz verlassen zu können. Auch das 3:1 im Halbfinale beim Pokalschreck Empor Wurzen-West war schwer erkämpft.

Die Wurzener hatten u. a. im Achtelfinale Aktivist Brieske-Ost mit einem 5:2-Sieg aus dem Rennen geworfen. Im Viertelfinale gewannen sie sogar beim Oberligist Rotation Dresden sensationell mit 5:1.

Überraschend kam auch das Ausscheiden des Pokalverteidigers EHW Thale. Bei Lok Stendal hatten die Harzstädter im Viertelfinale nie die Spur einer Chance und verloren das Spiel klar mit 2:6.

Der Weg ins Finale 1954

Viertelfinale:

BSG Chemie Zeitz - BSG Nordhausen-West	4:1
BSG Motor Wismar - BSG Motor Zwickau	1:3
ZSK Vorwärts Berlin - BSG Rotation Plauen	5:0
BSG Empor Wurzen-West - BSG Empor Lauter	3:1

Halbfinale

ZSK Vorwärts Berlin - BSG Chemie Zeitz	1:0
BSG Motor Zwickau - Empor Wurzen-West	2:0

4. Pokalendspiel am 3. Juli 1954 in Dresden

ZSK Vorw. Berlin - BSG Motor Zwickau 2:1 (1:1)

Zuschauer:	15.000 im Heinz-Steyer-Stadion
Referee:	Green (Limbach)
Tore:	1:0 Mitzschke (18.), 1:1 W. Baumann (27.), 2:1 Fröhlich (79. Elfmeter)

ZSK Vorwärts Berlin

Horst Jaschke - Werner Eilitz, Gerhard Marotzke, Gerhard Händler - Horst Scherbaum, Rainer Baumann - Gerhard Ebert (ab 63. Gerhard Reichelt), Rudolf Mitzschke, Heinz Fröhlich, Werner Wolf, Roland Weigel; Trainer: Vorkauf

Motor Zwickau

Rolf Baumann - Günter Witzger, Helmut Schubert, Walter Schmidt - Günter Schneider, Lothar Kunack - Erhardt Meinhold, Herbert Heinze, Siegfried Kaiser, Werner Baumann, Siegfried Meier; Trainer: Dietel

Das 4. Pokalendspiel endet mit einer Überraschung. Der Elfte der DDR-Oberliga, Motor Zwickau, kann den Aufsteiger, Vorwärts Berlin, nicht bezwingen. Die Zwickauer sind eine eingespielte Mannschaft, haben in Schubert, Schneider, Kunack und Baumann erfahrene Spieler.

Doch auch die Hauptstädter erweisen sich als eine geschlossene Elf: Werner Eilitz, von 1949 bis 1952 noch bei Chemie Leipzig spielend, "Schere" Scherbaum, ebenfalls von Chemie Leipzig und Werner "Mikosch" Wolf, der von Blau-Weiß Dresden-Zschachwitz zu Vorwärts stieß, sind die Stützen der Berliner Mannschaft. Die frühzeitige Führung durch Mitzschke verleiht zusätzlich Sicherheit.

Als die Westsachsen nach einer knappen halben Stunde den Ausgleich erzielen konnten, glaubten die 15.000 an eine Wende. Doch die Berliner hielten allen Angriffen stand. Nach dem von Fröhlich verwandelten Elfmeter war die Partie endgültig entschieden.

Der Weg ins Finale 1955

Viertelfinale:

SC Ft. Weißenfels - Akt. Br.-Senftenberg 1:1 n. V. und 0:9
SC Empor Rostock - Fortschritt Meerane 2:0
SC Turbine Erfurt - ZSK Vorwärts Berlin 3:1
SC Dyn. Berlin - SC Wismut K.-M.-Stadt 3:5 n. V.

Halbfinale:

Wismut K.-M.-St. - Akt. Brieske-Senftenberg 4:2
SC Empor Rostock - SC Turbine Erfurt 2:1 n. V.

5. Pokalendspiel am 19. Juni 1955 in Leipzig

Wismut Karl-Marx-Stadt - Empor Rostock 3:2 (2:2, 1:0) n. V.

Zuschauer:	18.000 im Bruno-Plache-Stadion
Referee:	Gerhard Schulz (Berlin)
Tore:	1:0 Kaiser (2.), 1:1 Zwahr (46.), 2:1 Viertel (58.), 2:2 Pöschel (71.), 3:2 Günther (111.)

SC Wismut Karl-Marx-Stadt

Kurt Steinbach - Heinz Glaser, Bringfried Müller, Erhard Bauer - Karl Wolf, Siegfried Wolf - Konrad Wagner (ab 91. Hans Meyer), Manfred Kaiser, Kurt Viertel, Armin Günther, Karl-Heinz Mohr; Trainer: Karl Dittes

Empor Rostock

Rudi Leber - Gerhard Schaller, Kurt Zapf, Karl-Heinz Singer - Rudolf Schneider, Heinz Minuth - Franz Bialas (ab 46. Herbert Zwahr), Arthur Bialas, Herbert Holtfreder, Horst Zedel, Karl Pöschl; Trainer: Pfau

In Leipzig ist ein spannendes Spiel zu erwarten, stehen sich doch die beiden Erstplazierten der Übergangsrunde gegenüber. Die besseren Karten hat die Wismut-Elf aus dem Erzgebirge. Der 24jährige Libero Bringfried Müller hält die Abwehr zusammen, steht auf dem Sprung in die Nationalmannschaft.

Die Gebrüder Karl und Siegfried Wolf bilden ein ideales Läuferpaar und im Angriff läuft alles über den Techniker Manfred Kaiser. Doch die Spieler des SC Empor Rostock, bis 1954 als Empor Lauter noch im Erzgebirge spielend, kennen ihren Gegner genau. So sehen die 18.000 im Bruno-Plache-Stadion auch eine ausgeglichene Partie, die nach 90 Minuten keinen Sieger sieht.

Bereits nach zwei Minuten kann Manfred Kaiser einen Auer Angriff mit der frühen Führung abschließen. Doch einen größeren Vorsprung können sich die Erzgebirgler nicht erarbeiten. Unmittelbar nach der Halbzeitpause

Pokalsieger 1955 wurde der SC Wismut Karl-Marx-Stadt. Von links: Schiri-Gespann Liebschner, Schulz und Haack, Bauer, Steinbach, Müller, Mohr, Glaser, Günther, Wolf, Wagner, Viertel, Kaiser und Wolf.

fällt der Rostocker Ausgleich. Das Spiel ist wieder offen. Als Viertel in der 58. Minute die erneute Auer Führung herausholen kann, scheint doch eine Vorentscheidung gefallen zu sein. Aber die Ostseestädter lassen nicht locker. Nur dreizehn Minuten nach der Auer Führung kann Pöschel erneut ausgleichen. Als der Unparteiische Gerhard Schulz aus Berlin das Spiel abpfeift, ist es Gewißheit: Erstmalig wird ein Pokalendspiel in der Verlängerung entschieden. Was viele in der DDR erwartet haben, tritt in der 111. Minute ein. Durch Günther sichert sich der SC Wismut den FDGB-Pokal des Jahres 1955.

In nunmehr fünf Pokalendspielen gab es fünf verschiedene Sieger. Kein Finalteilnehmer konnte zweimal das Endspiel erreichen. Mit insgesamt 76.000 Zuschauern wurde nur der magere Durchschnitt von 15.200 pro Endspiel erreicht.

Der Unparteiische Gerhard Schulz aus Berlin leitete bisher zwei Endspiele. Zwei Finals wurden in Berlin ausgetragen.

Der Weg ins Finale 1956

Viertelfinale:

BSG Chemie Wolfen - ASK Vorw. Berlin	1:2 n. V.
Ch. Halle-Leuna - Akt. Brieske-Senftenbg.	4:3 n. V.
SC Turbine Erfurt - SC Einheit Dresden	6:3
BSG Chemie Zeitz - SC Wismut Karl-Marx-St.	1:2

Halbfinale:

ASK Vorwärts Berlin - SC Wismut K.-M.-Stadt	2:0
SC Turbine Erfurt - SC Ch. Halle-Leuna	1:1 n. V. und 0:5

6. Pokalendspiel am 16. Dezember 1956 in Magdeburg

Chemie Halle-Leuna - Vorwärts Berlin 2:1 (1:0)

Zuschauer:	25.000 im Ernst-Grube-Stadion
Referee:	Fritz Köpcke (Wusterhausen/Dosse)
Tore:	1:0 Büchner (18.), 1:1 Kaulmann (73.), 2:1 Imhof (84.)

SC Chemie Halle

Melchior - Oelze, Klaus Hoffmann, Heyer - Streit, Günther Imhof - Jaukus, Lehrmann, Lehmann, Schmidt, Büchner (ab 84. R. Hoffmann); Trainer: Horst Sockoll

ZSK Vorwärts Berlin

Karl-Heinz Spickenagel - Peter Kalinke, Gerhard Marotzke, Werner Eilitz - Küchler, Werner Unger - Horst Assmy, Heinz Kaulmann, Reichelt (ab 59. Wachtel), Lothar Meyer, Günther Wirth; Trainer: Janos Gyarmati

Das Magdeburger Endspiel endet mit einer Überraschung. Nicht der Sechste der Oberliga, Vorwärts Berlin, sondern der Aufsteiger ins Oberhaus, Chemie Halle, holt sich den Pokal. Von der Pokalsiegermannschaft der Armeefußballer sind noch Eilitz, Marotzke und Reichelt dabei. Ansonsten hat sich Vorwärts erheblich verstärkt. Im Tor steht der Nationaltorwart Karl-Heinz Spickenagel, Peter Kalinke verstärkt die Abwehr, von Motor Oberschöneweide kam Günther "Wibbel" Wirth, der Nationalmannschafts-Linksaußen.

Ebenfalls von Motor Oberschöneweide kam Stürmer Horst Assmy, der wie Wirth einen Stammplatz in der Nationalmannschaft gefunden hat. Doch gegen die "Unbekannten" aus dem Hallenser Kurt-Wabbel-Stadion können die Berliner das Spiel nicht gewinnen. Der Kampfgeist kann Berge versetzen, und den werfen die Saalestädter in die Waagschale. Wieder einmal bestätigt sich die alte Regel: Pokalspiele haben ihre eigenen Gesetze. Als Günther Imhof sechs Minuten vor dem Schlußpfiff die erneute Hallenser Führung erzielte, war das Spiel entschieden. Den Vorwärts-Fußballern lief die Zeit davon - zum Ausgleich reichte es nicht mehr.

Beide Teams hatten es auf dem Weg ins Finale nicht leicht. Im Viertelfinale benötigten sie eine Verlängerung. Beim DDR-Ligisten Chemie Wolfen kamen die Berliner zu einem glücklichen 2:1-Erfolg, auch die Hallenser benötigten gegen Vizemeister Brieske-Senftenberg eine Verlängerung. Doch das war bereits eine Leistung, die man den Saalestädtern nicht zugetraut hatte.

Der Weg ins Finale 1957

Viertelfinale:

SC Lok Leipzig - Chemie Bitterfeld	1:1 n. V. und 3:0
SC Dynamo Berlin - Rotation Babelsberg	2:1
SC Empor Rostock - Akt. Brieske-Senftenberg	7:2
BSG Lok Stendal - ASK Vorwärts Berlin	0:2

Halbfinale:

ASK Vorwärts Berlin - SC Empor Rostock	1:2
SC Lok Leipzig - SC Dynamo Berlin	2:1

7. Pokalendspiel am 22. Dez. 1957 in K.-M.-Stadt
Lok Leipzig - Empor Rostock 2:1 (1:1, 0:0) n. V.
Zuschauer: 6.000

SC Lok Leipzig
Günter Busch - Stieglitz, Dieter Busch, Brandt - Polland, Söllner - Walther, Dieter Fischer (ab 46. Konzack), Schoppe, Heinz Fröhlich, Behne; Trainer: Wittenbecher

SC Empor Rostock
Schröbler - Schmidt, Kurt Zapf, Singer - Pöschel, Minuth - Schneider, Arthur Bialas, Leeb, Zedel, Hans Speth (ab 100. Levknecht); Trainer: Heinz Krügel

Aufsteiger Empor Rostock trifft bei seiner zweiten Finalteilnahme auf den Favoriten SC Lok Leipzig, der in dieser Saison in der höchsten Spielklasse Platz 7 belegen konnte. Am 22. Dezember, einem ungewöhnlichen Spieltag für ein Pokalendspiel, herrscht eiskaltes Wetter. Deshalb kommen auch nur 6.000 Zuschauer ins Ernst-Thälmann-Stadion. Die Tore fallen erst nach der Halbzeit. Arthur Bialas überwindet Günter Busch mit einem schönen Schuß, fünf Minuten später fällt der Ausgleich durch Mittelstürmer Schoppe.

Der Rest der Spielzeit endet ohne weiteren Torerfolg. Erneut geht ein Endspiel in die Verlängerung. In der 104. Minute führt ein Handspiel im Rostocker Strafraum zur Entscheidung. Leipzigs Halbstürmer Heinz Fröhlich verwandelt eiskalt. Später erinnert er sich: "Ja, ja, so war's, die 104. Minute, typisch, da wollte keiner von diesen Brüdern den Elfer schießen." Erneut hat es Rostock nicht geschafft, aber erneut den Pokalsieger in die Verlängerung gezwungen. Im Viertelfinale hatten es die Leipziger schwer, beim Bezirksligameister des Bezirkes Halle, Chemie Bitterfeld, ein 1:1 nach Verlängerung zu erreichen. Das Wiederholungsspiel wurde dann erwartungsgemäß mit 3:0 gewonnen.

Empor Rostock machte mit der Konkurrenz wenig Federlesens. Brieske-Senftenberg wurde klar mit 7:2 bezwungen, sogar beim Vorjahres-Finalisten Vorwärts Berlin 2:1 gewonnen.

Der Weg ins Finale 1958

Viertelfinale:

ASK Vorwärts Berlin - SG Dynamo Eisleben	1:0
SC Empor Rostock - SC Lok Leipzig	0:1
SC Einheit Dresden - BSG Empor Wurzen	5:0
BSG Lok Weimar - SC Wismut K.-M.-Stadt	2:1

Halbfinale:

SC Lok Leipzig - BSG Lok Weimar	2:1
ASK Vorwärts Berlin - SC Einheit Dresden	1:3

8. Pokalendspiel - 14. Dezember 1958 in Cottbus
Einheit Dresden - Lok Leipzig 2:1 (1:1, 0:0) n.V.

Zuschauer:	15.000 im Max-Reimann-Stadion
Referee:	W. Bergmann (Hildburghausen)
Tore:	0:1 Scherbarth (60.), 1:1 Pfeifer (68.), 2:1 Söllner (113. Eigentor)

SC Einheit Dresden
Wolfgang Großstück - Christoph Albig, Gert Losert, Werner Jochmann - Wolfgang Pfeifer, Manfred Hansen - Lothar Müller, Horst Walter, Felix Vogel, Gottfried Matthes, Eberhard Petersohn (ab 108. Bodo Knappe); Trainer: Siegert

Im sächsischen Finale behielt überraschend der SC Einheit Dresden die Oberhand. Von links: Walter, Hansen, Müller, Vogel, Matthes, Losert, Pfeifer, Albig, Petersohn, Großstück, Jochmann.

SC Lok Leipzig

Dieter Sommer - Klaus Frauendorf, Karl-Heinz Brandt, Dieter Busch - Gerhard Polland, Siegfried Söllner - Werner Gase (ab 112. Günther Konzack), Dieter Fischer, Dieter Scherbarth, Rainer Baumann, Günter Behne; Trainer: Alfred Kunze

Der 1. FC Lok Leipzig zieht nach dem Vorjahreserfolg erneut in das Endspiel ein und gilt gegen die Dresdner als klarer Favorit.

Das 8. Endspiel übertraf alle Erwartungen. Anfangs sah alles nach einem Leipziger Sieg aus. Die Messestädter trugen zügige Kombinationen über die Flügel vor, Pfeifer, Hansen und Vogel, die Träger des Dresdner Spiels, verloren durch zu langes Ballhalten und umständliche Dribblings manches Duell.

In der 60. Minute rollt ein gefährlicher Angriff über den linken Leipziger Flügel, und Scherbarth bringt die Messestädter mit 1:0 in Führung. Doch acht Minuten später steht es 1:1. Pfeifer war der Glückliche, der einen Freistoß von Hansen ins Netz köpfte.

Mit dem 1:1 geht es in die Verlängerung. In der 112. Minute schien die Entscheidung zu fallen, aber Matthes traf nach toller Energieleistung und Bombenschuß nur den Pfosten. Eine Minute später kommt der Pokal-K.-o. für die erschöpften Leipziger. Völlig aufgestört, entsetzt und seine Tat nicht fassend, starrte Läufer Söllner dem Ball hinterher, der nach einem Schuß von Matthes an sein Schienbein und von dort ins Tor prallte.

Selbst Schiedsrichter Bergmann war von dem Spiel begeistert: "Es war das schönste und zugleich dramatischste FDGB-Pokal-Endspiel, das ich erlebte.

Schließlich gewann aber jene Mnnschaft, die etwas mehr zum Zusetzen hatte. Wenn die Begegnung auch mit zunehmender Spieldauer

Dynamo-Verteidiger Skaba setzt sich gegen die Wismut-Spieler Schlegel (links) und Zink durch.

an Härte zunahm, so wurden die Grenzen der Fairneß nur selten übertreten. Ich werde noch lange an dieses prächtige Spiel zurückdenken."

Im Viertel- und Halbfinale gab es überraschende Ergebnisse. Der ASK Vorwärts Berlin hatte große Mühe, um sich zu Hause gegen den Zweitligisten Dynamo Eisleben knapp durchzusetzen.

Lok Weimar aus der DDR-Liga warf den SC Wismut Karl-Marx-Stadt aus dem Rennen und der zweifache Finalist Empor Rostock unterlag im Ostseestadion den Leipzigern mit 0:1.

Im Halbfinale gewann der SC Einheit Dresden beim ASK Vorwärts Berlin, dem neuen DDR-Meister, klar mit 3:1. Es war erneut ein Pokalwettbewerb, der Überraschungen in Fülle brachte, aber einen würdigen Abschluß fand.

Der Weg ins Finale 1959

Viertelfinale:

SC Fortschr. Weißenfels - BSG Motor Zwickau	0:1
ASK Vorwärts Leipzig - SC Turbine Erfurt	0:3
Vorwärts Berlin - SC Wismut Karl-Marx-Stadt	2:4
SC Traktor Schwerin - SC Dynamo Berlin	0:4

Halbfinale

SC Turbine Erfurt - SC Wismut K.-M.-Stadt	0:3
SC Dynamo Berlin - BSG Motor Zwickau	2:1 n. V.

9. Pokalfinale am 6. Dezember 1959 in Dresden

Dynamo Berlin - Wismut K.-M.-Stadt	0:0 n. V.
Zuschauer:	20.000 im Heinz-Steyer-Stadion
Referee:	Köhler (Leipzig)

SC Dynamo Berlin

Willi Marquardt - Konrad Dorner, Werner Heine, Martin Skaba - Herbert Maschke, Waldemar Mühlbächer - Bernd Hofmann, Hermann Bley, Klaus Thiemann(ab 93. Karl Schäffner), Günter Schröter, Rolf Quest; Trainer: Bachmann

SC Wismut Karl-Marx-Stadt

Klaus Thiele - Lothar Schlegel, Bringfried Müller, Siegfried Wolf - Jürgen Seifert, Manfred Kaiser - Lothar Killermann, Klaus Zink, Dieter Erler, Willy Tröger, Horst Tautenhahn (ab 91. Siegfried Kaiser); Trainer: Hofmann

In dieser Begegnung trifft der diesjährige Meister SC Wismut auf den Meisterschaftsdritten aus Berlin. Vor Beginn stehen einige Fragen zur Diskussion: Welche Abwehr steht am sichersten? Auf Berliner Seite sind Dorner, Heine und Skaba erfahren genug, aber Wismut hat mit Bringfried Müller und Siegfried Wolf ebenfalls Könner in der Abwehr stehen. Wer wird im Mittelfeld Regie führen? Der Berliner Waldemar Mühlbächer oder der Auer Manfred Kaiser? Wird sich der Berliner Günter Schröter oder Willy Tröger von Wismut im Sturm durchsetzen? Das Spiel im Dresdner

Heinz-Steyer-Stadion beantwortete nur die erste Frage. Beide Abwehrreihen standen sicher, so daß nach 120 Minuten keine Entscheidung gefallen war. Erstmals muß ein Finale wiederholt werden.

Wiederholungsspiel am 13. Dezember 1959 in Leipzig

Dynamo Berlin - Wismut K.-M.-Stadt 3:2 (1:1)

Zuschauer: 8.000 im Bruno-Plache-Stadion

Referee: Werner Bergmann (Hildburghausen)

Tore: 1:0 Hofmann (17.), 1:1 Tröger (30.), 2:1 Schröter (53.Foulelfmeter) 2:2 Siegfried Kaiser (65.), 3:2 Hofmann (67.)

SC Dynamo Berlin

Willi Marquardt - Konrad Dorner, Werner Heine, Martin Skaba - Herbert Maschke, Waldemar Mühlbächer - Bernd Hofmann, Hermann Bley, Thiemann, Günter Schröter,Quest(ab 46.Schäffner); Trainer: Bachmann

SC Wismut Karl-Marx-Stadt

Klaus Thiele - Schlegel, Bringfried Müller, Siegfried Wolf - Dieter Erler, Manfred Kaiser - Killermann, Zink, Eberlein, Willi Tröger, Siegfried Kaiser; Trainer: Hofmann

Nur 8.000 Zuschauer sahen in Leipzig ein spannungsgeladenes Spiel. Zur Überraschung aller geht Berlin zweimal in Führung. Bernd Hofmann, Sohn des legendären Richard Hofmann, erzielt das 1:0, der alte Hase Günter Schröter das 2:1. Doch zweimal kann Wismut ausgleichen. Als jedoch unmittelbar nach dem 2:2 den Berlinern die erneute Führung gelingt, ist der Widerstand der Erzgebirgler gebrochen. Entscheidend für den Ausgang des Spieles war, daß sich der torgefährliche Willy Tröger nicht durchsetzen konnte. Auf Berliner Seite bot Bernd Hofmann eine überzeugende Partie.

Der Weg ins Finale 1960

Viertelfinale:

SC Motor Karl-Marx-Stadt - BSG Lok Stendal	2:0
SC Chemie Halle - SG Dynamo Erfurt	8:1
ASK Vorw. Berlin - SC Empor Rostock	1:2 n. V.
SC Lok Leipzig - SC Motor Jena	0:2

Halbfinale:

SC Motor Jena - SC Motor Karl-Marx-Stadt	7:1
SC Empor Rostock - SC Chemie Halle	1:0

10. Pokalfinale am 7. Oktober 1960 in Magdeburg

SC Mot.Jena - SC Emp.Rostock 3:2 (2:2, 0:1) n.V.

Zuschauer: 10.000 im Ernst-Grube-Stadion

Referee: Werner Bergmann (Hildburghausen)

Linienrichter: Gerhard Kunze (Karl-Marx-Stadt), Rudi Glöckner (Leipzig)

Tore: 0:1 Drews (30.), 0:2 Pankau (63.), 1:2 Peter Ducke (78.), 2:2 Peter Ducke (90.), 3:2 Kirsch (110.)

SC Motor Jena

Harald Fritzsche - Hilmar Ahnert, Egelmeyer, Otto - Graupe, Siegfried Woitzat - Roland Ducke, Helmut Müller, Peter Ducke, Lange, Kirsch. Trainer: Georg Buschner

SC Empor Rostock

Jürgen Heinsch - Schmidt, Kurt Zapf, Söllner - Herbert Pankau, Minuth - Leeb, Arthur Bialas, Ernst, Heino Kleiminger (ab 89. Gerhard Schaller), Werner Drews. Trainer: Walter Fritzsch

Zwei Mannschaften, die in der Meisterschaft Mittelfeldplätze belegt haben, treffen in Magdeburg aufeinander. Die Ostseestädter konnten kein Meisterschaftsspiel gegen die Thüringer gewinnen, daran sollte sich auch im Pokalfinale nichts ändern. Doch - noch nie stand Rostock so dicht vor einem Erfolg.

Im Grube-Stadion sahen die Hanseaten wie der sichere Sieger aus. Als Herbert Pankau in der 63. Minute die 2:0-Führung erzielte, setzte keiner der 10.000 im Stadion noch eine müde

Mark auf die Thüringer. Aber diese hatten den unberechenbaren Peter Ducke in ihren Reihen. Und der riß das Eisen noch aus dem Feuer. Nach dem Anschlußtor gelang ihm fast mit dem Schlußpfiff der nicht mehr erwartete Ausgleich.

Völlig entnervt gingen die Rostocker in die Verlängerung. Es war Rostocks drittes Finale und die dritte Verlängerung. Auch diesmal unterlagen sie in der zusätzlichen Spielzeit. Darin liegt eine gewisse Tragik. Rostock hielt den Pokal schon fest in der Hand und gab ihn leichtfertig doch noch an die Jenaer ab. Freud und Leid - wie dicht liegen diese im Spiel beieinander!

Die Überraschung des Pokalwettbewerbs war das Vordringen des Bezirksligisten Dynamo Erfurt in das Viertelfinale. Chemie Halle war dann doch eine Nummer zu groß und eine 1:8-Schlappe nicht zu vermeiden.

Erneut konnte Empor Rostock beim ASK Vorwärts Berlin gewinnen. In der Meisterschaft gegen die Berliner mit zwei Niederlagen belastet, zeigten die Ostseestädter im Pokal-Viertelfinale keinen Respekt vor dem neuen Meister und setzten sich an der Cantianstraße in der Verlängerung mit 2:1 durch.

Die Vorjahresfinalisten SC Dynamo Berlin und Wismut Karl-Marx-Stadt schieden schon frühzeitig aus.

1961 wurde kein Pokalwettbewerb ausgetragen.

Der Weg ins Finale 1962

Viertelfinale:

Dyn. Hohenschönhausen - SC Dynamo Berlin	0:3
SC Potsdam- SC Chemie Halle	1:1 n. V und 0:2
SC Motor Jena - Vorwärts Cottbus	2:0
SC Empor Rostock - SC Lok Leipzig	1:0

Halbfinale:

SC Chemie Halle - SC Motor Jena	2:1 n. V.
SC Dynamo Berlin - SC Empor Rostock	5:1

Dynamo-Stürmer Schröter (Mitte) im Zweikampf mit dem Hallenser Minnich.

11. Pokalendspiel am 10. Juni 1962 in Karl-Marx-Stadt

SC Chemie Halle - SC Dynamo Berlin 3:1 (1:0)

Zuschauer:	10.000 im Ernst-Thälmann-Stadion
Referee:	Kunze (Karl-Marx-Stadt)
Linienrichter:	Haack, Vogel (beide Karl-Marx-Stadt)
Tore:	1:0 Lehrmann (21.), 2:0 Schimpf (55.), 2:1 Schröter (68.), 3:1 Walter (85.)

Chemie Halle

Wilk - Okupniak, Klaus Hoffmann, Minnich - Klaus Urbanczyk, Günter Hoffmann - Schimpf, Horst Walter, Topf, Lehrmann, Busch; Trainer: Heinz Krügel/Otto Werkmeister

Dynamo Berlin

Willi Marquardt - Konrad Dorner, Werner Heine, Martin Skaba - Waldemar Mühlbächer, Herbert Maschke - Hermann Bley, Schmidt, Quest, Wilfried Klingbiel, Günter Schröter; Trainer: Janos Gyarmati/Laloucek

Pokalsieger 1956 gegen Pokalsieger 1959 - das ist die Finalpaarung des Jahrgangs 1962.

Geht man vom Ausgang der Meisterschaft aus, sind die Berliner eindeutig favorisiert. Auch die namentliche Besetzung spricht für die Hauptstädter. Doch Halle ist eine Pokalmannschaft und kann den Erfolg von 1956 wiederholen.

Erneut wächst die Mannschaft über sich hinaus. Bis zur 68. Minute wird der Konkurrent aus Berlin eindeutig beherrscht. Auch vom Anschlußtreffer lassen sich die Saalestädter nicht aus der Bahn werfen, halten die Berliner weiter in Schach. Fünf Minuten vor dem Ende entscheidet Horst Walter endgültig die Partie zugunsten der Hallenser.

Die Finalisten des Vorjahres drangen bis in das Halbfinale vor, mußten sich dort ihren Kontrahenten beugen. Jena hielt in Halle lange Zeit mit und gab sich erst in der Verlängerung geschlagen. Rostock dagegen konnte Dynamo Berlin nichts Gleichwertiges entgegensetzen und verlor klar mit 1:5. Mit dem SC Potsdam hatte sich erneut ein krasser Außenseiter bis ins Viertelfinale vorgekämpft. Auch Vorwärts Cottbus hatte man nicht so weit vorn erwartet.

Der Weg ins Finale 1963

Viertelfinale:

Motor West K-M-Stadt - BSG Lok Stendal	3:0
Chemie Zeitz - SC Wismut Karl-Marx-Stadt	1:0
SC Chemie Halle - ASK Vorwärts Berlin	1:0
BSG Motor Zwickau - SC Empor Rostock	4:0

Halbfinale:

BSG Ch. Zeitz - Mot. West K.-M.-Stadt	1:1 n. V. und 3:2
SC Chemie Halle - BSG Motor Zwickau	2:2 n. V. und 0:3

12. Pokalfinale am 1. Mai 1963 in Altenburg

BSG Motor Zwickau - BSG Chemie Zeitz 3:0 (2:0)

Zuschauer:	25.000 im Leninstadion
Referee:	Rudi Glöckner (Leipzig)
Linienrichter:	Wolfgang Riedel (Berlin), Günter Männig (Böhlen)
Tore:	1:0 Speth (19.), 2:0 Witzger (37.), 3:0 Speth (80.)

BSG Motor Zwickau

Meyer - Alois Glaubitz, Beier, Röhner - Gruner, Dimanski - Eberhard Franz, Witzger, Horst Jura, Henschel, Speth. Trainer: Karl Dittes

FDGB-Pokalsieger 1963 Motor Zwickau v. l.: Witzger, Meyer, Glaubitz, Dimanski, Henschel, E. Franz, Jura, Speth, Röhner, Beier, Gruner.

BSG Chemie Zeitz

Ernst - Lucker, Zeyher, Handt - Fischer, Gentzsch, Tympel - Bernd Bauchspieß, Pacholski, Kohl, Schneider. Trainer: Richter

Mit Chemie Zeitz zieht ein krasser Außenseiter in das Endspiel ein. In der DDR-Liga, Staffel Süd, kann nach Beendigung der Meisterschaft nur der 9. Platz belegt werden. Somit sind die Fronten frühzeitig geklärt. Die Westsachsen beherrschen das Spiel nach Belieben, brauchen sich in keiner Phase voll auszugeben. So hätten eigentlich mehr Tore fallen müssen, doch Zwickau tat nur das, was unbedingt notwendig war.

Die Zeitzer ließen auf dem Weg ins Finale aufhorchen. Selbst Wismut Karl-Marx-Stadt mußte in Zeitz die Segel streichen. Mit Motor West Karl-Marx-Stadt hatte sich ein weiterer Ligavertreter ins Viertelfinale gespielt. Im Halbfinale schieden die Sachsen nur knapp gegen Zeitz aus.

Lok Stendal, die unberechenbare Mannschaft, mußte sich Motor West Karl-Marx-Stadt beugen. Vorwärts Berlin konnte erneut nicht über seinen eigenen Schatten springen, mußte Chemie Halle einen knappen Sieg überlassen. Im Halbfinale wurden erstmals zwei Spiele pro Mannschaft ausgetragen.

Der Weg ins Finale 1964

Viertelfinale:

SC Empor Rostock - Motor Zwickau	0:1
SC Dynamo Berlin - SC Aufbau Magdeburg	1:4
SC Motor Jena - ASK Vorwärts Berlin	2:1
SC Leipzig - Vorwärts Neubrandenburg	7:2

Halbfinale:

SC Aufbau Magdeburg - SC Motor Jena	3:2
Motor Zwickau - SC Leipzig	2:3 n. V.

13. Pokalendspiel am 13. Juni 1964 in Dessau

SC Aufbau Magdeburg - SC Leipzig 3:2 (1:2)

Zuschauer:	12.000 im Paul-Greifzu-Stadion
Referee:	Gerhard Kunze (Karl-Marx-Stadt)
Linienrichter:	Fritz Köpcke (Wusterhausen/Dosse), Trautvetter (Immelborn)
Tore:	0:1 Faber (8.), 0:2 Engelhardt (37.), 1:2 Walter (40.), 2:2 Walter (74.), 3:2 Stöcker (90.)

SC Aufbau Magdeburg

Moldenhauer - Wiedemann, Busch, Retschlag - Günter Kubisch, Fronzeck - Horst Walter, Günter Hirschmann, Lehmann, Behne, Hermann Stöcker. Trainer: Kümmel

SC Leipzig

Nauert - Michael Faber, Manfred Geisler, Hans Pfeufer - Drößler, Trojan -Dieter Engelhardt, Rainer Trölitzsch, Henning Frenzel, Volker Franke, Arno Zerbe. Trainer: Dr. Rudolf Krause

Der Oberligadritte SC Leipzig trifft auf den Elften der Meisterschaft, SC Aufbau Magdeburg. Für die Magdeburger beginnt 1964 die große Serie der Pokalerfolge. Der 13. Juni ist ein drückend heißer Tag. Doch es entwickelt sich ein mitreißendes Spiel. Die 1. Halbzeit geht klar an die Messestädter. Sie spielen gefälliger, führen bereits 2:0. Das 1:0 fällt nach einem Freistoß. Engelhardt erwischt ihn nicht richtig, dafür ist Verteidiger Michael Faber zur Stelle. Sein Effetschuß landet im Tor. Beim 2:0 sprintet Frenzel los, seine präzise Eingabe verwandelt Engelhardt sicher. In der 40. Minute kann Magdeburg auf 1:2 verkürzen. Walter besorgte den Treffer nach Vorarbeit Stöckers.

In der 2. Hälfte erlitt dann Trojan bei einem Zusammenstoß eine Gehirnerschütterung. Nach 74 Minuten führt Hirschmann einen Freistoß aus und Walter kann ausgleichen. Es läuft bereits die Nachspielzeit, die Leipziger rechnen mit einer Verlängerung. Da landet ein Scharfschuß Walters bei Nauert, der den Ball nicht festhalten kann. Stöcker staubt ab. Der Torschütze zum glücklichen 3:2 erinnert sich: "Ich ahnte es. Diesen Ball, von Walter scharf geschossen, kann Nauert wohl kaum sicher fassen. Und in der Tat, er ließ ihn prallen. Mein Nachsetzen zahlte sich aus. Ich sah Geisler heranstürzen, so daß es für mich nur eins gab - sofort abschießen." Es ist schon tragisch. Wie gegen den SC Einheit Dresden muß eine Leipziger Mannschaft den schon sicher geglaubten Pokal noch aus der Hand geben.

Der SC Leipzig hatte im Viertelfinale mit dem ASK Vorwärts Neubrandenburg einen leichten Gegner, der auch ohne große Mühe 7:2 ausgeschaltet werden konnte. Im Halbfinale hieß der Gegner dann Motor Zwickau, der Pokalverteidiger.

Im Zwickauer Georgi-Dimitroff-Stadion gelang in der Verlängerung ein wertvoller 3:2-Erfolg. Magdeburg setzte sich im Viertelfinale beim SC Dynamo Berlin sicher mit 4:1 durch und bezwang im Halbfinale den SC Motor Jena mit 3:2.

Die Rostocker scheiterten im Viertelfinale wieder einmal im heimischen Ostseestadion mit 0:1 an Motor Zwickau.

Der Weg ins Finale 1965

Viertelfinale:

BSG Wismut Aue - BSG Chemie Leipzig	1:0
SC Motor Jena - SC Leipzig	3:1
SC K.-M.-Stadt - SC Aufbau Magdeburg	2:4 n. V.
SC Ch. Halle - BSG Mot. Zwickau	0:0 n. V. 2:0

Halbfinale:

SC Aufb. Magdeburg - BSG Wismut Aue	4:2 n. V.
SC Chemie Halle - SC Motor Jena	0:1

14. Pokalfinale am 8.Mai 1965 in Berlin

SC Aufbau Magdeburg - SC Motor Jena 2:1 (0:0)

Zuschauer: 25.000 im Friedrich - Luwig - Jahn - Sportpark

Referee: Wolfgang Riedel (Falkensee)

Linienrichter: Fritz Köpcke (Wusterhausen), Heinz Einbeck (Berlin)

Torfolge: 0:1 Müller (66.), 1:1 Walter (82.), 2:1 Hirschmann (89. Foulelfmeter)

SC Aufbau Magdeburg

Wolfgang Blochwitz - Wiedemann, Fronzeck, Manfred Zapf - Günter Kubisch, Ruhloff - Hermann Stöcker, Günter Hirschmann, Horst Walter, Wolfgang Seguin, Wilfried Klingbiel; Trainer: Kümmel

SC Motor Jena

Harald Fritzsche - Stricksner, Peter Rock, Siegfried Woitzat - Heinz Hergert, Marx - Knobloch, Helmut Müller, Peter Ducke, Lange, Roland Ducke; Trainer: Georg Buschner

Magdeburg ist die erste Mannschaft, die den Pokal erfolgreich verteidigen kann. Eigentlich erwartete man die Thüringer ganz vorn, denn in der abgelaufenen Meisterschaft waren sie erfolgreicher als die Magdeburger. Außerdem schienen die Saalestädter vom namentlichen Aufgebot her stärker besetzt zu sein.

Lange Zeit sah es auch nicht nach einem Magdeburger Erfolg aus. Die Jenenser konnten das knappe 1:0 bis in die Schlußphase hinein verteidigen. Dann waren sie dem Ansturm der Magdeburger nicht mehr gewachsen. Nach Walters Ausgleich setzten die Elbestädter alles auf eine Karte und kamen unmittelbar vor dem Schlußpfiff noch zum verdienten Sieg.

Der SC Aufbau Magdeburg hatte es auf dem Weg zum Endspiel schwerer als erwartet. Beim SC Karl-Marx-Stadt konnte erst in der Verlängerung gewonnen werden, auch im Halbfinale erzwang Wismut Aue in der Elbestadt eine Verlängerung.

Motor Jena schaltete den SC Leipzig sicher aus und gewann auch die Halbfinalbegegnung beim SC Chemie Halle.

Der Weg in das Finale 1966

Viertelfinale:

FC Karl-Marx-Stadt - BSG Motor Zwickau	0:3
BSG Wismut Aue - BSG Chemie Leipzig	2:3
BSG Lok Stendal - Berliner FC Dynamo	2:1
1. FC Magdeburg - FC Hansa Rostock	0:1

Halbfinale:

BSG Chemie Leipzig - BSG Motor Zwickau	2:0
BSG Lok Stendal - FC Hansa Rostock	1:0 n. V.

15. Pokalfinale am 30. April 1966 in Bautzen

BSG Chemie Leipzig - BSG Lok Stendal 1:0 (0:0)

Zuschauer: 15.000 im Stadion an der Müllerwiese

Referee: Fritz Köpcke (Wusterhausen/Dosse)

Linienrichter: Bader (Bremen/Rhön), Zülow (Rostock)

Torfolge: 1:0 Matoul (73.)

Chemie Leipzig
Günther - Herzog, Manfred Walter, Herrmann - Krause, Slaby - Behla, Hans - Bert Matoul, Dieter Scherbarth, Bernd Bauchspieß, Lisiewicz; Trainer: Alfred Kunze

Lok Stendal
Zeppmeisel - Felke, Ernst Lindner, Nathow - Prebusch, Strohmeyer, Kurt Liebrecht - Schmidt, Gerd Backhaus, Karow, Abraham; Trainer: Martin Schwendler

Beide Finalisten erreichten für viele überraschend das Endspiel. In Bautzen gibt es keinen erklärten Favoriten. Beide Teams konnten im Verlauf der Meisterschaft keine entscheidende Rolle spielen. Chemie Leipzig vertraut auf die Routiniers Manfred Walter, Behla und Dieter Scherbarth sowie auf den Torinstinkt des Torjägers Hans - Bert Matoul und den früheren Zeitzer Bernd Bauchspieß. Stendal setzt auf die Erfahrung von Ernst Lindner und"Kuddel" Liebrecht, vertraut der Schußkraft des Gerd Backhaus. Bis in die Schlußphase hinein tut sich nicht viel auf dem Spielfeld. Erst in der 73. Minute entscheidet ein Treffer von Hans - Bert Matoul das Finale.

Weitaus bessere Leistungen als im Endspiel hatten beide Mannschaften in den vorangegangenen Spielen gezeigt

Die Leipziger gewannen völlig überraschend bei Wismut Aue mit 3:2 und setzten sich im Halbfinale auch gegen Motor Zwickau durch.

Stendal wiederum eleminierte den Berliner FC Dynamo sowie die stärker eingeschätzten Rostocker. Die Ostseestädter hatten sich zuvor beim Pokalverteidiger 1. FC Magdeburg durchgesetzt und waren ein sicherer Anwärter auf den FDGB - Pokal.

Der Weg in das Finale 1967

Viertelfinale:

Berliner FC Dynamo - HFC Chemie	1:2 n. V.
SG Dynamo Dresden - FC Vorwärts Berlin	2:4
BSG Motor Zwickau - FC Rot-Weiß Erfurt	2:0
FC Carl Zeiss Jena - FC Hansa Rostock	0:2

Halbfinale:

BSG Motor Zwickau - Hallescher FC Chemie	2:0
FC Hansa Rostock - FC Vorwärts Berlin	0:0 n. V. und 1:0

16. Pokalfinale am 30. April 1967 in Brandenburg
BSG Motor Zwickau - FC Hansa Rostock 3:0 (2:0)

Zuschauer:	10.000 im Stahl - Stadion
Referee:	Bader (Bremen/Rhön)
Linienrichter:	Schulz (Görlitz), Müller (Kriebitzsch)
Torfolge:	1:0 Beier (22.), 2:0 Rentzsch (45.), 3:0 Henschel (48.)

Motor Zwickau
Jürgen Croy - Söldner, Alois Glaubitz, Beier - Erdmann, Harald Irmscher, Horst Jura, Resch - Rentzsch, Henschel, Hoffmann; Trainer: Oettler

FC Hansa Rostock
Jürgen Heinsch - Dieter Wruck, Kurt Zapf, Sykora - Herbert Pankau, Rump, Madeja, Heino Kleiminger - Decker, Dieter Seehaus, Werner Drews; Trainer: Gerhard Gläser

Für dieses Finale gibt es keinen eindeutigen Favoriten. Beide Mannschaften hatten ihre Meisterschaftsspiele gegeneinander unentschieden gestaltet. Zwickau hatte bereits 1963 den Pokal gewonnen, Rostock war bisher im Finale stets gescheitert. Auch 1967 sollte es für die Hanseaten nicht reichen. Die Trabantwerker bestimmen vom Anfang an das Spiel, Beiers Tor bringt zusätzliche Sicherheit in die Zwickauer Reihen. Das 2:0 unmtitelbar vor dem Halbzeitpfiff hinterließ bei den Ostseestädtern einen Schock. Als Zwickau schon kurz nach dem Seitenwechsel auf 3:0 erhöhen kann, war die Partie entschieden. Die Duelle Croy - Heinsch und Irmscher - Pankau gingen klar an die Zwickauer. Für Rostock ist es schon eine Tragik:Im vierten Finale gab es die vierte Niederlage.

Die Zwickauer Resch, Jura und Torschütze Rentzsch (von rechts) freuen sich über das 2:0 im Pokalendspiel 1967 gegen FC Hansa Rostock

Die besten Spiele zeigten die Rostocker im Viertel - und Halbfinale. Ein 2:0 beim FC Carl Zeiss Jena, ein 1:0 im Wiederholungsspiel gegen Vorwärts Berlin, das hätte eigentlich Zuversicht für das Endspiel verleihen müssen. Überraschend kommt das Ausscheiden von Dynamo Dresden im heimischen Rudolf - Harbig - Stadion gegen Vorwärts Berlin.

Der Weg in das Finale 1968

Viertelfinale:

ASG Vorwärts Stralsund - FC Carl Zeiss Jena	0:2
1. FC Lok Leipzig - Dynamo Dresden	4:0
1. FC Union Berlin - Sachsenring Zwickau	1:0
FC Vorwärts Berlin - BSG Lok Stendal	4:0

Halbfinale:

FC Carl Zeiss Jena - 1. FC Lok Leipzig	2:1
1. FC Union Berlin - FC Vorwärts Berlin	2:1

17. Pokalfinale am 9. Juni 1968 in Halle

1. FC Union Berlin - FC Carl Zeiss Jena 2:1 (1:1)

Zuschauer: 13.000 im Kurt - Wabbel - Stadion

Referee: Rudi Glöckner (Markranstädt)

Linienrichter: Günter Männig (Böhlen), Uhlig (Neukieritzsch)

Torfolge: 0:1 W. Krauß (1.), 1:1 Uentz (29. Handelfmeter), 2:1 Quest (63.)

1. FC Union Berlin

Ignaczak - Hillmann (ab 67. Zedler), Wolfgang Wruck, Reinhardt Lauck, Felsch - Prüfke, Betke - Günter Hoge, Quest, Uentz, Stoppock; Trainer: Werner

FC Carl Zeiss Jena

Wolfgang Blochwitz - Udo Preuße (ab 70. Peter Ducke), Peter Rock, Michael Strempel, Jürgen Werner - Brunner (ab 46. Marx), Rainer Schlutter - Helmut Stein, W, Krauß, Scheitler, Roland Ducke; Trainer: Georg Buschner

Das Endspiel fand einen überraschenden Ausgang. Jena als frischgebackener DDR - Meister muß sich dem Achten der Meisterschaft, Union Berlin, beugen. Für Trainer Georg Buschner war dies eine der bittersten Niederlagen.

Dabei schien für Jena alles nach Plan zu laufen. Bereits den ersten Angriff können die Saalestädter mit dem 1:0 krönen. Zudem war Jena auf fast allen Positionen stärker besetzt als die Berliner. Das frühe 1:0 führte offensichtlich zur Unterschätzung des Kontrahenten.

Folgerichtig kam der Außenseiter immer besser ins Spiel. Der Ausgleich hätte ein Warnschuß zur rechten Zeit für die Thüringer sein müssen. Nach der Berliner Führung nahm Georg Buschner Verteidiger Udo Preuße aus dem Spiel und brachte den Angreifer Peter Ducke. Doch auch er konnte das Spiel einer schwachen Jenaer Mannschaft nicht mehr herumreißen, Somit endet der Pokalwettbewerb mit einem Außenseitersieg.

Die Berliner hatten im Viertelfinale bereits Pokalverteidiger Zwickau ausgeschaltet und setzten sich im Halbfinale auch gegen den Ortsnachbarn FC Vorwärts durch. Beachtlich hielt sich der Ligavertreter Vorwärts Stralsund, der sich erst im Viertelfinale den Jenensern beugen mußte.

Der Weg in das Finale 1969

Viertelfinale:

FC Karl-Marx-Stadt - Wismut Gera	5:3
BSG Chemie Leipzig - 1. FC Magdeburg	1:2
FC Vorwärts Berlin - FC Carl Zeiss Jena	4:1
Berliner FC Dynamo - SG Dynamo Dresden	3:0

Halbfinale:

FC Karl-Marx-Stadt - FC Vorwärts Berlin	2:1
Berliner FC Dynamo - 1. FC Magdeburg	1:2

18. Pokalfinale am 1. Juni 1969 in Dresden

1. FC Magdeburg - FC Karl-Marx-Stadt 4:0 (1:0)

Zuschauer:	20.000 im Dynamo - Stadion
Referee:	Schulz (Görlitz)
Linienrichter:	Wolfgang Riedel (Berlin), Heinz Einbeck (Berlin)
Torfolge:	1:0 Ohm (28.), 2:0 Walter (51.), 3:0 Ohm (60.), 4:0 Sparwasser (68.)

1. FC Magdeburg

Moldenhauer - Fronzeck - Sykora, Ohm, Manfred Zapf, Retschlag - Hermann Stöcker, Wolfgang Seguin, Abraham - Jürgen Sparwasser, Horst Walter; Trainer: Heinz Krügel

FC Karl-Marx-Stadt

Gröber (ab 63. Kaschel) - A. Müller - Schuster, Feister, Peter Müller - Göcke, Steinmann, Holger Erler - Gotthard Zölfl (ab 46. Zeidler), Manfred Lienemann, Eberhard Vogel; Trainer: Müller

Die Siegermannschaft des 1. FC Magdeburg nach dem 4:0 gegen den FC Karl-Marx-Stadt.

Drittes Pokalfinale für die Magdeburger und wie erwartet der dritte Erfolg. Die Elbestädter waren den Sachsen in allen Belangen überlegen. Erler und Vogel, die besten Spieler der Karl - Marx - Städter, kamen einfach nicht ins Spiel. Inzwischen hatte sich auch Jürgen Sparwasser einen Stammplatz in der Magdeburger Mannschaft erkämpft. Der 21jährige erhielt drei Wochen nach dem Pokalerfolg seine erste Berufung in die Nationalmannschaft. Magdeburg war gleichmäßiger besetzt, wirkte reifer und abgeklärter, hatte die besseren Individualisten. Der Sieg war auch in dieser Höhe verdient.

Vorjahresfinalist Carl Zeiss Jena kam im Viertelfinale beim FC Vorwärts Berlin mit 1:4 arg unter die Räder. Es war im Jahn - Sportpark das Aufeinandertreffen des Meisters (FV Vorwärts) gegen den Vizemeister aus Thüringen. Im Halbfinale schieden beide Berliner Vertreter aus dem Wettbewerb aus. Meister Vorwärts unterlag überraschend in Karl-Marx-Stadt und der Berliner FC Dynamo mußte zu Hause dem 1. FC Magdeburg den Vortritt lassen.

Der Weg in das Finale 1970

Viertelfinale:

FC Vorwärts Berlin - FC Carl Zeiss Jena	2:0
SG Dynamo Dresden - 1. FC Lok Leipzig	1:2
1. FC Magdeburg - FC Hansa Rostock	0:2
BSG Motor Grimma - FC Karl-Marx-Stadt	1:5

Halbfinale:

FC Karl-Marx-Stadt - FC Vorwärts Berlin	1:2
1. FC Lok Leipzig - FC Hansa Rostock	2:1

19. Pokalfinale am 13. Juni 1970 in Dresden

FC Vorwärts Berlin - 1. FC Lok Leipzig 4:2 (2:0)

Zuschauer: 12.000 im Dynamo - Stadion

Referee: Gerhard Kunze (Karl-Marx-Stadt)

Linienrichter: Schulz (Görlitz), Adolf Prokop (Mühlhausen)

Torfolge: 1:0 Begerad (4.), 2:0 Horst Wruck (15.), 3:0 Gießner (52. Eigentor), 3:1 Löwe (62.), 3:2 Köditz (67.), 4:2 Nöldner (82.)

FC Vorwärts Berlin

Alfred Zulkowski - Otto Fräßdorf, Müller, Erich Hamann, Withulz - Strübing, Jürgen Nöldner, Gerhard Körner - Horst Wruck (ab 79. Pfefferkorn), Begerad, Piepenburg; Trainer: Fritz Belger

1. FC Lok Leipzig

Werner Friese - Michael Faber, Peter Gießner, Gunter Sekora (ab 79. Benes), Wilfried Gröbner - Arno Zerbe, Köditz, Manfred Geisler - Wolfram Löwe, Henning Frenzel, Manfred Kupfer; Trainer: Kurt Holke

In dieser Partie ist der FC Vorwärts klarer Favorit. Hinter dem FC Carl Zeiss Jena wurde die Elf Vizemeister. Die Leipziger waren eben erst nach einjähriger Zweitklassigkeit in die Oberliga zurückgekehrt. Die Berliner glänzten mit spielerischer Eleganz und kämpferischer Entschlossenheit und führten bereits nach einer Viertelstunde mit 2:0. Kurz nach der Halbzeitpause passierte Peter Gießner das Mißgeschick eines Eigentores. Eine scharfe Eingabe von Wruck prallte an sein Knie und von dort ins Netz. Damit schien alles entschieden.

Doch die Messestädter bäumten sich nochmals auf. In der 62. Minute kommt ein Rückpaß Frenzels von der Grundlinie und Wolfram Löwe kann verkürzen. Fünf Minuten später zieht Kupfer einen Steilpaß vor das Berliner Tor und Köditz erzielt das 2:3.

Das Spiel schien zu kippen. Löwe vergab eine Großchance, Zerbe traf nur die Latte. Das Spiel gewann immer mehr an Dramatik. Da erlöste Jürgen Nöldner die Berliner mit einem Konter zum 4:2. Der Berliner Sieg war jedoch vollkommen verdient.

Die Leipziger ließen schon vor dem Finale aufhorchen. Im Viertelfinale gelang beim Meisterschaftsdritten Dynamo Dresden ein unerwarteter 2:1 - Erfolg und im Halbfinale konnte

DDR-Meister und Pokalsieger 1971 Dynamo Dresden v. l.: Riedel, Sachse, Dörner, Ziegler, Haustein, Rau, Geyer, Ganzera, Sammer, Kallenbach, Kreische.

der FC Hansa Rostock ausgeschaltet werden. Die Sensation des Viertelfinales war die 0:2 - Niederlage des Pokalverteidigers Magdeburg gegen Hansa Rostock. Mit Motor Grimma hatte sich ein Bezirksligist bis in das Viertelfinale durchgekämpft.

Der Weg in das Finale 1971

Viertelfinale:

SG Dyn. Dresden - BSG Akt. Schwarze Pumpe	2:0
1. FC Magdeburg - FC Hansa Rostock	2:1
Berliner FC Dynamo - Hallescher FC Chemie	2:0
FC Carl Zeiss Jena - 1. FC Lok Leipzig	2:1

Halbfinale:

Berliner FC Dynamo - FC Carl Zeiss Jena	1:0
1. FC Magdeburg - Dynamo Dresden	2:3

20. Pokalfinale am 2. Juni 1971 in Halle

SG Dyn. Dresden - BFC Dyn. 2:1 (1:1, 0:0) n. V.

Zuschauer:	10.000 im Kurt - Wabbel - Stadion
Referee:	Rudi Glöckner (Markranstädt)
Linienrichter:	Günter Männig (Böhlen), Gerhard Kunze (Karl-Marx-Stadt)
Torfolge:	1:0 Sammer (65.), 1:1 Johanssen (70. Foulelfmeter), 2:1 Sammer (119.)

Dynamo Dresden

Manfred Kallenbach - Hans - Jürgen Dörner, Wolfgang Haustein, Klaus Sammer, Frank Ganzera - Uwe Ziegler, Hans - Jürgen Kreische, Horst Rau (ab 106. Siegmar Wätzlich) - Dieter Riedel (ab 100. Gert Heidler), Rainer Sachse, Eduard Geyer; Trainer: Walter Fritzsch

Berliner FC Dynamo

Werner Lihsa - Brillat - Stumpf, Achim Hall - Harald Schütze (ab 73. Fleischer), Filohn, P. Rohde, Frank Terletzki - Labes (ab 104. Lyszczan), Johannsen; Trainer: Bachmann/Günter Schröter

Dynamo Dresden hat den DDR - Meistertitel gewonnen und strebt nun das begehrte Doppel an. Das hatte bisher noch keine Mannschaft erreicht. Dresdens Stürmer treffen jedoch das Berliner Tor nicht, auch der aus dem Mittelfeld kommende Torschützenkönig Hans - Jürgen Kreische kann Lihsa nicht bezwingen. Erst Klaus Sammer bricht den Bann. Nach 65 Minuten erzielt der "Lange" aus der Vierer -

Abwehrkette das 1:0 der Dresdner. Doch bereits fünf Minuten später heißt es 1:1. Johannsen kann einen Foulelfmeter sicher verwandeln.

Als Schiedsrichter Rudi Glöckner die Partie beendet, ist noch keine Entscheidung gefallen. So geht das Spiel in die Verlängerung. Auch diese scheint keine Entscheidung zu bringen. Nur noch Sekunden sind zu spielen, da hält es Klaus Sammer erneut nicht mehr in der Abwehr. Er stürmt in den Berliner Strafraum und erzwingt mit einem Kopfball das 2:1. Erstmals ist eine DDR - Mannschaft Meister und Pokalsieger geworden.

Dynamo Dresden hatte einen recht schweren Weg bis in das Finale zurückzulegen. Der Auftakt beim Ligavertreter Dynamo Eisleben war wenig verheißungsvoll, erst in der Verlängerung gelang ein knapper 3:2 - Sieg. Auch das 2:0 im Viertelfinale gegen Schwarze Pumpe ist schmeichelhaft. Beachtlicher dagegen der Auswärtserfolg im Halbfinale beim 1. FC Magdeburg.

Der Weg in das Finale 1972

Viertelfinale:

FC Vorwärts Frankfurt/O. - SG Dyn. Dresden	1:3
FC Karl-Marx-Stadt - Berliner FC Dynamo	1:0
BSG Wismut Aue - FC Carl Zeiss Jena	2:5 n. V.
Sachsenring Zwickau - 1. FC Magdeburg	1:0

Halbfinale:

FC Carl Zeiss Jena - FC Karl-Marx-Stadt	1:0
Dynamo Dresden - Sachsenring Zwickau	5:2

21. Pokalfinale am 14. Mai 1972 in Leipzig

FC Carl Zeiss Jena - Dynamo Dresden 2:1 (1:1)

Zuschauer:	20.000 im Zentralstadion
Referee:	Günter Männig (Böhlen)
Linienrichter:	Gerhard Kunze (Karl-Marx-Stadt), Bader (Bremen/Rhön)
Torfolge:	0:1 Dörner (22.), 1:1 Peter Ducke (45.), 2:1 Peter Ducke (55.)

FC Carl Zeiss Jena

Wolfgang Blochwitz - Peter Rock - Konrad Weise, Hoppe, Lothar Kurbjuweit, Harald Irmscher, Goebel, Rainer Schlutter - Schumann (ab 66. Scheitler), Peter Ducke, Eberhard Vogel; Trainer: Hans Meyer

Dynamo Dresden

Claus Boden - Mario Kern - Frank Ganzera, Klaus Sammer, Siegmar Wätzlich - Reinhard Häfner (ab 75. Horst Rau), Hans - Jürgen Dörner, Hans - Jürgen Kreische - Gert Heidler, Eduard Geyer, Rainer Sachse (ab 46. Frank Richter). Trainer: Walter Fritzsch

Im 21. Endspiel stehen die Dresdner ihrem Angstgegner Carl Zeiss Jena gegenüber. Die Jenenser konnten während der Meisterschaftssaison kein Spiel gegen den Pokalverteidiger gewinnen. Dynamo setzt alle Hoffnungen auf die bewährten Sammer, Kreische, Dörner und Heidler. Aber die Thüringer haben mit Peter Ducke und Eberhard Vogel zwei torgefährliche Angreifer in ihren Reihen. Dresden geht durch Hans - Jürgen Dörner erwartungsgemäß 1:0 in Führung, doch in der 45. Minute sorgt der unberechenbare Peter Ducke für den Ausgleich. Zehn Minuten nach dem Seitenwechsel bringt der Nationalspieler die Saalestädter 2:1 in Führung.

Obwohl Dynamo alles unternahm, um wenigstens zum Ausgleich zu gelangen, blieben alle Bemühungen vergebens. Zu sicher stand Jenas Abwehr mit den erfahrenen Rock, Weise, Hoppe, Kurbjuweit und nicht zuletzt Torwart Blochwitz.

Erneut scheiterte der 1. FC Magdeburg bereits im Viertelfinale. In Zwickau mußte eine knappe 0:1 - Niederlage hingenommen werden. Jena hatte es schwer, um sich im Habfinale knapp gegen den FC Karl-Marx-Stadt durchzusetzen.

Oben: Rentzsch (Zwickau, Mitte) versucht Magdeburgs Torhüter Heine zu überspielen. Links Deckert. FDGB-Pokal-Viertelfinalspiel 1972 Sachsenring Zwickau - 1. FC Magdeburg 1:0.

Unten: Zwickaus Torhüter Jürgen Croy faustet vor dem Dresdener Klaus Sammer; rechts Henschel (Zwickau), links Feister (Zwickau) und Kreische im Halbfinale Dynamo Dresden - Sachsenring Zwickau 5:2.

Der Weg in das Finale 1973

Viertelfinale:

FC Hansa Rostock II - BFC Dynamo	1:3 1:2
SG Dynamo Dresden - 1. FC Lok Leipzig	3:2 0:1
1. FC Magdeburg - FC Hansa Rostock	2:1 2:1
1. FC Union Berlin - FC Rot-Weiß Erfurt	1:1 0:4

Halbfinale:

FC Rot-Weiß Erfurt - 1. FC Magdeburg	0:1 0:2
Berliner FC Dynamo - 1. FC Lok Leipzig	1:2 1:1

22. Pokalfinale am 1. Mai 1973 in Dessau

1. FC Magdeburg - 1. FC Lok Leipzig 3:2 (1:1)

Zuschauer: 30.000 im Paul - Greifzu - Stadion
Referee: Wolfgang Riedel (Berlin)
Linienrichter: Klaus Scheurell (Berlin), Adolf Prokop (Erfurt)
Torfolge: 0:1 Frenzel (5.), 1:1 Zapf (19.), 2:1 Sparwasser (49.), 2:2 Altmann (73.), 3:2 Sparwasser (80.)

1. FC Magdeburg

Ulrich Schulze - Manfred Zapf - Detlef Enge, Klaus Decker, Achtel - Wolfgang Seguin, Axel Tyll, Jürgen Pommerenke, Abraham (ab 75. Herrmann) - Jürgen Sparwasser, Mewes; Trainer: Heinz Krügel

1. FC Lok Leipzig

Werner Friese - Manfred Geisler - Gunter Sekora, Wilfried Gröbner, Joachim Fritsche - Wolfgang Altmann, Lutz Moldt, Köditz - Hans - Bert Matoul, Henning Frenzel, Manfred Kupfer (ab 72. Hans - Jürgen Naumann);Trainer: Horst Scherbaum

Erneut spielen die Leipziger in Dessau und erneut heißt der Kontrahent 1. FC Magdeburg. Ein schlechtes Omen für die Messestädter? Es entwickelt sich ein Kampf auf Biegen und Brechen. Keine Mannschaft kann sich einen entscheidenden Vorsprung erkämpfen. Am Ende gibt die reifere Spielweise der Magdeburger den Ausschlag. In der 80. Minute kann Jürgen Sparwasser die Entscheidung herbeiführen. Damit haben die Spieler aus dem Ernst - Grube - Stadion bei ihrem vierten Finale den vierten Sieg errungen. Optimaler geht es nicht. Doch die Leipziger waren ein würdiger Gegner. Trainer Heinz Krügel war voller Lob: "Ein Kompliment für den 1. FC Lok, der ein gleichwertiger, hartnäckiger Partner war. " Auch Leipzigs Trainer Horst Scherbaum gab zu verstehen: "Wir haben dem Favoriten alles abverlangt."

Die Leipziger hatten sich im Viertelfinale durch das bessere Torverhältnis bei zwei Spielen gegen Dynamo Dresden durchgesetzt und schalteten im Halbfinale den Berliner FC Dynamo aus. Magdeburg gewann alle Spiele gegen Hansa Rostock und Rot-Weiß Erfurt.

Der Weg in das Finale 1974

Viertelfinale:

Dynamo Dresden II - Energie Cottbus	2:0 0:4
1. FC Magdeburg - Berliner FC Dynamo	0:2 0:2
BSG Stahl Riesa - FC Carl Zeiss Jena	1:5 1:3
FC Karl-Marx-Stadt - Dynamo Dresden	0:0 1:4

Halbfinale:

Berliner FC Dynamo - Dynamo Dresden	1:0 0:2
Energie Cottbus - FC Carl Zeiss Jena	1:1 1:7

23. Pokalfinale am 13. April 1974 in Leipzig

FC C. Zeiss Jena - Dyn. Dresden3:1 (1:1 0:1) n. V.

Zuschauer: 32.000 im Zentralstadion
Referee: Rudi Glöckner (Markranstädt)
Linienrichter: Günter Männig (Böhlen), Bahrs (Leipzig)
Torfolge: 0:1 Häfner (20.), 1:1 Schlutter (78.), 2:1 Schumann (114.), 3:1 Bransch (116.)

FC Carl Zeiss Jena

Wolfgang Blochwitz - Bernd Bransch - Göhr, Konrad Weise, Lothar Kurbjuweit - Goebel, Harald Irmscher, Rainer Schlutter - Schumann, Peter Ducke, Eberhard Vogel (ab 68. Helmut Stein); Trainer: Hans Meyer

Dynamo Dresden

Claus Boden - Hans - Jürgen Dörner - Christian Helms, Klaus Sammer, Siegmar Wätzlich - Reinhard Häfner (ab 76. Udo Schmuck), Frank Ganzera (ab 110. Frank Richter), Hans - Jürgen Kreische - Gert Heidler, Dieter Riedel, Peter Kotte; Trainer: Walter Fritzsch

In dieser Begegnung kommt es zum immer wieder jungen Schlager Dresden gegen Jena. Die Thüringer sind leicht favorisiert, denn in der abgelaufenen Meisterschaft konnten die Dresdner kein Spiel gegen Jena gewinnen.

1972 hieß es gegen den gleichen Gegner nach 22 Minuten 1:0 für Dresden durch Dörner. Diesmal gehen die Elbestädter drei Minuten früher durch Häfner in Front. Doch wieder sollte es nicht reichen. Durch Schlutters Ausgleich geht das Spiel in die Verlängerung. Und da haben die Zeiss - Städter das bessere Ende für sich. Bernd Bransch, der durch den Abstieg seiner Hallenser Mannschaft eine Saison bei den Thüringern spielt, entschied mit seinem Tor zum 3:1 endgültig die Partie.

Im Viertelfinale konnte Dresden den FC Karl-Marx-Stadt sicher ausschalten, im Halbfinale wurde wie so oft im Pokal der Berliner FC Dynamo eleminiert.

Jena hatte mit Stahl Riesa und Energie Cottbus das leichtere Los und konnte sich sicher behaupten. Pokalverteidiger Magdeburg scheiterte im Viertelfinale zweimal am Berliner FC Dynamo.

Der Weg in das Finale 1975

Viertelfinale:

Vorwärts Stralsund - Sachsenring Zwickau	1:1	2:4
SG Dynamo Dresden - BSG Stahl Riesa	2:0	2:1
FC Carl Zeiss Jena - 1. FC Lok Leipzig	3:1	0:1
BSG Wismut Aue - FC Hansa Rostock	2:0	2:1

Halbfinale:

Sachsenring Zwickau - BSG Wismut Aue	1:0	1:2
SG Dynamo Dresden - FC Carl Zeiss Jena	3:1	0:1

24. Pokalfinale am 14. Juni 1975 in Berlin

Sachsenring Zwickau - Dynamo Dresden
2:2 (1:1, 0:0) n. V., 4:3 n. Elfm.

Zuschauer:	55.000 im Stadion der Weltjugend
Referee:	Heinz Einbeck (Berlin)
Linienrichter:	Wolfgang Riedel (Berlin), Klaus Scheurell (Wusterhausen)
Torfolge:	0:1 Heidler (65.), 1:1 J. Schykowski (73.), 1:2 Richter (110.), 2:2 Nestler (119.)
Elfmeter:	0:1 Wätzlich; 1:1 Dietzsch; Weber - Croy hält; Blank - Boden hält; 1:2 Geyer; 2:2 Bräutigam; Dörner - Croy hält; 3:2 H. Schykowski; 3:3 Kotte; 4:3 Croy.

Sachsenring Zwickau

Jürgen Croy - Hans Schykowski - Stemmler, Henschel (ab 74. Schubert), Joachim Schykowski - Leuschner (ab 11. Reichelt), Dietzsch, Braun - Blank, Bräutigam, Nestler; Trainer: Kluge

Dynamo Dresden

Claus Boden - Hans - Jürgen Dörner - Gerd Weber, Udo Schmuck, Siegmar Wätzlich - Eduard Geyer, Frank Ganzera, Reinhard Häfner - Dieter Riedel, Peter Kotte, Gert Heidler (ab 80. Frank Richter); Trainer: Walter Fritzsch

55.000 glaubten fest an einen Dresdner Sieg. Auch die Dynamo - Spieler sind optimistisch, denn Berlin ist für sie ein angenehmes Pflaster. Doch sie werden mit der Favoritenbürde nicht fertig. Zu groß ist die Nervenbelastung. Die Mannschaft findet nicht den gewohnten Rhythmus, kann eine zweimalige Führung nicht behaupten. Heidlers Führungstor gleicht Joachim Schykowski aus. Als Richter in der 110. Minute die erneute Führung herstellen kann, scheint die Partie entschieden zu sein. Doch die Zwickauer werfen allen Ehrgeiz in die Waagschale und können unmittelbar vor Beendigung der Verlängerung nochmals zum Ausgleich gelangen.

Leuschner blockt den Auer Erler ab; rechts Dietzsch.
Pokalhalbfinale 1974/75 Sachsenring Zwickau - Wismut Aue 1:0.

Aufnahme durch das Tornetz: Dietzsch verwandelt gegen Aues Torhüter Ebert zum Tor des Tages.

Zwickaus Torhüter Jürgen Croy (links) verwandelt gegen Dresdens Torhüter Claus Boden den Elfmeter zum Zwickauer Pokalsieg sicher.

Pokalsieger Sachsenring Zwickau (v. l.):Trainer Kluge, Mannschaftsleiter Glaubitz, Sektionsleiter Bretschneider, Henschel, Arzt Pfeil, Lindl (verdeckt), Pfeifer, Blank, Schwemmer, Masseur Pätzold, Resch; Stemmler, Nestler, H. Schykowski, Braun, Reichelt, Croy, Bräutigam, Dietzsch, J. Schykowski, Schubert, Leuschner.

Erstmals in der Pokalgeschichte wird ein Endspiel durch Elfmeterschießen entschieden. Und das verläuft dramatisch! Zum Held des Tages wird Zwickaus Torhüter Jürgen Croy. Die Schüsse von Weber und Dörner kann er parieren, den entscheidenden Elfer versenkt er selbst in die Maschen des Dresdner Tores. Fassungslos stehen die Dresdner auf dem Rasen - ihre Tränen können sie nicht verbergen.

Für Dynamo hatte sich das Viertel - und Halbfinale gut gestaltet, daß es eigentlich keine Zweifel am Pokalgewinn geben konnte. Im Halbfinale konnte der Angstgegner Carl Zeiss Jena eleminiert werden. Zwickau hatte sich im Viertelfinale mit dem Oberligaabsteiger Vorwärts Stralsund auseinanderzusetzen und hatte doch einige Mühe mit den Matrosen. Im Halbfinale entschied gegen Wismut Aue das beim 1:2 in Aue erzielte Auswärtstor.

Der Weg in das Finale 1976

Viertelfinale:

Vorwärts Frankfurt - Sachsenring Zwickau	3:0	1:2
SG Dynamo Dresden - ASG Vorw. Dessau	3:0	4:1
FC Carl Zeiss Jena - 1. FC Lok Leipzig	2:3	1:4
Berliner FC Dynamo - 1. FC Magdeburg	3:1	0:4

Halbfinale:

FC Vorwärts Frankfurt - 1. FC Magdeburg	1:2	3:0
1. FC Lok Leipzig - SG Dynamo Dresden	1:1	3:1

25. Pokalfinale am 1. Mai 1976 in Berlin

1. FC Lok Leipzig - Vorw. Frankfurt/O. 3:0 (1:0)

Zuschauer:	50.000 im Stadion der Weltjugend
Referee:	Adolf Prokop (Erfurt)
Linienrichter:	Heinemann (Erfurt), Horst di Carlo (Burgstädt)
Torfolge:	1:0 Frenzel (44.), 2:0 Frenzel (47.), 3:0 Roth (70.)

1. FC Lok Leipzig

Werner Friese - Roland Hammer - Gunter Sekora, Wilfried Gröbner, Joachim Fritsche - Lutz Moldt, Klaus Lisiewicz, Henning Frenzel, Andreas Roth - Wolfram Löwe, Dieter Kühn (ab 78. Andreas Bornschein); Trainer: Horst Scherbaum

FC Vorwärts Frankfurt/Oder

Kreutzer - Strübing - Probst, Lothar Hause, Andreßen - Herbst (ab 80. Schuth), Krautzig, Segger - Conrad (ab 53. Nachtigall), Frieder Andrich, Wruck; Trainer: Trautmann

Im 25. Endspiel ist der 1. FC Lok Leipzig klar favorisiert. Er verfügt über alle Vorzüge, um ein solch wichtiges Spiel zu gewinnen. Frenzels Tore unmittelbar vor und nach der Halbzeitpause brachen die Moral der Oderstädter. Der Leipziger Sieg war vollauf verdient. Für Henning Frenzel war es ein besonderer Tag. Er stand kurz vor Beendigung seiner Laufbahn, zeigte in Berlin ein begeisterndes Spiel. Der Klubvorsitzende Peter Gießner

brachte das zum Ausdruck, was viele gewünscht hatten: "Was für ein Erlebnis für den 56fachen Nationalspieler, endlich auch mit seinem Klub den ganz großen Sieg gefeiert zu haben." Die"Fußballwoche" schrieb nach dem Spiel: "Diesen Henning Frenzel, wie er am 1. Mai 1976 nach dem Pokalsieg in Berlin war, hatte ich noch nie erlebt.

Der Lok - Kapitän ist kein großer Plauderer, sondern vielmehr zurückhaltend in seinen Urteilen und Emotionen. Seit fast zwei Jahrzehnten kenne ich ihn so. Doch diesmal war er ganz anders. Er wirkte gelöst, fröhlich, nicht sehr überschwenglich, doch irgendwie erlöst. Man spürte, daß der Leipziger Routinier lange auf diesen Tag gewartet hatte, denn seit Jahren lief er mit seiner Mannschaft den ganz großen Erfolg im Fußball unseres Landes hinterher. Zum vierten Male stand er in einem Pokalendspiel - nun war es endlich geschafft. "

Leipzig hat sich den Pokalerfolg redlich verdient. Im Viertelfinale gelangen gegen Carl Zeiss Jena zwei Siege, auch Dynamo Dresden konnte den neuen Pokalsieger im Halbfinale nicht bezwingen. Anerkenneswert ist das Vordringen der Frankfurter in das Finale. Im Viertelfinale wurde Sachsenring Zwickau eliminiert, im Halbfinale konnte selbst der 1. FC Magdeburg die Finalteilnahme nicht verhindern.

Peter Brändel (Werdau, links) verliert beim Schuß den Schuh, rechts der Auer Höll. Pokalspiel 1976/77 Motor Werdau - Wismut Aue 3:1.

Der Weg in das Finale 1977

Viertelfinale:

Hallescher FC Chemie - FC Hansa Rostock	4:1 2:1
BSG Stahl Riesa - FC Carl Zeiss Jena	1:0 1:3
FC Rot-Weiß Erfurt - Dynamo Dresden	0:2 0:1
BSG Motor Suhl - 1. FC Lok Leipzig	4:4 0:3

Halbfinale:

Hallescher FC Chemie - 1. FC Lok Leipzig	1:3 1:2
FC Carl Zeiss Jena - Dynamo Dresden	0:2 1:2

26. Pokalendspiel am 28. Mai 1977 in Berlin

Dynamo Dresden - 1. FC Lok Leipzig 3:2 (0:0)

Zuschauer: 50.000 im Stadion der Weltjugend

Referee: Klaus Scheurell (Wusterhausen/Dosse)

Linienrichter: Wolfgang Riedel (Berlin), Heinz Einbeck (Berlin)

Torfolge: 1:0 Sachse (46.), 1:1 Löwe (55.), 1:2 Sekora (63.), 2:2 Weber (85.), 3:2 Sachse (87.)

Dynamo Dresden

Claus Boden - Hans - Jürgen Dörner - Gerd Weber, Udo Schmuck, Klaus Müller - Reinhard Häfner, Matthias Müller, Hartmut Schade - Dieter Riedel (ab 74. Peter Kotte), Rainer Sachse, Gert Heidler; Trainer: Walter Fritzsch

1. FC Lok Leipzig

Werner Friese - Roland Hammer - Gunter Sekora, Wilfried Gröbner Joachim Fritsche - Lutz Eichhorn, Wolfgang Altmann, Henning Frenzel (ab 74. Andreas Bornschein), Andreas Roth - Wolfram Löwe, Dieter Kühn; Trainer: Pfeifer

Erneut erreicht Leipzig das Endspiel und trifft auf die wiedererstarkten Dresdner. Noch nie standen sich beide Mannschaften in einem Endspiel gegenüber. Dynamo Dresden als DDR - Meister wollte das begehrte Doppel, Leipzig die erfolgreiche Pokalverteidigung. Die 1. Halbzeit endet ausgeglichen. Dann geht Dynamo erwartungsgemäß durch Sachse in Führung. Doch danach schien das Spiel zu kippen. Wolfram Löwe glich in der 55. Minute aus und Sekora besorgte die Leipziger Führung.

Eine erneute Enttäuschung scheint sich für die Dresdner anzubahnen. Der Schlußspurt scheint wirkungslos zu verpuffen. Die Elbestädter raffen nochmals alle Kräfte zusammen, nur noch fünf Minuten sind zu spielen. Da gelingt Gerd Weber doch noch der Ausgleich. Geht es wieder in die Verlängerung? Rainer Sachse beantwortet diese Frage mit seinem Siegestreffer in der 87. Minute. Diese Tore fielen zu einem Zeitpunkt, da die Leipziger den Pokal schon fest in ihrer Hand hielten. Rainer Sachses Flachschuß aus elf Metern krönte eine erfolgreiche Serie der Dresdner Dynamo - Mannschaft.

Dresden hielt sich an den Thüringer Mannschaften schadlos. Im Viertelfinale konnten beide Spiele gegen Erfurt gewonnen werden,

Kopfball des Leipzigers Wolfram Löwe, links Hans Schykowski. 1. FC Lok Leipzig - Sachsenring Zwickau 3:1.

im Halbfinale mußte erneut der FC Carl Zeiss Jena daran glauben. Und besonders die Heimniederlage schmerzte die Thüringer sehr. Die Leipziger hatten mit Motor Suhl und dem Halleschen FC Chemie das leichtere Los. Rostock kommt über das Viertelfinale einfach nicht mehr hinaus, unterliegt Halle in beiden Begegnungen.

Der Weg in das Finale 1978

Viertelfinale:

ASG Vorwärts Stralsund - BFC Dynamo	0:4	0:3
SG Dynamo Dresden - BSG Motor Werdau	5:1	3:0
FC Rot-Weiß Erfurt - Ch. Buna Schkopau	4:0	1:0
1. FC Magdeburg - FC Vorwärts Frankfurt	2:0	3:1

Halbfinale:

FC Rot-Weiß Erfurt - Dynamo Dresden	1:2	0:0
1. FC Magdeburg - Berliner FC Dynamo	4:0	1:1

27. Pokalfinale am 29. April 1978 in Berlin

1. FC Magdeburg - Dynamo Dresden 1:0 (1:0)

Zuschauer: 50.000 im Stadion der Weltjugend
Referee: Adolf Prokop (Erfurt)
Linienrichter: Siegfried Kirschen (Frankfurt/O.), Horst di Carlo (Burgstädt)
Tor: 1:0 Zapf (8.)

1. FC Magdeburg
Dirk Heyne - Manfred Zapf - Detlef Raugust, Wolfgang Seguin, Klaus Decker - Jürgen Pommerenke, Axel Tyll, Siegfried Mewes - Joachim Streich, Jürgen Sparwasser, Martin Hoffmann; Trainer: Klaus Urbanczyk

Dynamo Dresden
Bernd Jakubowski - Hans - Jürgen Dörner - Christian Helm, Gerd Weber, Klaus Müller - Reinhard Häfner, Hartmut Schade, Dieter Riedel - Gert Heidler, Rainer Sachse (ab 75. Peter Kotte), Frank Richter; Trainer: Walter Fritzsch

Dresden möchte den Pokal verteidigen, trifft aber auf jene Mannscha ft, die noch kein Finalspiel verloren hat. Ein gutklassiges Match ist zu erwarten, spielt doch der Meister (Dresden) gegen den Vizemeister aus Magdeburg. Die Dresdner können den Nimbus ihres Rivalen nicht durchbrechen.

Die Entscheidung fällt bereits in der Anfangsphase des Spiels. Manfred Zapf kann in der 8. Minute Bernd Jakubowski im Dresdner Gehäuse überwinden. Der neue Pokalsieger hatte sich inzwischen mit dem ehemaligen Rostocker Joachim Streich erheblich verstärkt. Doch dem Rekordtorschützen gelang an diesem Tage nichts.

Die Magdeburger hatten das schwerere Pokalprogramm zu bestreiten. Im Viertelfinale konnte Vorwärts Frankfurt in beiden Begegnungen besiegt werden, im Halbfinale wurden auch gegen den Berliner FC Dynamo drei Punkte eingefahren. Dynamo Dresden traf im Viertelfinale auf den Ligavertreter Motor Werdau und schaltete im Halbfinale erneut Rot-Weiß Erfurt aus.

Der Weg in das Finale 1979

Viertelfinale:

Energie Cottbus - SG Dynamo Dresden	1:4 0:2
1. FC Magdeburg - BSG Motor Suhl	3:1 5:2
Berliner FC Dynamo - FC Hansa Rostock	4:1 7:1
FC Rot-Weiß Erfurt - 1. FC Lok Leipzig	1:1 2:3

Halbfinale:

Berliner FC Dynamo - Dynamo Dresden	1:0 1:1
1. FC Magdeburg - 1. FC Lok Leipzig	5:1 2:0

28. Pokalfinale am 28. April 1979 in Berlin

1. FC Magdeburg - BFC Dynamo 1:0 (0:0) n. V.

Zuschauer:	50.000 im Stadion der Weltjugend
Referee:	Widukind Herrmann (Leipzig)
Linienrichter:	Adolf Prokop (Erfurt), Stumpf
Torfolge:	1:0 Seguin (101.)

1. FC Magdeburg

Dirk Heyne - Manfred Zapf - Detlef Raugust, Wolfgang Seguin, Klaus Decker - Axel Tyll (ab 106. Siegfried Mewes), Jürgen Pommerenke, Woilfgang Steinbach - Jürgen Sparwasser (ab 106. Döbbel), Joachim Streich, Martin Hoffmann; Trainer: Klaus Urbanczyk

Berliner FC Dynamo

Bodo Rudwaleit - Nobert Trieloff - Michael Noack, Rainer Troppa, Artur Ullrich - Frank Terletzki, Reinhardt Lauck, Jüngling (ab 102. Brillat) - Hans - Jürgen Riediger, Ralf Sträßer (ab 70. Pelka), Wolf - Rüdiger Netz; Trainer: Jürgen Bogs

Nach der Erringung der ersten Meisterschaft streben die Berliner nun auch den Pokalerfolg an. Für sie war es ein Heimspiel, doch die Magdeburger haben genügend Pokalerfahrungen, um diesen Nachteil wettzumachen. Bis zum Schluß der offiziellen Spielzeit können beide Mannschaften das Spiel offen gestalten.Doch in der Verlängerung setzt sich schließlich die Erfahrung der Elbestädter durch, die durch Wolfgang Seguin zum glücklichen, aber nicht unverdienten Sieg kamen.

Die Magdeburger hatten im Viertelfinale mit Motor Suhl ein leichtes Los und konnten die Spieler aus dem Thüringer Wald in beiden Begegnungen klar bezwingen. Auch im Halbfinale konnte der 1. FC Lok Leipzig in keiner Phase mithalten und mußte sich zweimal dem Pokalverteidiger beugen.

Die Berliner setzten sich gegen Hansa Rostock mit der sensationellen Torausbeute von 11:2 durch und konnten im Halbfinale endlich wieder einmal den Erzrivalen Dynamo Dresden eleminieren.

Der Weg in das Finale 1980

Viertelfinale:

FC Vorwärts Frankfurt - Dynamo Dresden	0:1
1. FC Lok Leipzig - Berliner FC Dynamo	2:1
FC Rot-Weiß Erfurt - Stahl Riesa	2:0
FC Hansa Rostock - FC Carl Zeiss Jena	1:2

Halbfinale:

FC C. Z. Jena - Dyn. Dresden 1:1 n.V. 3:2 n.Elfm.
FC Rot-Weiß Erfurt - 1. FC Lok Leipzig 4:2 n. V.

29. Pokalfinale am 17. Mai 1980 in Berlin

FC C. Z. Jena - FC RW Erfurt 3:1 (1:1, 0:1) n. V.

Zuschauer:	45.000 im Stadion der Weltjugend
Referee:	Siegfried Kirschen (Frankfurt/Oder)
Linienrichter:	Heinz Einbeck (Berlin), Horst di Carlo (Burgstädt)
Torfolge:	0:1 Romstedt (40.), 1:1 Raab (81.), 2:1 Kurbjuweit (94.), 3:1 Sengewald (97.)

FC Carl Zeiss Jena
Hans - Ulrich Grapenthin - Rüdiger Schnuphase - Schilling, Konrad Weise, Lothar Kurbjuweit - Hoppe, Lutz Lindemann, Andreas Krause - Martin Trocha (ab 60. Töpfer), Jürgen Raab, Eberhard Vogel (ab 72. Sengewald). Trainer: Hans Meyer

FC Rot-Weiß Erfurt
Wolfgang Benkert - Teich - Becker, Göpel, Brosselt - K. Schröder (ab 97. Hornik), Fritz, Vogel (ab 96. Vlay) - Iffarth, Jürgen Heun, Armin Romstedt. Trainer: Pfeifer

Im 29. Pokalfinale sind die beiden Thüringer Spitzenklubs unter sich. Auch das ist neu in der Pokalgeschichte des DDR - Fußballs. Obwohl Jena Meisterschaftsdritter wurde, ist kein Team favorisiert, von Chancenvorteilen kann keine Rede sein. Vor dem Spiel erklärte Jenas Kapitän Konrad Weise: "Ein UEFA - Cup - Platz ist uns nach dem Gewinn der Bronzemedaille sicher. Das ist das As, das wir Erfurt voraus haben." Die Blumenstädter haben nichts zu verlieren. Ihr Kampf gegen den Abstieg in der abgelaufenen Meisterschaft hielt monatelang an.

In der Neuauflage des 10. FDGB - Pokalendspiels, vor zwanzig Jahren 3:2 gegen den SC Empor Rostock gewonnen, führen die Zeiss - Städter gleich zwei ihrer erfolgreichen Fußballgenerationen vor. Erfurt geht unerschrocken in diese Begegnung, führt durch Romstedt nach 40 Minuten mit 1:0. Fast zu spät reißt Jena das Spiel noch aus dem Feuer. Raab kann in der 81. Minute ausgleichen, das Spiel geht in die Verlängerung. Die Saalestädter haben die größere Erfahrung und den flexibleren Stil, gewinnen in der Verlängerung nach Toren von Kurbjuweit und Sengewald noch mit 3:1.

Meister Berliner FC Dynamo mußte sich im Viertelfinale dem 1. FC Lok Leipzig beugen. Jena hatte ein schweres Programm zu bewältigen, gewann im Viertelfinale beim Oberligaaufsteiger Hansa Rostock knapp mit 2:1 und trennte sich im Halbfinale von Dynamo Dresden 1:1. Im erforderlichen Elfmeterschießen hatten die Zeiss - Städter die besseren Nerven.

Auch wenn hier Zwickaus Reichelt beim Elfmeterschießen erfolgreich ist - am Ende wurde der Oberligist durch die Geraer Zweitligisten frühzeitig aus dem Pokal 1980/81 geworfen.

Der Weg in das Finale 1981

Viertelfinale:

FC Vorwärts Frankfurt - FC Karl-Marx-Stadt	4:0
BSG Chemie Böhlen - Dynamo Dresden	0:3
1. FC Lok Leipzig - FC Hansa Rostock	1:0
FC Rot-Weiß Erfurt - Berliner FC Dynamo	0:1

Halbfinale:

Vorw. Frankfurt - BFC Dynamo	1:1 n. V. 5:4 n. E.
1. FC Lok Leipzig - Dynamo Dresden	2:0

30. Pokalfinale am 7. Juni 1981 in Berlin
1. FC Lok Leipzig - FC Vorw. Frankfurt 4:1 (0:1)
Zuschauer: 45.000 im Stadion der Weltjugend

Referee: Stumpf (Jena)
Linienrichter: Klaus Peschel (Radebeul), Roßner (Pößneck)
Torfolge: 0:1 Andrich (17.), 1:1 Zötzsche (60.), 2:1 Liebers (62.), 3:1 Fritsche (67. Foulelfmeter), 4:1 Moldt (79.)

Peterson (Dresden, rechts) im Kopfballduell mit dem Leipziger Kühn im FDGB-Pokalhalbfinale 1981.

1. FC Lok Leipzig
Rene Müller - Frank Baum - Joachim Fritsche, Thomas Dennstedt, Uwe Zötzsche - Lutz Moldt, Wolfgang Altmann, Andreas Roth, Matthias Liebers - Großmann (ab 87. Hans - Jürgen Kinne), Peter Englisch (ab 87. Gunter Sekora); Trainer: Harro Miller

FC Vorwärts Frankfurt/Oder
Kreutzer - Lothar Hause - Schuth, Geyer - Probst (ab 70. Norbert Rudolph), Andre Jarmuszkiewicz, Frieder Andrich, Krautzig - Otto (ab 63. Enzmann), Pietsch, Gramenz; Trainer: Reichelt

Dieses Finale kennt keinen klaren Favoriten, denn beide Mannschaften belegten in der abgelaufenen Meisterschaft die Ränge 5 und 6. Der Leipziger Mannschaft stehen so bewährte Spieler wie Henning Frenzel und Wolfram Löwe nicht mehr zur Verfügung. Das wirkt sich in der 1. Halbzeit aus. Durch Frieder Andrich führen die Oderstädter 1:0. Doch dann erfährt das Spiel eine dramatische Zuspitzung. Die Chancenverwertung der Messestädter ist fast optimal. Mit neun Torschüssen erzielen sie vier Tore. Frankfurt baut stark ab, Leipzigs Aktionen werden zwingender. Innerhalb von 180 Sekunden wandeln Zötzsche und Liebers den Rückstand in eine Führung um, mit dem dritten Tor innerhalb von sieben Minuten ist Frankfurt endgültig geschlagen.

Lok Leipzig hat sich den Einzug in das Endspiel schwer verdient. Im Viertelfinale kann Hansa Rostock knapp 1:0 bezwungen werden, im Halbfinale heißt der Kontrahent erneut Dynamo Dresden. Die Elbestädter können sicher mit 2:0 niedergehalten werden. Frankfurt hatte beim 4:0 gegen Karl-Marx-Stadt keine Mühe, gegen Meister Berliner FC Dynamo im Halbfinale doch das Glück auf seiner Seite, denn nach dem 1:1 nach Verlängerung entschied das Elfmeterschießen zugunsten der Armeefußballer. Vorjahresfinalist Rot-Weiß Erfurt mußte sich im Viertelfinale dem Meister aus Berlin beugen.

Der Weg in das Finale 1982

Viertelfinale:

Vorwärts Frankfurt - FC Rot-Weiß Erfurt	1:0
Berliner FC Dynamo - FC Karl-Marx-Stadt	5:3
FC Carl Zeiss Jena - Dynamo Dresden	2:3 n. V.
Energie Cottbus - Hallescher FC Chemie	2:1 n. V.

Halbfinale:

Berliner FC Dynamo - Vorwärts Frankfurt	2:0
Dynamo Dresden - Energie Cottbus	4:1

31. Pokalfinale am 1. Mai 1982 in Berlin
Dynamo Dresden - BFC Dynamo
1:1 (1:1) n. V. 5:4 n. Elfm.

Zuschauer: 48.000 im Stadion der Weltjugend
Referee: Hans Kulicke (Oderberg)
Linienrichter: Streicher (Crimmitschau), Stumpf (Jena)
Torfolge: 1:0 Trautmann (51.), 1:1 Riediger (85.)
Elfmeter: 0:1 Ullrich; 1:1 Mittag; 1:2 Ernst; 2:2 Schmuck; Backs - Jakubowski hält; 3:2 Trautmann; 3:3 Troppa; 4:3 Gütschow; 4:4 Terletzki; 5:4 Pilz.

Dynamo Dresden
Bernd Jakubowski - Udo Schmuck - Frank Schuster, Andreas Trautmann, Andreas Mittag - Reinhard Häfner, Hans-Uwe Pilz, Hartmut Schade - Lutz Schülbe (ab 75. Torsten Gütschow), Ralf Minge, Gert Heidler; Trainer: Gerhard Prautzsch

Berliner FC Dynamo
Bodo Rudwaleit - Norbert Trieloff - Michael Noack, Rainer Troppa, Artur Ullrich - Rainer Ernst, Frank Terletzki, Christian Backs - Hans - Jürgen Riediger, Ralf Sträßer, Wolf - Rüdiger Netz (ab 75. Bernd Schulz); Trainer: Jürgen Bogs

Am 1. Mai 1982 gibt Dynamo Dresden erneut seine Visitenkarte in Berlin ab. Diesmal sind die Elbestädter in einer leichten Außenseiterrolle. Zu groß war der Vorsprung, den die Berliner im Verlauf der Meisterschaft zwischen sich und die Dresdner legen konnten. Dresden tritt ersatzgeschwächt an, muß auf die gesperrten Dörner und Döschner verzichten. Dörners Liberorolle übernimmt der erfahrene Udo Schmuck. Sechs Minuten nach der Halbzeitpause erzwingt Andreas Trautmann die Führung. Die Zeit verrinnt, Jakubowski im Dresdner Tor macht alle Angriffsbemühungen der Berliner zunichte. Aber fünf Minuten vor dem Abpfiff kann Riediger doch noch ausgleichen. Erneut gibt es eine Verlängerung, erneut muß nach 120 Minuten das Elfmeterschießen die Entscheidung bringen. Das Berliner Publikum schöpft neue Hoffnungen. Ein gehaltener Elfmeter bringt die Entscheidung. Bernd Jakubowski verwehrt Christian Backs den Einschuß. Dresdens Schützen können ihre Elfer alle verwandeln. Der Pokal geht wieder nach Dresden.

Auf dem Weg in das Endspiel mußte Dynamo im Viertelfinale wieder einmal gegen den FC Carl Zeiss Jena antreten. In der Verlängerung konnte die Entscheidung herbeigeführt und Jena ausgeschaltet werden. Wenig Mühe hatten die Schwarz - Gelben im Halbfinale mit Energie Cottbus. Die Berliner hattem im Viertelfinale mit dem FC Karl-Marx-Stadt mehr Mühe als erwartet, gewannen die torreiche Partie mit 5:3. Im Halbfinale wurde der Vorjahres - Finalist Vorwärts Frankfurt eleminiert.

Schneefontäne beim Schuß von Bielau, rechts Mittag (Dresden). Pokalviertelfinalspiel FC Carl Zeiss Jena - Dynamo Dresden.

Der Weg in das Finale 1983

Viertelfinale:

FC Carl Zeiss Jena - Berliner FC Dynamo	4:2
FC K.-M.-Stadt - Hansa Rostock 1:1 n.V.	4:3 n.E.
1. FC Magdeburg - FC Vorwärts Frankfurt	1:0
Dynamo Dresden - Motor Suhl	3:0

Halbfinale:

FC Karl-Marx-Stadt - FC Carl Zeiss Jena	1:0
1. FC Magdeburg - Dynamo Dresden	4:1

32. Pokalfinale am 4. Juni 1983 in Berlin

1. FC Magdeburg - FC Karl-Marx-Stadt 4:0 (2:0)

Zuschauer: 48.000 im Stadion der Weltjugend
Referee: Stenzel (Senftenberg)
Linienrichter: Klaus Scheurell (Wusterhausen), Henning (Rostock)

Torjubel bei Wolfgang Steinbach nach dem 2:0 im Endspiel 1. FC Magdeburg - FC Karl-Marx-Stadt.

Torfolge: 1:0 Streich (34.), 2:0 Wittke (37.), 3:0 Streich (53.), 4:0 Pommerenke (87.)

1. FC Magdeburg
Dirk Heyne - Dirk Stahmann - Detlef Raugust, Mewes, Detlef Schößler - Wittke, Jürgen Pommerenke, Wolfgang Steinbach - Damian Halata, Joachim Streich (ab 73. Cebulla), Martin Hoffmann; Trainer: Claus Creul

FC Karl-Marx-Stadt
Krahnke - Jürgen Bähringer - Birner, Frank Uhlig, Schwemmer - A. Müller, Eitemüller (ab 46. Schubert), Joachim Müller - Hans Richter, Bemme, Mario Neuhäuser; Trainer: Lienemann

1983 steigt in Berlin die Neuauflage des Finales von 1969. Die Magdeburger sind klar favorisiert und werden ihrer Rolle auch gerecht. Bereits in den Meisterschaftsspielen mußten sich die Sachsen zweimal den Elbestädtern beugen. Wie bei allen vorangegangenen Endspielen setzte sich die spielerische Klasse und die Pokalerfahrung Magdeburgs durch. Innerhalb von vier Minuten sorgen Streich und Wittke noch vor der Pause für die Entscheidung. Der FC Karl-Marx-Stadt spielte harmlos, ohne Ideen. Hans Richter konnte sich nicht durchsetzen, dafür nutzte Joachim Streich seine Chancen um so besser.

Die besten Leistungen zeigten die Westsachsen im Viertel- und Halbfinale. Nach einem 1:1 gegen Hansa Rostock konnten die Ostseestädter im Elfmeterschießen eleminiert werden. Auch der FC Carl Zeiss Jena, immerhin Meisterschaftsdritter, konnte beim 0:1 nichts gewinnen. Magdeburg setzte sich im Viertelfinale knapp gegen Vorwärts Frankfurt durch und schaltete im Halbfinale Dynamo Dresden klar mit 4:1 aus. Jena wurde nach dem 4:2 im Viertelfinale gegen den Berliner FC Dynamo im Endspiel erwartet, doch, wie erwähnt, schieden die Zeiss - Städter im Halbfinale gegen den FC Karl-Marx-Stadt aus.

Jenas Torhüter Grapenthin streckt sich nach einem Schuß von Frank Rohde (BFC, 2. von links). Beobachter: Burow, Raab, Schnuphase (von links, alle Jena).

Zweikampf zwischen Andreas Bielau (Jena, links) und Arthur Ullrich. Viertelfinale 1982/83 FC Carl Zeiss Jena - BFC Dynamo 4:2.

Weise (Jena, links) stoppt Eitemüller, rechts Trocha (Jena).
Halbfinalspiel 1982/83 FC Karl-Marx-Stadt - FC Carl Zeiss Jena.

Schnuphase (Jena, rechts) wirft sich in den Schuß von Birner; hinten Krause.

Dresden und Jena waren die großen Verlierer des 32. Pokalwettbewerbs.

Der Weg in das Finale 1984

Viertelfinale:

FC Vorwärts Frankfurt - FC Carl Zeiss Jena	2:3
Dynamo Dresden - 1. FC Magdeburg	2:0
Wismut Aue - Berliner FC Dynamo	3:4
FC Karl-Marx-Stadt - Stahl Riesa	2:0

Halbfinale:

Berliner FC Dynamo - FC Karl-Marx-Stadt	2:1
Dynamo Dresden - FC Carl Zeiss Jena	3:0

33. Pokalfinale am 26. Mai 1984 in Berlin

Dynamo Dresden - Berliner FC Dynamo 2:1 (0:0)

Zuschauer:	48.000 im Stadion der Weltjugend
Referee:	Henning (Rostock)
Linienrichter:	Widukind Herrmann (Leipzig), Bernd Heynemann (Magdeburg)
Torfolge:	1:0 Dörner (81.), 2:0 Häfner (82.), 2:1 Troppa (85.)

Dynamo Dresden

Bernd Jakubowski - Hans - Jürgen Dörner - Frank Schuster, Andreas Trautmann, Matthias Döschner - Reinhard Häfner, Hans-Uwe Pilz, Jörg Stübner - Torsten Gütschow (ab 67. Lutz Schülbe), Ralf Minge, Frank Lippmann (ab 84. Hartmut Schade); Trainer: Klaus Sammer

Berliner FC Dynamo

Bodo Rudwaleit - Norbert Trieloff - Maek, Rainer Troppa, Artur Ullrich - Frank Terletzki, Bernd Schulz, Christian Backs, Frank Rohde - Rainer Ernst, Prange, (ab 69. Kubowitz); Trainer: Jürgen Bogs

In Berlin erlebt das Dynamoduell Dresden kontra Berlin seine Neuauflage. Dynamo Dresden kann in Berlin in Bestbesetzung antreten. In der Elbestadt hat inzwischen ein Trainerwechsel stattgefunden. Klaus Sammer und Dieter Riedel haben die Geschicke der Mannschaft in ihre Hände genommen.

Jubel bei Heyne, Mewes, Stahmann, Pommerenke, Halata und Schößler nach dem Pokalsieg. Pokalendspiel 1984 Magdeburg - Karl-Marx-Stadt 4:0.

Langer (Zwickau, vorn) im Zweikampf mit dem Leipziger Reimer.
FDGB-Pokalspiel 1983/84 Sachsenring Zwickau - Chemie Leipzig 2:0.

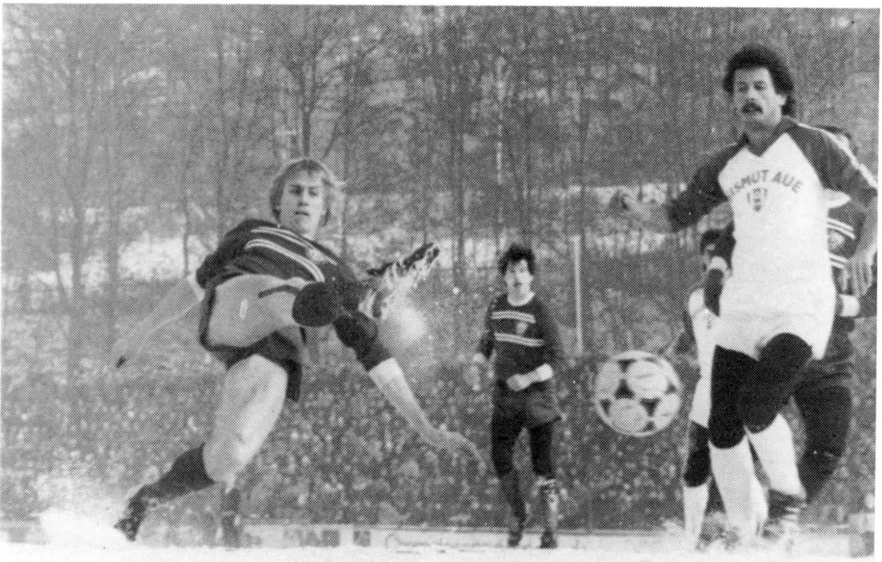

Rainer Ernst erzielt das dritte BFC-Tor im Viertelfinale bei Wismut Aue, rechts Hans Schykowski.

Bis in die Schlußphase hinein kann sich keine Mannschaft einen zählbaren Vorteil erarbeiten. Dann schießen die alten Hasen die entscheidenden Tore. Dörner in der 81. Minute besorgt die Führung, eine Minute später ist es Häfner, der auf 2:0 erhöht. Troppas Anschlußtor fünf Minuten vor dem Ende stürzt Dresdens Abwehr noch einmal von einer Verlegenheit in die andere. Doch dann steht der fünfte Pokalgewinn für Dynamo Dresden fest. In einer schwarz - gelben Woge bleibt ein Mann nachdenklich, blickt schon auf die Europapokalspiele voraus: "Wir überbewerten diesen Erfolg nicht. Unsere Fortschritte werden erst im Herbst international abgesteckt." So Trainer Klaus Sammer.

Dynamo Dresden hatte es auf dem Weg in das Endspiel weitaus schwerer als die Berliner. Im Viertelfinale hieß der Gegner Pokalverteidiger 1. FC Magdeburg. Mit einem 2:0 zogen die Elbflorenzer in das Halbfinale ein. Und hier wartete wieder der FC Carl Zeiss Jena! Doch problemlos wird auch diese Hürde gemeistert. Dem klaren 4:0 in der Meisterschaft lassen die Dörner und Co. ein ebenso klares 3:0 folgen.

Der Berliner FC Dynamo traf im Viertelfinale auf Wismut Aue und gewann in einer spannenden Begegnung knapp mit 4:3. Im Halbfinale hieß der Kontrahent FC Karl-Marx-Stadt. Am Ende der 90 Minuten hieß es 2:1 für den Meister.

Der Weg in das Finale 1985

Viertelfinale:

Berliner FC Dynamo - Vorwärts Stralsund	7:0 1:0
Dyn. Dresden - BFC Dynamo II	1:2 2:1 5:3 n.E.
Chemie Leipzig 1.FC Magdeburg	1:1 1:4
Rot-Weiß Erfurt - FC Vorwärts Frankfurt	3:1 0:3

Halbfinale

Berliner FC Dynamo - 1. FC Magdeburg	3:4 2:0
Dyn. Dresden - Vorw. Frankfurt	0:2 2:0 4:2 n. E.

34. Pokalfinale am 8. Juni 1985 in Berlin

Dynamo Dresden - Berliner FC Dynamo 3:2 (1:0)

Zuschauer:	48.000 im Stadion der Weltjugend
Referee:	Roßner (Gera)
Linienrichter:	Widukind Herrmann (Leipzig), Klaus Scheurell (Wusterhausen)
Torfolge:	1:0 Döschner (43.), 1:1 Thom (51.), 2:1 Stübner (59.), 3:1 Minge (67.), 3:2 Ernst (88.)

Dynamo Dresden

Bernd Jakubowski - Hans - Jürgen Dörner - Steffen Büttner, Andreas Traumann, Matthias Döschner - Reinhard Häfner, Hans-Uwe Pilz, Jörg Stübner - Ulf Kirsten(ab 86. Frank Schuster), Ralf Minge, Frank Lippmann (ab 32. Torsten Gütschow; Trainer: Klaus Sammer

Berliner FC Dynamo

Bodo Rudwaleit - Frank Rohde - Grether, Norbert Trieloff (ab 70. Maek), Artur Ullrich - Frank Terletzki, Bernd Schulz, Christian Backs (ab 80. Voß) - Frank Pastor, Rainer Ernst, Andreas Thom; Trainer: Jürgen Bogs

Neuauflage des Vorjahresfinales im Stadion der Weltjugend. Neue Hoffnungen bei den Berlinern, endlich einmal gegen Dresden den Bock umstoßen zu können. Der Berliner FC Dynamo hat seinen siebenten Titel errungen, doch zum Doppel reichte es nie. Und daran sollte sich auch 1985 nichts ändern. Gegen Dynamo Dresden können die Berliner einfach kein Finale gewinnen. Es entwickelt sich eine rassige, gutklassige und abwechslungsreiche Partie. Döschner, Stübner und Minge erzielen drei herrliche Tore, denen die Berliner zunächst nur einen Treffer von Andreas Thom entgegensetzen können. Zwei Minuten vor dem Schlußpfiff kommt der BFC noch auf 2:3 heran, doch dieser Treffer fiel viel zu spät. Klaus Sammer äußerte nach dem Treffen: "Wir wußten uns wie schon im Jahr zuvor auf den Höhepunkt zu konzentrieren."

Schneider (Zwickau, rechts) flankt vor Bähringer und Uhlig.
Pokalspiel 1984/85 Sachsenring Zwickau - FC Karl-Marx-Stadt 3:1.

Holger Erler (Aue, rechts) im Zweikampf mit Norbert Trieloff
im Spiel Wismut Aue - BFC Dynamo 3:1.

Keller (Zwickau, Mitte) versucht sich gegen die Magdeburger Steinbach (links) und Lieberam durchzusetzen. FDGB-Pokalspiel 1984/85 Sachsenring Zwickau - 1. FC Magdeburg 1:1.

Kleiminger (Rostock, links) hat vor Dörner vom späteren Pokalsieger Dynamo Dresden abgezogen. Dynamo Dresden - Hansa Rostock 1:1.

Der ehemalige Auswahltrainer Georg Buschner schätzte ein: "Dresden spielte nicht nur gefälliger, sondern auch giftiger, wohlgemerkt im positiven Sinne." Und Rundfunkreporter Wolfgang Hempel sprach "vom besten Finale der letzten Jahre". Am verdienten Dresdner Sieg machte keiner der Experten Abstriche.

Zweikampf zwischen Schulz (BFC, links) und Richter. Halbfinalspiel 1985/86 1. FC Lok Leipzig - BFC Dynamo 3:1.

Fast wären die Schwarz - Gelben auf dem Weg ins Finale gestolpert. Gegen die zweite Vertretung des Berliner FC Dynamo hieß es im Viertelfinale 1:2 und 2:1, erst im Elfmeterschießen konnte sich Dresden durchsetzen. Auch gegen Vorwärts Frankfurt ist der Sieg erst nach Elfmeterschießen gesichert. Die Berliner machten ein 3:4 gegen Magdeburg wett und zogen nach dem 2:0 im Rückspiel in das Finale ein.

Der Weg in das Finale 1986

Viertelfinale

Berliner FC Dynamo - FC Hansa Rostock 5:1 3:2

1. FC Lok Leipzig - FC C. Z. Jena 0:0 0:0 4:2 n.E.

1. FC Union Berlin - Motor Nordhausen 3:0 1:2

FC Karl-Marx-Stadt - Dyn. Dresden 2:0 1:5 n. V.

Halbfinale

Berliner FC Dynamo - 1. FC Lok Leipzig 4:2 1:3

1. FC Union Berlin - Dynamo Dresden 1:2 4:3

35. Pokalfinale am 31. Mai 1986 in Berlin

1. FC Lok Leipzig - 1. FC Union Berlin 5:1 (1:0)

Zuschauer:	50.000 im Stadion der Weltjugend
Referee:	Klaus Peschel (Radebeul)
Torfolge:	1:0 Altmann (33.), 2:0 Zötzsche (51.), 3:0 Richter (66.), 3:1 Probst (81.), 4:1 Richter (85.), 5:1 Richter (89.)

1. FC Lok Leipzig

Rene Müller - Frank Baum - Ronald Kreer, Torsten Kracht, Uwe Zötzsche - Uwe Bredow, Wolfgang Altmann (ab 75. Lutz Moldt), Matthias Liebers, Leitzke (ab 85. Olaf Marschall) - Dieter Kühn, Hans Richter; Trainer: Ulrich Thomale

1. FC Union Berlin

Matthies - Weniger, Probst, Koenen, Reinhold - Sattler, Roßdeutscher (ab 55. Hendel), Seier, Lahn (ab 55. Borchardt) - Sträßer, Unglaube.

1986 beschert dem DDR - Fußball ein Überraschungsfinale. Und in diesem macht die Lok derartig Dampf auf, daß den Wuhlheidern Hören und Sehen vergeht. Der Vizemeister der DDR gewinnt die Begegnung ungefährdet. Trainer Hans - Ulrich Thomale hatte bereits vor dem Endspiel zum Ausdruck gebracht:"Meine Mannschaft hat die Spannkraft, zum Höhepunkt und Ausklang der Saison noch einmal mit einer überzeugenden Leistung aufzuwarten." Nach 33 Minuten spielt sich Altmann durch die Berliner Abwehr und erzielt das 1:0. Linksverteidiger Uwe Zötzsche besorgt mit einem straffen Schuß das 2:0.

Matthias Sammer (Dresden, links) im Zweikampf mit dem Werdauer Sibuczyk.
Pokalspiel 1985/86 Motor Werdau - Dynamo Dresden 0:10.

Losert (Dresden, rechts) köpft vor A. Müller; links Pilz und Laudeley
im Viertelfinale 1985/86 FC Karl-Marx-Stadt - Dynamo Dresden 2:0.

Danach bringt der 1. FC Union immer weniger Widerstandskraft auf.

Trainer Thomale war am Ende auch vollkommen zufrieden, denn er gestand ein:"Weder als Aktiver noch als Trainer lernte ich das Fluidum eines Finales kennen. Alles beeindruckte mich zunächst erst einmal tief. Es ist für mich das Erfolgserlebnis in meiner bisherigen Laufbahn." Die Berliner aus der Wuhlheide enttäuschten auf der ganzen Linie. Der ehemalige Schiedsrichter Hans Kulicke kritisierte: "Von Union hätte ich in der zweiten Hälfte mehr Druck erwartet." Mit Lutz Moldt (33 Jahre) bestritt eine langjährige Stütze der Leipziger Mannschaft sein letztes großes Spiel. Mit dem erst 18jährigen Torsten Kracht erscheint in der Elf ein neues großes Talent.

Lok Leipzig schaltete in diesem Wettbewerb folgende Gegner aus: Stahl Blankenburg 7:0, Aktivist Schwarze Pumpe 9:0, Vorwärts Stralsund 2:0und 5:1, Carl Zeiss Jena 0:0 und 0:0 sowie 4:2 im Elfmeterschießen, Berliner FC Dynamo 2:4 und 3:1.

Zur Beantwortung der Frage, weshalb war das Endspiel ein Überraschungsfinale, folgende Erkärung: Alles deutete im Halbfinale auf ein Endspiel Dynamo Dresden gegen Berliner FC Dynamo hin. Doch im Fußball ist alles möglich!Dynamo Dresden gewann beim Aufsteiger 1. FC Union Berlin mit 2:1, der Berliner FC Dynamo schlug den 1. FC Lok Leipzig zu Hause 4:2. In den Zweitauflagen überschlugen sich die Ereignisse. Lok Leipzig kämpfte den Serienmeister BFC im Bruno - Plache - Stadion mit 3:1 nieder, Dynamo Dresden unterlag auf eigenem Platz gegen die Männer aus der "Alten Försterei" sensationell mit 3:4.

Zwickaus Torhüter Benkert faustet vor Persigehl; links Mittag. Viertelfinalspiel 1986/87 Sachsenring Zwickau - FC Karl-Marx-Stadt.

Der Weg in das Finale 1987

Viertelfinale

Sachsenring Zwickau - FC Karl-Marx-Stadt	1:2
FC Hansa Rostock - Chemie Leipzig	3:1
Dynamo Dresden - 1. FC Lok Leipzig	0:2
Stahl Riesa - Stahl Brandenburg	0:1

Halbfinale

FC Karl-Marx-Stadt - 1. FC Lok Leipzig	1:3
FC Hansa Rostock - Stahl Brandenburg	1:0

36. Pokalfinale am 13. Juni 1987 in Berlin

1. FC Lok Leipzig - FC Hansa Rostock 4:1 (1:1)

Zuschauer:	47.000 im Stadion der Weltjugend
Referee:	Adolf Prokop (Erfurt)
Torfolge:	0:1 März (21.), 1:1 Kühn (22.), 2:1 Kühn (58.), 3:1 Marschall (66.), 4:1 Leitzke (87.)

Jürgen Bähringer (rechts) im Zweikampf mit dem Unioner Ralf Probst.
FDGB-Pokalspiel 1986/87 FC Karl-Marx-Stadt - Union Berlin 4:3 n. Elfm.

Leitzke (Leipzig, links) überläuft Steinmann im
Halbfinale 1986/87 FC Karl-Marx-Stadt - 1. FC Lok Leipzig.

Links: Ulf Kirsten (Dresden, links) überläuft den Auer Bernhard Konik. Pokalspiel 1987/88 Wismut Aue - Dynamo Dresden 1:2.

1. FC Lok Leipzig
Rene Müller - Frank Baum - Matthias Lindner, Ronald Kreer, Uwe Zötzsche - Uwe Bredow, Matthias Liebers (ab 78. Wolfgang Altmann), Heiko Scholz - Olaf Marschall, Hans Richter (ab 84. Leitzke), Dieter Kühn.

FC Hansa Rostock
Hauschild - Heiko März - Arnholdt, Gernot Alms, Littmann - Hilmar Weilandt (ab 65. Artur Ullrich), Juri Schlünz, Axel Schulz (ab 70. Wendorf) - Röhrich, Rainer Jarohs, Axel Kruse.

Erneut ziehen die Leipziger in das Endspiel ein und können den Pokal erfolgeich verteidigen. Sie sind ausgeglichener besetzt, werfen ihre größere internationale Erfahrung als den ausschlaggebenden Faktor in die Waagschale. Wie in allen vorangegangenen Finals kann sich Rostock erneut nicht durchsetzen. Die Hanseaten haben sich erst kurz vor dem Endspiel den Wiederaufstieg in die Oberliga gesichert, wodurch die Messestädter zusätzlich als erster Anwärter auf den Pokal galten.

Vom Vorteil war auch, daß Dieter Kühn die Rostocker Führung fast im Gegenzug ausgleichen konnte. Von da an waren die Ostseestädter auf der Verliererstraße. Dynamo Dresden scheiterte auch 1987 an den Leipzigern, verlor im Viertelfinale mit 0:2.

Der Weg in das Finale 1988

Viertelfinale

Fortschritt Bischofswerda - BFC Dynamo	0:1
FC Carl Zeiss Jena - Dynamo Dresden	4:0
1. FC Lok Leipzig - Hallescher FC Chemie	2:1
FC Hansa Rostock - FC Karl-Marx-Stadt	2:1

Halbfinale

Berliner FC Dynamo - FC Hansa Rostock	4:0
FC C. Z. Jena - Lok Leipzig	1:1 n. V. 3:2 n. Elfm.

37. Pokalfinale am 4. Juni 1988 in Berlin
Berliner FC Dynamo - FC Carl Zeiss Jena 2:0 (0:0) n. V.

Zuschauer:	40.000 im Stadion der Weltjugend
Referee:	Supp (Meiningen)
Torfolge:	1:0 Doll (112.), 2:0 M. Schulz (116.)

Berliner FC Dynamo
Bodo Rudwaleit - Frank Rohde - Waldemar Ksienzyk, Burkhard Reich, Köller, Bernd Schulz - Rainer Ernst, Eike Küttner, Thomas Doll (ab 118. Fochler) - Frank Pastor (ab 114. Michael Schulz), Andreas Thom.

FC Carl Zeiss Jena
Perry Bräutigam - Heiko Peschke - Mario Röser, Ludwig. Penzel - Stolz, Jürgen Raab, Meixner - Stefan Böger, Henry Lesser (ab 109. Burow), Ralf Sträßer.

Nun haben es auch die Berliner gepackt. Beide Teams sind gegenüber vergangener Vergleiche mit stark veränderter Mannschaft in das Endspiel gegangen. Die Berliner wie auch die Thüringer vertrauten jungen, begabten Spielern, so beim Berliner FC Dynamo der vom FC Hansa Rostock gekommeneThomas Doll und auf Jenaer Seite Heiko Peschke.

Bild oben: Döschner (Dresden, vorn) sichert den Ball vor dem Jenaer Lesser ab.

Bild unten: Raab (Jena, links) hat vor dem Dresdner Maucksch abgezogen.
Viertelfinalspiel 1987/88 FC Carl Zeiss Jena - Dynamo Dresden 4:0.

Die Saalestädter können lange Zeit Widerstand leisten und zunächst eine Verlängerung erzwingen. In dieser haben die Berliner mehr zuzusetzen und kommen zu den entscheidenden Toren. Eine glückliche Hand hatte Trainer Jürgen Bogs mit der Einwechslung von Michael Schulz. Kaum zwei Minuten auf dem Feld, erzwang er die endgültige Entscheidung.

Jena konnte im Viertelfinale seit langem wieder einmal Dynamo Dresden klar bezwingen und setzte sich auch im Halbfinale gegen Pokalverteidiger 1. FC Lok Leipzig durch. Die Berliner mußten in Bischofswerda manch kritische Situation überstehen, ehe der glückliche 1:0 - Erfolg sicherstand. Hansa Rostock dagegen war in Halbfinale keine Hürde.

Der Weg in das Finale 1989

Qualifikationsspiel

FC Hansa Rostock II - Carl Zeiss Jena II 4:2 (3:1)

1. Hauptrunde

FC Hansa Rostock II - Energie Cottbus 3:3 (2:2) n. V. 2:4 n. Elfm.
Bergm.-Borsig Berlin - St. Brandenburg 0:3 (0:2)
Energie Cottbus II - BFC Dynamo 0:4 (0:0)
Stahl Riesa II - 1. FC Lok Leipzig 0:5 (0:4)
Rotasym Pößneck - FC Carl Zeiss Jena 0:4 (0:2)
Chemie PCK Schwedt - Union Berlin 1:9 (0:3)
Motor Eisenach - Wismut Aue 0:2 (0:0)
Aufb. Krumhermersdorf - Dyn. Fürstenwalde 4:4,(3:3) n. V. 6:7 n. Elfm.
Lok Leipzig II - Fortschr. Bischofswerda 0:3 (0:0)
Lok Halberstadt - Motor Weimar 0:1 (0:0)
TSG Neustrelitz - Vorw. Stralsund0:0 n.V. 4:2 n.E.
Chemie Velten - Rotation Berlin 1:2 (0:0)
TSG Bau Rostock - Dynamo Schwerin 2:3 (0:1)
Tiefbau Berlin - Stahl Thale 0:4 (0:2)
Chemie Ilmenau - Sachsenring Zwickau 2:3 (1:3)
Motor Suhl - FC Rot-Weiß Erfurt 1:3 (1:2)
BFC Dynamo II - FC K.-M.-Stadt 1:3 (1:1) n. V.
Lok/Armat. Prenzlau - KKW Greifswald 1:2 (0:0)
Dynamo Dresden II - HFC Chemie 1:2 (1:1)
Motor Babelsberg - Chemie Böhlen 2:0 (0:0)
St. Eisenhüttenstadt - Vorw. Dessau 4:1 (1:1) n. V.
Vorwärts Frankfurt II - Hansa Rostock 1:5 (0:2)
Akt. Schwarze Pumpe - 1. FC Magdeburg 0:1 (0:1)
Kali Werra Tiefenort - Wismut Gera 2:3 (1:0)
Chemie Leipzig - Akt. Brieske-Senftenberg0:1 (0:0)
Motor Ludwigsfelde - Motor Grimma 5:2 (1:2)
Fortschritt Weida - TSG Markkleeberg 3:2 (1:0)
Post Neubrandenbg. - Ch. Buna Schkopau4:2 (3:0)
Lok Stendal - Motor Nordhausen 2:0 (0:0)
Motor Schönebeck - Stahl Riesa 5:2 (1:0)
Robotron Sömmerda - Dynamo Dresden 1:3 (0:0)
HFC Chemie II - FC Vorwärts Frankfurt 3:2 (1:1)

2. Hauptrunde

Motor Babelsberg - Berliner FC Dynamo 0:8 (0:4)
Motor Weimar - Dynamo Dresden 1:2 (1:0)
Dyn. Schwerin - 1. FC Magdeburg 3:1 (1;1) n. V.
Motor Schönebeck - FC Hansa Rostock 1:0 (1:0)
Post Neubrandenbg. - HFC Chemie 5:3 (3:3) n. V
Wismut Gera - FC Rot-Weiß Erfurt 0:3 (0:2)
Dyn. Fürstenwalde - Sachsenring Zwickau2:0 (2:0)
TSG Neustrelitz - 1. FC Union Berlin 2:4 (1:1)
Akt. Brieske-Senftenberg - C. Z. Jena1:2 (1:1) n. V
Lok Stendal - 1. FC Lok Leipzig 1:0 (1:0)
KKW Greifswald - Stahl Brandenburg 2:1 (1:0)
Fortschritt Weida - Energie Cottbus 0:2 (0:1)
Rot. Berlin - Stahl Thale 1:1 (1:1) n.V. 5:4 n. E.
Mot. Ludwigsfelde - Fort. Bischofswerda 1:0 (1:0)

Achtelfinale

1. FC UnionBerlin - Dyn. Fürstenwalde 4:1 (2:1)
KKW Greifswald - FC Rot-Weiß Erfurt 1:3 (1:1)
Motor Schönebeck - BFC Dynamo 2:6 (2:2) n. V
Lok Stendal - FC Carl Zeiss Jena 0:2 (0:0)
FC Karl-Marx-Stadt - Dyn. Dresden 2:1 (1:1) n. V
Wismut Aue - Energie Cottbus 3:0 (2:0)
Dynamo Schwerin - Post Neubrandenbg. 1:0 (0:0)
Motor Ludwigsfelde - Rotation Berlin 1:0 (1:0)

Viertelfinale

1. FC Union Berlin - BFC Dynamo 0:2 (0:1)
Wismut Aue - FC Carl Zeiss Jena 3:1 (1:1) n. V.
FC Karl-Marx-Stadt - Mot. Ludwigsfelde 4:1 (1:1)
Dynamo Schwerin - FC RW Erfurt 0:3 (0:2)

Richter (FCK, rechts) im Laufduell mit Kubatzky. Halbfinale 1988/89 Wismut Aue - FC Karl-Marx-Stadt.

Halbfinale

BFC Dynamo - FC Rot-Weiß Erfurt	6:1 (2:0)
Wismut Aue - FC Karl-Marx-Stadt	1:2 (0:0)

38. Pokalfinale am 1. April 1989 in Berlin

Berliner FC Dynamo - Karl-Marx-Stadt 1:0 (0:0)

Zuschauer:	35.000 im Stadion der Weltjugend
Referee:	Ziller (Königsbrück)
Torfolge:	1:0 Thom (57.)

Berliner FC Dynamo

Bodo Rudwaleit - Burkhard Reich - Bernd Schulz, Zöphel (ab 83. Waldemar Ksienzyk), Köller - Eike Küttner (ab 85. Albrecht), Rainer Ernst, Frank Rode - Fügner, Thomas Doll, Andreas Thom.

FC Karl-Marx-Stadt

Schmidt - Thomas Laudeley - Jörg Illing, Sven Köhler, Dirk Barsikow - Peter Keller (ab 72. Jan Seifert), D. Müller, Steffen Heidrich (Steffen Ziffert), Wienhold Hans Richter, Ulf Mehlhorn.

Auch die Berliner können den Pokal erfolgreich verteidigen. Doch gegen die Sachsen tat sich der BFC äußerst schwer. Thom und Doll wirbelten nicht wie gewohnt die gegnerische Abwehr durcheinander, so daß die Karl-Marx-Städter Morgenluft witterten. Doch Andreas Thom zerstörte in der 57. Minute alle aufkeimenden Hoffnungen.

In der DDR deuten sich politische Veränderungen an. Das wirkt sich auch auf den Fußball aus. In der 2. Runde müssen bereits sechs Oberligamannschaften ausscheiden, unter ihnen der 1. FC Magdeburg und FC Hansa Rostock. Unterklassige Mannschaften wie Motor Ludwigsfelde und Dynamo Schwerin dringen bis in das Viertelfinale vor. Der Pokal verliert immer mehr an Bedeutung. Deshalb hier die vollständigen Ergebnisse des 38. Wettbewerbs:

Der Weg in das Finale 1990

1. Hauptrunde:

Lok Stendal - FC Rot-Weiß Erfurt	0:1
TSG Lübbenau - Berliner FC Dynamo	0:5
Motor WAMA Görlitz - FC Karl-Marx-Stadt	0:3
Union Mühlhausen - Wismut Aue	2:2 n.V. 8:9 n.E.
Stahl Hettstedt - FC Carl Zeiss Jena	0:2
Wismut Aue II - Dynamo Dresden	0:6
Chemie Leipzig II - Stahl Brandenburg	2:1 n. V.
Vorwärts Hagenow - FC Hansa Rostock	0:1
Vorwärts Frankfurt - Fortschritt Bischofewerda	3:1
TSG Markkleeberg - Stahl Eisenhüttenstadt	0:1
Motor Ludwigsfelde - 1. FC Lok Leipzig	0:2
Bergm. - Borsig Berlin - 1. FC Magdeburg	0:3

Wismut Gera - Energie Cottbus 4:0
Tiefbau Berlin - Motor Stralsund 0:1
PCK Schwedt - Schiffahrt/Hafen Rostock 1:2
Elektronik Gera - Robotron Sömmerda 1:2
Motor Wernigerode - Post Neubrandenburg 2:1
Lok/Armaturen Prenzlau - Chemie Leipzig 1:2
Chemie Velten - SG Dessau 89 2:1
TSG Bau Rostock - KKW Greifswald 2:0
Kali Werra Tiefenort - Akt. Schwarze Pumpe 0:3
Aktivist Borna - Motor Suhl 6:2 n. V.
Motor Babelsberg - Dynamo Schwerin 0:2
Akt. Brieske - Senftenberg - Motor Weimar 4:2
Rot. Berlin - Motor "FH"Karl-Marx-Stadt
2:2 n. V. 4:2 n. Elfm.
Stahl Hennigsdorf - Dynamo Eisleben 1:2
Dynamo Fürstenwalde - Stahl Thale 2:3 n. V.
Stahl Riesa - KWO Berlin 2:1
Chemie Böhlen - Motor Schönebeck 2:1
Chemie B. Schkopau - 1. FC Union Berlin
1:1 n. V. 5:4 n. Elfm.
Motor Nordhausen - Sachsenring Zwickau2:0 n. V.

2. Hauptrunde:

Robotron Sömmerda - Wismut Aue 3:2 n. V.
Stahl Thale - FC Carl Zeiss Jena 0:2 n. V.
Dynamo Eisleben - 1. FC Lok Leipzig 2:4 n. V.
Motor Stralsund - Stahl Eisenhüttenstadt 0:1
Motor Wernigerode - Berliner FC Dynamo 0:5
Chemie Velten - FC Hansa Rostrock 0:2

Henry Lesser (Jena, links) im Zweikampf mit Thomas Laudeley. Achtelfinalspiel 1989/90 FC Karl Marx Stadt - FC Carl Zeiss Jena 4.1.

Wismut Gera - Hallescher FC Chemie 1:3
Akt. Brieske - Senftenberg - Dynamo Dresden 1:4
Aktivist Borna - FC Karl-Marx-Stadt 0:2
Motor Nordhausen - 1. FC Magdeburg 1:2
Chemie Leipzig II - FC Rot-Weiß Erfurt 0:9
Dynamo Schwerin - Stahl Riesa 3:1
Chemie Böhlen - Schiffahrt/Hafen Rostock 0:4
Rotation Berlin - Chemie Buna Schkopau 0:1
TSG Bau Rostock - FC Vorwärts Frankfurt 0:2
Aktivist Schwarze Pumpe - Chemie Leipzig
0:0 n. V. 5:4 n. Elfm.

Achtelfinale

1. FC Magdeburg - FC Rot-Weiß Erfurt 2:0 n. V.
Dynamo Dresden - Stahl Eisenhüttenstadt 6:0
Akt. Schwarze Pumpe - Vorwärts Frankfurt 0:3
Hall. FC Chemie - Berliner FC Dynamo 1:3
FC Karl-Marx-Stadt - FC Carl Zeiss Jena 4:1
FC Hansa Rostock - Chemie B. Schkopau 0:1
Robotron Sömmerda - 1. FC Lok Leipzig 0:3
Dynamo Schwerin - Schiff./Hafen Rostock 3:2

Viertelfinale

Vorwärts Frankfurt - Berliner FC Dynamo2:0 n. V.
Dynamo Schwerin - 1. FC Magdeburg 3:1
Dynamo Dresden - FC Karl-Marx-Stadt 4:0
1. FC Lok Leipzig - Chemie B. Schkopau 1:0

Halbfinale

Dynamo Schwerin - 1. FC Lok Leipzig 1:0
Dynamo Dresden - FC Vorwärts Frankfurt 3:0

39. Pokalfinale am 4. Juni 1990 in Berlin

1. FC Dynamo Dresden - PSV Schwerin 2:1 (1:1)

Zuschauer: 5 750 im Friedrich-Ludwig-Jahn - Sportpark
Referee: Gläser (Breitungen)
Torfolge: 0:1 Korf (5.), 1:1 Stübner (18.), 2:1 Kirsten (84.)

Dynamo Dresden

Frank Schulze - Frank Lieberam - Detlef Schößler - Andreas Wagenhaus, Steffen Büttner - Jörg Stübner, Hans-Uwe Pilz, Matthias Sammer, Matthias Döschner (ab 74. Sven Ratke) - Ulf Kirsten, Torsten Gütschow (ab 87. Ralf Minge)

PSV Schwerin
Reinke - Eggert - Beutling, Herzberg, Ruppach - Drews, Prange, Stamman (ab 66. Benthin) - Gottschak (ab 76. Buchsteiner), Kort

Im vorletzten Pokalendspiel treffen die Dresdner auf den Ligavertreter und krassen Außenseiter aus Schwerin. Inzwischen sind in Deutschland die Grenzen gefallen, im Fußball gibt es eine neue Orientierung. Das zeigt sich auch am Interesse des diesjährigen Finales. Die Zuschauer waren im Vergleich zu den vorangegangenen Endspielen an den Fingern einer Hand abzuzählen. Für die Elbestädter wird das Finale zu einer Zitterpartie. Als Meister mußte man gegen den Außenseiter einfach mehr erwarten. Die wenigen Zuschauer staunten nicht schlecht, als die Mecklenburger bereits in der fünften Minute in Führung gingen. Dynamo stand noch gar nicht richtig auf dem Platz.
Als Stübner dreizehn Minuten später ausgleichen konnte, schienen weitere Tore nur eine Frage der Zeit zu sein. Doch Schwerin verkaufte sich teuer, der Meister stand vor einer Riesenblamage. Erst Ulf Kirsten erlöste die Elbestädter mit seinem Tor sechs Minuten vor dem Ende von den Qualen. Dynamo Dresden hatte auf dem Weg ins Finale alle Hürden problemlos übersprungen, Schwerin eleminierte Stahl Riesa, den 1. FC Magdeburg sowie den 1. FC Lok Leipzig.

Döschner (Dresden, rechts) setzt sich gegen den Frankfurter Prause durch im Halbfinale 1989/90 1. FC Dynamo Dresden - FC Vorwärts Frankfurt/Oder.

Der Weg in das Finale 1991

1. Hauptrunde:

Schiffahrt/Hafen Rostock - FC Berlin (BFC)	0:3
Motor Eberswalde - Stahl Brandenburg	2:6
1. Suhler SV 06 - Chemnitzer FC	0:3
TSV 1860 Stralsund - 1. FC Magdeburg	0:1
Soetrom Sömmerda - Hallesch. FC Chemie	0:5
Stahl Riesa - Stahl Eisenhüttenstadt	2:6
Chemnitzer SV 51 - 1. FC Lok Leipzig	0:2
Blau - Gelb Berlin - FC Vorwärts Frankfurt	0:3
Glückauf Brieske - Senftenberg - FSV Zwickau	1:6
FV Zeulenroda - FC Sachsen Leipzig	0:2
Chemie Wolfen - FC Rot-Weiß Erfurt	0:1
Union Mühlhausen - Dynamo Dresden	0:9
Motor Görlitz - Energie Cottbus	1:6
Viktoria Templin - FC Hansa Rostock	1:5
Wacker Nordhausen - Akt. Schwarze Pumpe	1:5
Stahl Thale - Stahl Hennigsdorf	6:0
Fortschritt Bischofswerda - Wismut Gera	3:1
Chemie Guben - TSG Meißen	3:1
Wernigeröder SV - Germania Ilmenau	2:2 n. V. 4:1 n. Elfm.
Optik Rathenow - PSV Schwerin	6:3 n. V.
Elektrokeramik Veilsdorf - Motor Weimar	0:6
SV B. Schkopau - Bergmann-Borsig Berlin	2:1
FSV Velten - 1. FC Markkleeberg	0:1
Schönebecker SV - Post Neubrandenburg	0:2
FSV Kitzscher - Wismut Aue	0:11
Greifsw. SC Amateure - 1. FC Union Berlin	1:3
Hydraulik Parchim - Greifswalder SC	0:3
MSV Eisleben - Rot-Weiß Prenzlau	0:5
Motor Ludwigsfelde - Anhalt Dessau	1:5

2. Hauptrunde:

Energie Cottbus - Chemnitzer FC	0:2
FC Sachsen Leipzig - FC Rot-Weiß Erfurt	0:2
FC Hansa Rostock - Hallescher FC Chemie	2:0

1. FC Lok Leipzig - Akt. Schwarze Pumpe	1:0
FSV Zwickau - Dynamo Dresden	1:2 n. V.
Stahl Brandenburg - Rotation Berlin	8:0
Stahl Eisenhüttenstadt - Chemie Guben	1:0
1. FC Union Berlin - FC Berlin	2:1 n. V.
FC Vorwärts Frankfurt - Motor Weimar	4:3
FC Carl Zeiss Jena - Fortschr. Bischofswerda	2:1
Wismut Aue Amateure - 1. FC Magdeburg	0:4
Stahl Thale - Post Neubrandenburg	1:0
1. FC Markkleeberg - Greifswalder SC	4:2 n. V.
Optik Rathenow - Anhalt Dessau	0:1
SV Buna Schkopau - Rot-Weiß Prenzlau	2:1 n. V.
Wernigeröder SV - Wismut Aue	2:1

Achtelfinale

Stahl Eisenhüttenstadt - 1. FC Magdeburg	3:0
FC Vorwärts Frankfurt - 1. FC Lok Leipzig	1:3
Dynamo Dresden - FC Carl Zeiss Jena	1:2
Stahl Brandenburg - 1. FC Markkleeberg	3:0
FC Rot-Weiß Erfurt - Anhalt Dessau	5:2
FC Hansa Rostock - Stahl Thale	2:0
Wernigeröder SV - Chemnitzer FC	1:3
SV Buna Schkopau - 1. FC Union Berlin	0:4

Viertelfinale

Stahl Eisenhüttenstadt - FC Carl Zeiss Jena	1:0
FC Hansa Rostock - FC Rot-Weiß Erfurt	1:0
1. FC Lok Leipzig - Stahl Brandenburg	2:0
1. FC Union Berlin - Chemnitzer FC	1:0

Tautenhahn (Zwickau, rechts) stoppt den Dresdener Ratke in der 2. Hauptrundenbegegnung 1990/91 Sachsenring Zwickau - Dynamo Dresden 1:2.

Halbfinale

Stahl Eisenhüttenstadt - 1. FC Union Berlin	2:0
Lok Leipzig - Hansa Rostock	1:1 n.V. 1:3 n Elfm.

40. Pokalfinale am 2. Juni 1991 in Berlin

FC Hansa Rostock - Eisenhüttenst. FC Stahl 1:0

Referee: Scheurell (Wusterhausen/Dosse)

Torfolge: 1:0 Wahl

FC Hansa Rostock

Daniel Hoffmann - Caligiuri, Gernot Alms, Mike Werner, Heiko März - Hilmar Weilandt (ab 74. Frank Rillich), Jens Wahl, Jens Dowe, Florian Weichert, Röhrig, Fuchs (ab 87. Juri Schlünz).

Eisenhüttenstadt

Bodo Rudwaleit - Axel Wittke, Backasch, Kluge, Bartz - Rambow, Schnürer, K. Schulz (ab 66. Lahn), Menze - Löhnert, Milanovic (ab 60. Richert).

Mit diesem Pokalendspiel wird das Kapitel Pokalwettbewerb in der ehemaligen DDR abgeschlossen. Die Strukturen des ostdeutschen Fußballs haben sich grundlegend verändert. Der FC Hansa Rostock gewann die letzte eigenständige Meisterschaft der ostdeutschen Oberligisten und zog auch in das Pokalendspiel ein. Was in der Geschichte des DDR - Fußballs den Ostseestädtern nie gelang, wurde nun Wirklichkeit. Meister und Pokalsieger, das war mehr als erwartet. Eisenhüttenstadt schlug sich wacker, doch die Rostocker taten auch nicht mehr, als unbedingt erforderlich war. Es wurde nicht mehr mit dem Elan gekämpft, der die Endspiele der Vergangenheit ausgezeichnet hatte. Nunmehr nehmen die ostdeutschen Mannschaften am gesamtdeutschen Pokalwettbewerb teil.

Eisenhüttenstadt hatte auf dem Weg in das Finale u. a. den mehrfachen Pokalsieger Magdeburg klar mit 3:0 ausgeschaltet und auch Carl Zeiss Jena eleminiert - ein Zeichen, daß viele Mannschaften diesen Wettbewerb nicht mehr ernst nahmen.

40 Jahre Pokalgeschichte in der DDR brachten interessante Spiele, packende Endkämpfe, glückliche Sieger. Wie in allen Ländern waren die Pokalspiele auch in der DDR mit Überraschungen reichlich gewürzt, mußte sich so mancher Favorit dem Außenseiter beugen. Der Pokalwettbewerb fand bis Ende der 80er Jahre stets großen Anklang, gut besuchte Spiele und hervorragenden Fußball. Viele der sogenannten Kleinen machten auf sich aufmerksam, machten den Oberligisten das Leben schwer. Die Pokalsieger beteiligten sich am europäischen Cupwettbewerb und erreichten mitunter überraschende internationale Erfolge. So konnte der 1. FC Magdeburg gegen den übermächtig erscheinenden AC Mailand den einzigen Cupgewinn für die DDR verbuchen. Auch Dynamo Dresden und FC Carl Zeiss Jena schlugen sich achtbar. All diese Spiele sind im Teil 5 des DDR - Fußballs beschrieben. Nun spielen die Ostmannschaften im gesamtdeutschen Pokalwettbewerb weiter, aber der FDGB - Pokal der ehemaligen DDR wird sich besonders bei den älteren Sportfreunden noch lange im Gedächtnis einprägen.

Raab (Jena, rechts) trifft hier zum 1:2, rechts Lieberam.
Achtelfinalspiel 1990/91 Dynamo Dresden - FC Carl Zeiss Jena.

Henri Fuchs (Rostock) erzielt das 0:1, das Leipzigs Torhüter Saager nicht verhindern konnte.
Halbfinale 1990/91 1.FC Lok Leipzig - FC Hansa Rostock 1:1 n. V. 1:3 n. Elfmeterschießen.

Die Olympiaauswahl der DDR

Am 15. September 1963 bestritt die Olympiamannschaft der DDR in Karl-Marx-Stadt ihr erstes Qualifikationsspiel gegen die Bundesrepublik Deutschland. Das Trainergespann Soos/Studener bevorzugte anfangs überwiegend Spieler des ASK Vorwärts Berlin und SC Empor Rostock.

Am 1. Mai 1971 saß erstmals Georg Buschner auf der Trainerbank. Er vertraute der Kombination Carl Zeiss Jena/Dynamo Dresden. Das bewährte Mittelfeld mit Herbert Pankau und Dieter Erler wurde durch die Dreierkette Schlutter/Stein (Carl Zeiss Jena) und Hans-Jürgen Kreische/Hans-Jürgen Dörner (Dynamo Dresden) ersetzt.

Auch die länderspielerfahrenen Jürgen Sparwasser, Joachim Streich und Jürgen Pommerenke aus Magdeburg waren aus der Olympiaauswahl nicht mehr wegzudenken.Dr. Krause wiederum bevorzugte 1980 Spieler des Berliner FC Dynamo und des 1. FC Lok Leipzig. Trainer Bernd Stange verbannte den Berliner Bodo Rudwaleit aus dem Tor und holte den Leipziger Rene Müller. Stopper Norbert Trieloff mußte dem Magdeburger Dirk Stahmann weichen. Im Angriff vertraute er der Schußkraft des Karl - Marx - Städters Hans Richter sowie der Kopfballstäke Ralf Minges von Dynamo Dresden.

Nicht vom Glück begünstigt waren Michael Mischinger (Hansa Rostock) und Joachim Müller (FC Karl-Marx-Stadt), Sie bestritten je elf Spiele in der Olympiaauswahl, jedoch nie in einem Qualifikations - und Endrundenspiel.

Sie kamen nur bei Freundschaftsvergleichen zum Einsatz. Den Rekord hält Eberhard Vogel (FC Karl-Marx-Stadt/Carl Zeiss Jena) mit 24 Berufungen vor Torwart Jürgen Croy, der 23mal das Tor hütete.

1964 lieferte die Olympiaauswahl der DDR drei große Spiele gegen die UdSSR. Es ging um die Teilnahme an den Olympischen Spielen in Tokio. In Leipzig sahen 80.000 Zuschauer ein unglückliches 1:1. Henning Frenzel hatte die DDR in der 11. Spiele in Führung gebracht. Bis zur 89. Minute konnte der knappe Vorsprung behauptet werden, dann konnte Sewidow doch noch den Ausgleich erzwingen. 85.000 Besucher im Moskauer Lenin-Stadion glaubten felsenfest an ein Weiterkommen ihrer Mannschaft, doch die sowjetische Führung durch Kopajew (15.) glich der Rostocker Heino Kleiminger in der 62. Minute aus. So mußte in Warschau ein drittes Spiel ausgetragen werden. In diesem spielte die DDR-Auswahl groß auf, zwang den Favorit UdSSR mit 4:1 in die Knie.

In Tokio mußte die Olympiaauswahl der DDR am 22. Oktober 1964 gegen die CSSR die einzige Niederlage im Verlauf des olympischen Fußballturniers hinnehmen. In der 89. Minute war durch den Gegentreffer zum 1:2 durch Mraz der Traum vom olympischen Finale ausgeträumt.

1967 wurde in den Qualifikationsspielen gegen Griechenland in Athen und Dresden jeweils 5:0 gewonnen, gegen Rumänien hieß es jeweils 1:0. Duplizität der Ereignisse:In beiden Begegnungen fiel der spielentscheidende Treffer bereits in der 8. Minute. In Berlin hieß der Torschütze Herbert Pankau, in Bukarest Harald Irmscher.

1971 verloren die DDR - Kicker gegen Italien und Jugoslawien keines ihrer Qualifikationsspiele. Italien wurde in Dresden 4:0 und in Terni 1:0 bezwungen. Gegen Jugoslawien hieß es 2:0 in Rostock und 0:0 in Prilep. Zur Olympiade 1972 in der Bundesrepublik Deutschland kam es u.a. zum Aufeinandertreffen der beiden deutschen Mannschaften. Die DDR gewann durch einen Treffer Eberhard Vogels in der 83. Minute mit 3:2. Bemerkenswert: Die beiden Tore der Bundesrepublik schossen zwei Prominente: Ulrich Hoeneß, heute beim FC Bayern München tätig, und der Trainer der Dortmunder Borussen, Ottmar Hitzfeld. Im Spiel um die Bronzemedaille konnte die UdSSR vor 80.000 Besuchern im Münchner Olympiastadion nach einer 2:0 - Führung die DDR erneut nicht bezwingen. Noch lange

sprach man von dem Bombenschuß Eberhard Vogels, der zum 2:2 - Endstand führte.
Den größten Erfolg feierte die DDR - Mannschaft am 31. Juli 1976 im Olympiastadion von Montreal im olympischen Finale gegen Polen. Schade (7.) und Hoffmann (14.) hatten die DDR frühzeitig in Führung gebracht. Auch von Latos Anschlußtreffer ließen sich die hochmotivierten Ostdeutschen nicht beirren. Das unwiderstehliche Solo Reinhard Häfners zum 3:1 - Endstand sicherte der DDR - Mannschaft die Goldmedaille.
1980 trafen im Moskauer Lenin-Stadion erneut die UdSSR und die DDR aufeinander. Es ging um den Einzug in das Endspiel. Erneut mußte sich die UdSSR geschlagen geben. Ein Treffer von Wolf - Rüdiger Netz in der 16. Minute brachte die DDR - Spieler in das Finale.
Die Olympiaauswahl der DDR errang 1976 die Goldmedaille, holte 1980 in Moskau Silber und gewann 1964 in Tokio und 1972 in München jeweils Bronze.

Hier zunächst der Überblick aller Qualifikations - und Endrundenspiele:

Olympische Spiele 1964 in Tokio

1. 15. 09. 1963
DDR - Bundesrepublik Deutschland 3:0 (2:0)
2. 22. 09. 1963
Bundesrepublik Deutschland - DDR 2:1 (0:1)
3. 15. 03. 1964
Niederlande - DDR 0:1 (0:1)
4. 28. 03 1964
DDR - Niederlande 3:1 (3:1)
5. 31. 05. 1964
DDR - UdSSR 1:1 (1:0)
6. 07. 06. 1964
UdSSR - DDR 1:1 (1:0)
7. 28. 06. 1964
UdSSR - DDR 1:4 (0:2)
8. 11. 10. 1964
DDR - Iran 4:0 (3:0)
9. 13. 10. 1964
DDR - Rumänien 1:1 (1:1)
10. 15. 10. 1964
DDR - Mexiko 2:0 (1:0)
11. 18. 10. 1964
DDR - Jugoslawien 1:0 (1:0)
12. 22. 10. 1964
DDR - C S S R 1:2 (1:0)
13. 24. 10. 1964
DDR - Ägypten 3:1 (1:0)
DDR Gewinner der Bronzemedaille

Olympische Spiele 1968 in Mexiko City

14. 23. 03. 1967
Griechenland - DDR 0:5 (0:2)
15. 14. 06. 1967
DDR - Griechenland 5:0 (3:0)
16. 18. 11. 1967
DDR - Rumänien 1:0 (1:0)
17. 06. 12. 1967
Rumänien - DDR 0:1 (0:1)
18. 10. 04. 1968
Bulgarien - DDR 4:1 (1:0)
19. 24. 04. 1968
DDR - Bulgarien 3:2 (3:1)
DDR gegen Bulgarien ausgeschieden

Olympische Spiele 1972 in München

20. 01. 05. 1971
DDR - Italien 4:0 (3:0)
21. 19. 05.1971
Italien - DDR 0.1 (0:0)
22. 17. 11. 1971
DDR - Jugoslawien 2:0 (0:0)
23. 26. 04. 1972
Jugoslawien - DDR 0:0
24. 28. 08. 1972
DDR - Ghana 4:0 (2:0)
25. 30. 08. 1972
DDR - Kolumbien 6:1 (4:1)
26. 01. 09. 1972
Polen - DDR 2:1 (1:1)
27. 03. 09. 1972
Ungarn - DDR 2:0 (0:0)

28. 05. 09. 1972
DDR - Mexiko 7:0 (2:0)
29. 07. 09. 1972
DDR - BR Deutschland 3:2 (1:1)
30. 09. 09. 1972
UdSSR - DDR 2:2 (2:1)
DDR Gewinner der Bronzemedaille

Olympische Spiele 1976 in Montreal

31. 02. 04. 1975
Griechenland - DDR 0:1 (0:1)
32. 23. 04. 1975
DDR - Griechenland 4:0 (2:0)
33. 29. 10. 1975
DDR - Österreich 1:0 (0:0)
34. 19. 11. 1975
C S S R - DDR 1:1 (0:0)
35. 24. 03. 1976
Österreich - DDR 0:2 (0:1)
36. 07. 04. 1976
DDR - C S S R 0:0
37. 18. 07. 1976
DDR - Brasilien 0:0
38. 22. 07. 1976
DDR - Spanien 1:0 (0:0)
39. 25. 07. 1976
DDR - Frankreich 4:0 (1:0)
40. 27. 07. 1976
DDR - UdSSR 2:1 (0:0)
41. 31. 07. 1976
DDR - Polen 3:1 (2:0)
DDR Gewinner der Goldmedaille

Olympische Spiele 1980 in Moskau

42. 20. 07. 1980
DDR - Spanien 1:1 (0:0)
43. 22. 07. 1980
DDR - Algerien 1:0 (0:0)
44. 24. 07. 1980
DDR - Syrien 5:0 (3:0)
45. 27. 07. 1980
DDR - Irak 4:0 (4:0)
46. 29. 07. 1980
UdSSR - DDR 0:1 (0:1)
47. 02. 08. 1980
DDR - C S S R 0:1 (0:0)
DDR Gewinner der Silbermedaille

Olympische Spiele 1984 in Los Angeles

48. 04. 05. 1983
Dänemark - DDR 1:2 (1:1)
49. 18. 05. 1983
Finnland - DDR 0:1 (0:1)
50. 07. 09. 1983
DDR - Polen 3:1 (1:0)
51. 05. 10. 1983
DDR - Finnland 1:0 (1:0)
52. 29. 10. 1983
Norwegen - DDR 1:1 (0:0)
53. 12. 11. 1983
DDR - Norwegen 1:0 (1:0)
54. 04. 04. 1984
Polen - DDR 2:1 (1:0)
55. 18. 04. 1984
DDR - Dänemark 4:0 (2:0)
DDR Gewinner der Europagruppe B, doch keine Teilnahme an den Spielen durch den Boykott

Olympische Spiele 1988 in Seoul

56. 03. 12. 1986
Niederlande - DDR 0:1 (0:1)
57. 25. 03. 1987
DDR - Italien 0:0
58. 29. 04. 1987
Portugal - DDR 0:0
59. 02. 09. 1987
Island - DDR 2:0 (0:0)
60. 22. 09. 1987
DDR - Niederlande 4:2 (2:2)
61. 18. 11. 1987
Italien - DDR 1:1 (1:1)
62. 12. 04. 1988
DDR - Portugal 3:0 (0:0)
63. 30. 04. 1988
DDR - Island 3:0 (1:0)

DDR Zweiter hinter Italien

Die Spiele der Olympiaauswahl in der Statistik

1. 15. Sept. 1963 Karl-Marx-Stadt

DDR - Bundesrepublik Deutschland 3:0 (2:0)

Zuschauer: 50.000 im Ernst-Thälmann-Stadion
Referee: Kenneth Dagnall (England)
Torfolge: 1:0 Kleiminger (25.), 2:0 Stöcker (31.), 3:0 Nöldner (54.)

DDR-Olympiaauswahl

Jürgen Heinsch (SC Empor Rostock) - Klaus Urbanczyk (SC Chemie Halle Werner Unger (ASK Vorwärts Berlin), Konrad Wagner (Wismut Aue) - Herbert Pankau (SC Empor Rostock), Kurt Liebrecht (Lok Stendal) - Rainer Nachtigall (ASK Vorwärts Berlin), Jürgen Nöldner (ASK Vorwärts Berlin), Otto Fräßdorf (ASK Vorwärts Berlin), Heino Kleiminger (SC Empor Rostock), Hermann Stöcker (SC Aufbau Magdeburg); Trainer:Karoly Soos/Hans Studener

In dieser Begegnung lagen die Vorteile eindeutig auf seiten der DDR - Mannschaft. Fast alle Spieler konnten bereits auf Einsätze in der A - Nationalmannschaft verweisen. Als Jürgen Nöldner neun Minuten nach dem Seitenwechsel auf 3:0 erhöhen konnte, war der Widerstand der BRD - Auswahl gebrochen.

2. 22. September 1963 Hannover

DDR - Bundesrepublik Deutschland 1:2 (1:0)

Zuschauer: 15.000 im Niedersachsen-Stadion
Referee: Korelus (Tschechoslowakei)
Torfolge: 1:0 Stöcker (20.), 1:1 Zettelmaier (47.), 1:2 Zettelmaier (59.)

DDR-Auswahl

Jürgen Heinsch - Klaus Urbanczyk, Werner Unger, Konrad Wagner - Herbert Pankau, Kurt Liebrecht - Rainer Nachtigall, Jürgen Nöldner, Otto Fräßdorf, Heino Kleiminger, Hermann Stöcker; Trainer: Karoly Soos/Hans Studener

Das Trainergespann der DDR-Auswahl gab der gleichen Mannschaft wie in Karl-Marx-Stadt das Vertrauen. Mit dem 1:0 zur Pause im Rücken war bereits die Entscheidung zugunsten der DDR gefallen. Zettelmaiers Tore nach dem Seitenwechsel konnten das Weiterkommen der DDR nicht verhindern.

3. 15. März 1964 Den Haag

DDR - Niederlande 1:0 (1:0)

Zuschauer: 3.000 im HBS-Stadion
Referee: Clemence (England)
Torfolge: 1:0 Fräßdorf

DDR-Olympiaauswahl

Jürgen Heinsch - Klaus Urbanczyk, Werner Unger, Klaus - Dieter Seehaus SC Empor Rostock) - Herbert Pankau, Gerhard Körner (ASK Vorwärts Berlin) - Wolfgang Barthels (SC Empor Rostock), Heino Kleiminger, Otto Fräßdorf, Kurt Liebrecht, Hermann Stöcker; Trainer:Karoly Soos/Hans Studener

Karoly Soos stellte die Mannschaft auf zwei Positionen um, brachte Nationalspieler "Fips" Seehaus und "Theo" Körner neu in die Elf. Das führte zu einer weiteren Festigung der engeren Abwehr und Gerhard Körner widmete sich dem Spielaufbau. Das frühe Tor Otto Fräßdorfs konnte bis zur 90. Minute gehalten werden.

4. 28. März 1964 Rostock

DDR - Niederlande 3:1 (3:1)

Zuschauer: 20.000 im Ostseestadion
Referee: Guinnard (Schweiz)
Torfolge: 0:1 Mulder (3.), 1:1 Frenzel (11.), 2:1 Stöcker (15.), 3:1 Fräßdorf (27.)

DDR-Olympiaauswahl

Jürgen Heinsch - Klaus Urbanczyk - Werner Unger, Klaus - Dieter Seehaus - Gerhard Körner, Kurt Liebrecht - Wolfgang Barthels, Heino Kleiminger, Otto Fräßdorf, Henning Frenzel (SC Lok Leipzig), Hermann Stöcker; Trainer: Karly Soos/Hans Studener

Nach dem frühen 1:0 durch Mulder glaubten die Spieler aus dem Land der Tulpen, das Blatt noch wenden zu können. Doch dieser Treffer war ein Stich ins Wespennest. Der spielintelligente Henning Frenzel erzielte schon kurz nach dem Rückstand den Ausgleich, nur vier Minuten später schoß der Magdeburger Hermann Stöcker die DDR in Führung. Noch vor dem Seitenwechsel brachte Otto Fräßdorf einen seiner gefürchteten Schüsse im gegnerischen Tor unter. Die zweite Hürde war genommen.

5. **31. Mai 1964 Leipzig**

DDR - UdSSR 1:1 (1:0)

Zuschauer: 80.000 im Zentralstadion
Referee: Heymann - Simonet (Schweiz)
Torfolge: 1:0 Frenzel (11.), 1:1 Sewidow (89.)

DDR-Olympiaauswahl

Jürgen Heinsch - Klaus Urbanczyk, Manfred Walter (Chemie Leipzig), Klaus - Dieter Seehaus - Gerhard Körner, Manfred Geisler (SC Leipzig) - Eberhard Vogel (SC Karl-Marx-Stadt), Otto Fräßdorf, Henning Frenzel, Klaus Lisiewicz (Chemie Leipzig), Hermann Stöcker; Trainer: Karoly Soos/Hans Studener

Prächtige Stimmung im Leipziger Zentralstadion. 80.000 wissen, was in dieser Begegnung auf dem Spiel steht. Gegen die starke Auswahl der Sowjetunion brachte Trainer Soos seine stärkste Elf auf das Spielfeld. Die Leipziger Walter und Geisler sollten die sowjetischen Angriffe abfangen, der schußstarke Eberhard Vogel im Angriff für Druck sorgen. Fast hätte es zum erhofften Sieg gereicht. Erst unmittelbar vor dem Schlußpfiff konnte Sewidow die deutsche Führung durch Henning Frenzel ausgleichen.

6. **7. Juni 1964 Moskau**

DDR - UdSSR 1:1 (0:1)

Zuschauer: 85.000 im Lenin-Stadion
Referee: Carlsson (Schweden)
Torfolge: 0:1 Kopajew (15.), 1:1 Kleiminger (62.)

DDR-Olympiaauswahl

Jürgen Heinsch - Klaus Urbanczyk, Manfred Walter, Manfred Geisler - Herbert Pankau, Werner Unger - Otto Fräßdorf, Gerhard Körner, Henning Frenzel, Heino Kleiminger, Eberhard Vogel; Trainer: Karoly Soos/Hans Studener

85.000 erwarteten im Moskauer Lenin-Stadion unbedingt einen Sieg ihrer Mannschaft. Das schien nach einer Viertelstunde auch Wirklichkeit zu werden. Kopajew besorgte die frühe Führung der UdSSR. Doch der Vorsprung konnte nicht weiter ausgebaut werden. Wie in Leipzig schlug auch in Moskau der Gast zurück. Nach einer reichlichen Stunde Spielzeit konnte Heino Kleiminger den Rückstand überrschend egalisieren. Ein Wiederholungsspiel war nicht zu umgehen. Aber es hatte sich gezeigt, auch der hohe Favorit UdSSR hatte seine Schwächen, war nicht unbezwingbar.

7. **8. Juni 1964 Warschau**

DDR - UdSSR 4:1 (2:0)

Zuschauer: 20.000 im Stadion "10. Jahrestag"
Referee: Babouczek (Österreich)
Torfolge: 1:0 Kleiminger (16.), 2:0 Urbanczyk (40.), 2:1 Serebrjannikow (54.), 3:1 Vogel (81.), 4:1 Fräßdorf (85.)

DDR-Olympiaauswahl

Jürgen Heinsch - Klaus Urbanczyk, Manfred Walter, Manfred Geisler - Herbert Pankau, Werner Unger - Otto Fräßdorf, Gerhard Körner, Henning Frenzel, Heino Kleiminger, Eberhard Vogel; Trainer: Karoly Soos/Hans Studener

Karoly Soos vertraute in Warschau jener Mannschaft, die auch in Moskau zusammengespielt hatte. Das Ergebnis glich einer Sensation. Ein klarer 4:1 - Sieg gegen die UdSSR war wohl von den wenigsten erwartet worden. Die DDR - Elf spielte wie aus einem Guß. Bereits zur Pause war eine Vorentscheidung gefallen.

Als Serebrjannikow auf 1:2 verkürzen konnte, keimte nochmals Hoffnung in der Mannschaft der UdSSR auf. Doch Vogel und Fräßdorf rissen die Russen in der Schlußphase des Spiels aus allen Träumen. Das schönste Tor des Spieles erzielte Eberhard Vogel mit einem direkt verwandelten Eckball. Mit diesem Sieg hatte sich die DDR für das olympische Fußballturnier in Japan qualifiziert.

8.	**11. Oktober 1964 Yokohama (Endrunde)**
DDR - Iran	4:0 (3:0)
Zuschauer:	15.000 im Mitsuzawa-Stadion
Referee:	Queiroz (Brasilien)
Torfolge:	1:0 Bauchspieß (9.), 2:0 Vogel (20.), 3:0 Frenzel (44.), 4:0 Vogel (63.)

DDR-Olympiaauswahl

Jürgen Heinsch - Klaus Urbanczyk, Manfred Walter, Manfred Geisler - Herbert Pankau, Gerhard Körner - Dieter Engelhardt(SC Leipzig), Bernd Bazchspieß(Chemie Leipzig), Henning Frenzel, Otto Fräßdorf, Eberhard Vogel; Trainer: Karoly Soos/Hans Studener

Trainer Soos nahm den von Chemie Zeitz zu Chemie Leipzig gewechelten Torjäger Bernd Bauchspieß mit nach Japan, obwohl er bisher noch kein Spiel in der Olympiaauswahl bestritten hatte. In seinem ersten Spiel konnte dieser schon nach neun Minuten die deutsche Führung besorgen. Gegen die international unerfahrenen Spieler aus dem Iran geriet die Olympiaauswahl nie in Verlegenheit. Nach dem Seitenwechsel spielte die deutsche Mannschaft nicht mehr so zwingend, beschränkte sich nur noch auf das Notwendigste.

9.	**13. Oktober 1964 Tokio (Endrunde)**
DDR - Rumänien	1:1 (1:1)
Zuschauer:	25.000 im Momazawa-Stadion
Referee:	Korelus (C S S R)
Torfolge:	1:0 Frenzel (22.), 1:1 Pavlovivi (27.)

DDR-Olympiaauswahl

Jürgen Heinsch - Klaus Urbanczyk, Manfred Walter, Manfred Geisler - Herbert Pankau, Gerhard Körner - Otto Fräßdorf, Bernd Bauchspieß, Henning Frenzel, Jürgen Nöldner (ASK Vorwärts Berlin), Eberhard Vogel (30. Platzverweis); Trainer: Soos/Studener

Rumänien

Datcu - Greavu, Ion Nunweiler, Dan Coe - Halmageanu, Jenei - Kostka, Pircalab, Constantin, Pavlovici, Creiniceanu

Gegen die starken Rumänen gelang den DDR - Spielern nur ein Teilerfolg. Allerdings waren die Ostdeutschen schon nach einer halben Stunde arg geschwächt, wurde doch Eberhard Vogel vom Unparteiischen Korelus vom Platz gestellt. Mit dem Unentschieden zeigten sich beide Mannschaften am Ende zufrieden, führten sie doch in ihrer Gruppe gemeinsam mit 3:1 Punkten die Tabelle an.

10.	**15. Oktober 1964 Yokohama (Endrunde)**
DDR - Mexiko	2:0 (1:0)
Zuschauer:	13.000 im Mitsuzawa-Stadion
Referee:	Yokoyama (Japen)
Torfolge:	1:0 Barthels (37.), 2:0 Nöldner (66.)

DDR-Olympiaauswahl

Horst Weigang (SC Leipzig) - Klaus Urbanczyk, Manfred Walter, Peter Rock (SC Motor Jena) - Klaus - Dieter Seehaus, Werner Unger - Wolfgang Barthels, Klaus Lisiewicz, Otto Fräßdorf, Jürgen Nöldner, Hermann Stöcker; Trainer: Soos/Studener

In dieser Begegnung ging es um den Gruppensieg der Gruppe 1. Da die Rumänen gegen den Iran nur mit 1:0 gewannen, reichte das 2:0 der DDR zum Einzug in die Zwischenrunde.

11.	**18. November 1964 Tokio (Endrunde)**
DDR - Jugoslawien	1:0 (1:0)

Zuschauer: 10.000 im Prinz-Chichibu-Stadion
Referee: de Silva (Malaysia)
Torfolge: 1:0 Frenzel (2.)

DDR-Olympiaauswahl
Jürgen Heinsch - Klaus Urbanczyk, Manfred Walter, Manfred Geisler - Herbert Pankau, Gerhard Körner - Otto Fräßdorf, Bernd Bauchspieß, Henning Frenzel, Jürgen Nöldner, Eberhard Vogel; Trainer:Karoly Soos/Hans Studener

Gegenüber dem Mexiko - Spiel hatten die Trainer die Mannschaft auf einigen Positionen umgestellt. denn gegen die Jugoslawen war Vorsicht geboten. Ein frühes Tor Henning Frenzels sorgte für die Entscheidung. Gegen die starken und ballsicheren Jugoslawen konnte der knappe Sieg 88 Minuten lang verteidigt werden. Damit war der Einzug in das Halbfinale gesichert.

12. **22. Oktober 1964 Tokio (Endrunde)**

DDR - C S S R 1:2 (1:0)
Zuschauer: 20.000 im Komazawa-Stadion
Referee: Ashkenazi (Israel)
Torfolge: 1:0 Nöldner (25.), 1:1 Lichtnegl (46.), 71:2 Mraz (89.)

DDR-Olympiaauswahl
Jürgen Heinsch - Klaus Urbanczyk, Manfred Walter, Manfred Geisler - Herbert Pankau, Gerhard Körner - Hermann Stöcker, Otto Fräßdorf, Henning Frenzel, Jürgen Nöldner, Eberhard Vogel; Trainer:Karoly Soos/Hans Studener

Viel stand in dieser Begegnung auf dem Spiel, ging es doch um den Einzug in das olympische Finale. Nach 25 Minuten konnte Jürgen Nöldner die DDR in Führung bringen. Doch dann passierte das Mißgeschick. Bei einem Zusammenprall zog sich Klaus Urbanczyk eine schwere Knieverletzung zu und mußte in ein Krankenhaus eingeliefert werden. Dadurch war die deutsche Mannschaft stark geschwächt. Trotzdem konnte bis zur 89. Minute ein 1:1 behauptet werden. Dann riß Mraz die DDR - Spieler aus allen Träumen. Für die DDR - Akteure blieb nur der Kampf um Bronze.

13. **24. Oktober 1964 Tokio (Endrunde)**

DDR - Ägypten 3:1 (1:0)
Zuschauer: 60.000 im Nationalstadion
Referee: Yokoyama (Japan)
Torfolge: 1:0 Frenzel (17.), 2:0 Vogel (48.), 3:0 Stöcker (56.), 3:1 Attia (76. Foulelfmeter)

DDR-Olympiaauswahl
Jürgen Heinsch - Peter Rock, Manfred Walter, Manfred Geisler - Herbert Pankau, Gerhard Körner - Hermann Stöcker, Otto Fräßdorf, Hennning Frenzel, Jürgen Nöldner, Eberhard Vogel; Trainer: Karoly Soos/Hans Studener

Im Spiel um Platz 3 mußte der verletzte Urbanczyk ersetzt werden. Die Wahl des Ungarn Soos fiel auf den Jenaer Peter Rock. Mit Ägypten haben die DDR - Spieler keine Probleme, bringen das Spiel sicher mit 3:1 nach Hause. Bei etwas mehr Konzentration wäre ein höherer Sieg möglich gewesen. Somit gelang der DDR bei der ersten Endrundenteilnahme der Gewinn der Bronzemedaille.

14. **23. März 1967 Athen**

DDR - Griechenland 5:0 (2:0)
Zuschauer: 8.000 im Panathinaikos-Stadion
Referee: Botic (Jugoslawien)
Torfolge: 1:0 Naumann (32.), 2:0 Backhaus (42.), 3:0 Stein (65.), 4:0 Stein (70.), 5:0 Lienemann (86.)

DDR-Olympiaauswahl
Wolfgang Blochwitz (FC Carl Zeiss Jena) - Klaus Urbanczyk, Wolfgang Wruck (1. FC Union Berlin), Klaus Dieter Seehaus, Bernd Bransch (Hallescher FC Chemie) - Jürgen Naumann (1. FC Lok Leipzig), Hans-Jürgen Kreische (Dynamo Dresden), ab 40. Manfred Lienemann (FC Karl-Marx-Stadt), Harald

Irmscher (Sachsenring Zwickau) - Helmut Stein (FC Carl Zeiss Jena), Gerd Backhaus (Lok Stendal), Wolfram Löwe (1. FC Lok Leipzig); Trainer: Karoly Soos/Werner Wolf

Die Olympiaauswahl der DDR rüstet für das olympische Turnier in Mexiko. Aus der Bronzemannschaft von 1964 sind nur noch wenige Spieler im Aufgebot. Karoly Soos, dem nun Werner Wolf zur Seite steht, muß eine neue Auswahl formen. Talente aus Jena, Leipzig und Dresden rücken nach. In Athen steht die neuformierte Auswahl vor einer leichten Aufgabe. Die Griechen können in keiner Phase des Spiels mithalten und müssen eine klare Niederlage quittieren. Das Rückspiel in Dresden scheint nur noch eine Pflichtaufgabe zu sein.

15. **14. Juni 1967 Dresden**

DDR - Griechenland 5:0 (3:0)

Zuschauer: 15.000 im Heinz-Steyer-Stadion
Referee: Bircsak (Ungarn)
Torfolge: 1:0 Kreische (4.), 2:0 Naumann (32. Foulelfmeter), 3:0 Seehaus (45.), 4:0 Irmscher (56.), 5:0 Kreische (60.)

DDR-Olympiaauswahl

Wolfgang Blochwitz - Klaus Urbanczyk, Wolgang Wruck, Klaus - Dieter Seehaus, Bernd Bransch - Jürgen Naumann, Harald Irmscher - Günter Hoge (1. FC Union Berlin), Gerd Backhaus, Hans-Jürgen Kreische, Wolfram Löwe; Trainer: Soos/Wolf

Die DDR - Spieler lassen nie Zweifel darüber aufkommen, wer Chef auf dem Platz ist. Bereits nach vier Minuten ist nach Kreisches Treffer alles entschieden. Bis zur 60. Minute fallen weitere vier Tore, dann lassen die Akteure die Zügel deutlich schleifen. Griechenland war kein echter Prüfstein. Wozu die DDR - Mannschaft in der Lage ist, muß sich erst noch zeigen.

16. **18. November 1967 Berlin**

DDR - Rumänien 1:0 (1:0)

Wertung als offizielles Länderspiel

Zuschauer: 35.000 im Walter-Ulbricht-Stadion
Referee: Davidek (C S S R)
Torfolge: 1:0 Pankau (8. Handelfmeter)

DDR-Olympiaauswahl

Wolfgang Blochwitz - Klaus Urbanczyk, Wolfgang Wruck, Bernd Bransch - Herbert Pankau, Harald Irmscher - Günter Hoge, Jürgen Nöldner, Henning Frenzel, Dieter Erler (FC Karl-Marx-Stadt), Wolfram Löwe (ab 46. Eberhard Vogel); Trainer: Karoly Soos/Werner Wolf

Rumänien

Coman - Satmareanu, Nicolae, Dan Coe, Mocanu - Gherghely, Koszka, Nasturescu (ab 46. Lucescu) - Constantin, Dobrin, Ionescu

Die Rumänen erweisen sich als echter Prüfstein, verlangen der deutschen Mannschaft alles ab. Herbert Pankau kann die Partie frühzeitig entscheiden. Nun hoffen die Rumänen auf das Rückspiel im gefürchteten Stadion "23. August. " Die DDR steht vor einer schweren Aufgabe.

17. **6. Dezember 1967 Bukarest**

DDR - Rumänien 1:0 (1:0)

Wertung als offizielles Länderspiel

Zuschauer: 60.000 im Stadion "23. August"
Referee: Elinski (Polen
Torfolge: 1:0 Irmscher (8.)

DDR - Olympiasauswahl

Wolfgang Blochwitz - Klaus Urbanczyk, Wolfgang Wruck, Peter Rock, Bernd Bransch - Harald Irmscher, Herbert Pankau, Dieter Erler - Günter Hoge, Henning Frenzel, Eberhard Vogel; Trainer: Karoly Soos /Werner Wolf

Rumänien

Coman - Satmareanu, Nicolae, Dan Coe, Mocanu - Gherghely, Koszka, Pircalab - Constantin, Ionescu, Calliou (ab 46. Sascu)

Auch die Partie im "heißen" Bukarest kann siegreich gestaltet werden. Wie schon in Berlin, gelingt auch in Bukarest bereits nach acht Minuten die Führung. Den Gastgebern reicht das Aufbäumen gegen die drohende Niederlage nichts. Mit viel Geschick und Übersicht wird der knappe Sieg über die Zeit gerettet.

18. **10. April 1968 Stara Zagora**

DDR - Bulgarien 1:4 (0:1)

Zuschauer: 30.000 im Stadtstadion

Referee: Erich Linemayr (Österreich)

Torfolge: 0:1 Dimitrow (9.), 1:1 Bransch (65.), 1:2 Schekov (74.), 1:3 Schekov (75.), 1:4 Schekov (80. Foulelfmeter)

DDR-Olympiaauswahl

Wolfgang Blochwitz - Wolfgang Wruck - Klaus Urbanczyk, Peter Rock, Herbert Pankau, Bernd Bransch - Harald Irmscher (ab 46. Otto Fräßdorf), Dieter Erler - Günter Hoge, Henning Frenzel, Eberhard Vogel; Trainer: Harald Seeger/Werner Wolf

Der 10. April 1968 ging als der "schwarze Tag von Stara Zagora" in die Fußball - Annalen ein. Da liegt die DDR-Auswahl nach neun Minuten im Rückstand, da holt Bernd Bransch nach 65 Minuten den Ausgleich heraus, dann wird innerhalb von sechs Minuten alles verspielt. Schekov schockt mit seinem Hattrick die DDR - Spieler, die nach dem 1:4 nur noch wenig Chancen auf das olympische Fußballturnier in Mexiko haben.

19. **24. April 1968 Leipzig**

DDR - Bulgarien 3:2 (3:1)

Zuschauer: 35.000 im Zentralstadion

Referee: Huber (Schweiz)

Torfolge: 1:0 Fräßdorf (4.), 1:1 Michailov (18.), 2:1 Sparwasser (20.), 3:1 Vogel (37.), 3:2 Michailov (76.)

DDR-Olympiaauswahl

Jürgen Croy (Sachsenring Zwickau) - Otto Fräßdorf, Wolfgang Wruck, Peter Rock, Bernd Bransch - Herbert Pankau, Dieter Erler(ab 33. Harald Irmscher) - Wolfram Löwe, Henning Frenzel, Jürgen Sparwasser (1. FC Magdeburg), Eberhard Vogel; Trainer: Seeger/Wolf

In Leipzig waren alle Chancen vorhanden, den Rückstand von Stara Zagora noch aufzuholen. Bereits nach vier Minuten erzielte Otto Fräßdorf den wichtigen Führungstreffer. Bis zum Pausenpfiff können Sparwasser und Vogel die DDR bis auf ein Tor heranbringen. Doch nach der Pause fehlt es an zwingenden Aktionen, kann kein weiterer Treffer erzielt werden. Als schließlich Michailov in der 76. Minute mit seinem zweiten Tor den Anschlußtreffer zum 2:3 herausholt, resignieren die Spieler. Sie wissen, der Zug zu Olympia ist ohne sie abgefahren.

20. **1. Mai 1971 Dresden**

DDR - Italien 4:0 (3:0

Zuschauer: 30.000 im Dynamo-Stadion

Referee: Lööw (Schweden)

Torfolge: 1:0 Kreische(16.), 2:0 Frenzel(26.), 3:0 Sammer(30.), 4:0 Peter Ducke (77.)

DDR-Olympiaauswahl

Jürgen Croy - Klaus Sammer (Dynamo Dresden) - Michael Strempel (FC Carl Zeiss Jena), Konrad Weise (FC Carl Zeiss Jena), Frank Ganzera (Dynamo Dresden) - Rainer Schlutter (FC Carl Zeiss Jena), Helmut Stein (FC Carl Zeiss Jena), ab 37. Hans-Jürgen Dörner (Dynamo Dresden), Hans-Jürgen Kreische (Dynamo Dresden) - Henning Frenzel, Peter Ducke (FC Carl Zeiss Jena), Eberhard Vogel, (ab 81. Frank Richter/Dynamo Dresden); Trainer: Georg Buschner

Am 1. Mai 1971 sitzt im Dresdner Dynamo-Stadion erstmals Georg Buschner auf der Trainerbank. Seine Handschrift ist sofort erkennbar:Sechs Spieler seiner Jenaer Mannschaft und fünf Dresdner Akteure stehen auf dem Feld oder werden eingewechselt. Jürgen Croy im Tor hat sich seinen Stammplatz gesichert,

Schlutter, Stein (Dörner) und Kreische bilden die neue Dreierkette im Mittelfeld. Im Angriff möchte Georg Buschner nicht auf den unberechenbaren Peter Ducke verzichten. Gegen Italien bestätigt sich seine Taktik. Mit einer überzeugenden Leistung können die Azzuris deutlich geschlagen werden.

21. **9. Mai 1971 Terni**

DDR - Italien 1:0 (0:0)

Zuschauer: 20.000 im Stadion Liberati

Referee: John Keith Taylor (England)

Torfolge: 1:0 Kreische (48.)

DDR-Olympiaauswahl

Jürgen Croy - Klaus Sammer - Frank Ganzera, Konrad Weise, Michael Strempel, Bernd Bransch - Henning Frenzel (ab 59. Rainer Schlutter), Helmut Stein, Hans-Jürgen Kreische (ab 73. Frank Richter) - Peter Ducke, Wolfram Löwe; Trainer: Georg Buschner

Keine großen Experimente in Terni. Mit Bernd Bransch wird die Abwehr verstärkt, Henning Frenzel rückt ins Mittelfeld, im Angriff kommt Wolfram Löwe zum Einsatz. Hans-Jürgen Kreische stellt unmittelbar nach dem Pausenpfiff den verdienten Sieg sicher.

22. **19. November 1971 Rostock**

DDR - Jugoslawien 2:0 (0:0)

Zuschauer: 15.000 im Ostseestadion

Referee: Karolak (Polen)

Torfolge: 1:0 Streich (48.), 2:0 Kreische (62.)

DDR-Olympiaauswahl

Jürgen Croy - Bernd Bransch - Gerd Kische (FC Hansa Rostock), Klaus Sammer - Harald Irmscher, Michael Strempel, Konrad Weise, Hans-Jürgen Kreische - Jürgen Sparwasser (ab 70. Henning Frenzel), Peter Ducke, Joachim Streich (FC Hansa Rostock); Trainer: Georg Buschner

Auch die starken Jugoslawen, für die DDR immer ein unbequemer Gegner, können gegen die Olympiaauswahl kein Spiel gewinnen. Im Rostocker Ostseestadion führen Streich und Kreische nach dem Seitenwechsel die Entscheidung herbei. Das ließ für das Rückspiel hoffen.

23. **26. April 1972 Prilep**

DDR - Jugoslawien 0:0

Zuschauer: 25.000 im Gotze-Deltschew-Stadion

Referee: Lipatow (UdSSR)

DDR-Olympiaauswahl

Jürgen Croy - Manfred Zapf (1. FC Magdeburg) - Gerd Kische, Konrad Weise, Klaus Sammer, Bernd Bransch - Harald Irmscher, Hans-Jürgen Kreische - Jürgen Sparwasser, Peter Ducke, Eberhard Vogel; Trainer:Georg Buschner

In Prilep sichern die Kreische und Co. den Erfolg von Rostock ab. Die Jugoslawen können sich gegen die starke Abwehrkette der Ostdeutschen nicht durchsetzen, erreichen nur ein 0:0.Das olympische Fußballturnier in der Bundesrepublick Deutschland ist erreicht. Georg Buschner stellte erstmals den Magdeburger Manfred Zapf auf den Liberoposten und beorderte Bernd Bransch in die Viererabwehrkette. Im Mittelfeld spannen Irmscher und Kreische die Fäden.

24. **28. August 1972 München**

DDR - Ghana 4:0 (2:0)

Wertung als offizielles Länderspiel

Zuschauer: 45.000 im Olympiastadion

Referee: Würtz (U S A)

Torfolge: 1:0 Kreische (17.), 2:0 Streich (44.), 3:0 Sparwasser (66.), 4:0 Kreische (89.)

DDR-Olympiaauswahl

Jürgen Croy - Manfred Zapf - Lothar Kurbjuweit (FC Carl Zeiss Jena), ab 68. Harald Irmscher, Konrad Weise, Siegmar Wätzlich (Dynamo Dresden) - Jürgen Pommerenke (1. FC Magdeburg), Bernd Bransch, Hans-Jürgen Kreische - Jürgen Sparwasser, Peter Ducke, Joachim Streich, ab 75. Ralf Schulenberg (Berliner FC Dynamo): Trainer:Georg Buschner

Ghana

Menash - Akuetteh, Asquah, Mingle, Eshun - Sunday, Kofi ab 72. Lamptey), Sam - Caribah, Owusu, Jabir

Ghana ist für die DDR-Auswahl ein leichter Auftaktgegner. Georg Buschner hat noch Zeit für Experimente, setzt erstmals Kurbjuweit, Wätzlich, Pommerenke und Schulenberg ein. Hans-Jürgen Kreische entwickelt sich mehr und mehr zu einem erfolgreichen Torschützen, steuert gegen Ghana zwei Treffer bei. Doch die schwereren Gegner kommen erst noch.

25. **30. August 1972 Passau (Endrunde)**

DDR - Kolumbien 6:1 (4:1)

Zuschauer: 2.000 im Drei-Flüsse-Stadion
Referee: Aouissi (Algerien)
Torfolge: 1:0 Streich (11.), 2:0 Sparwasser (6.), 3:0 Streich (8.), 4:0 Ducke (24.), 4:1 Espinosa (37.), 5:1 Vogel (85.), 6:1 Kreische (89. Foulelfmeter)

DDR-Olympiaauswahl

Jürgen Croy - Manfred Zapf - Lothar Kurbjuweit, Konrad Weise, Siegmar Wätzlich - Jürgen Pommerenke (ab 74. Harald Irmscher), Hans-Jürgen Kreische, Bernd Bransch - Jürgen Sparwasser, Peter Ducke (ab 64. Eberhard Vogel), Joachim Streich; Trainer: Georg Buschner

Gegen die Südamerikaner gelingt ein klarer Sieg. Bereits der erste Angriff führt durch Streich zur schnellen Führung, nach acht Minuten haben Sparwasser und abermals Streich die Partie bereits entschieden. In der zweiten Halbzeit lassen es die DDR - Spieler ruhiger angehen, schlagen aber in den letzten fünf Minuten noch zweimal zu. Mit diesem Sieg hat die DDR gemeinsam mit Polen bereits die Zwischenrunde erreicht.

26. **1. September 1972 Nürnberg (Endrunde)**

DDR - Polen 1:2 (1:1)

Wertung als offizielles Länderspiel

Zuschauer: 10.000 im Städtischen Stadion
Referee: Mullegan (Irland)
Torfolge: 0:1 Gorgon (7.), 1:1 Streich (45.), 1:2 Gorgon (62.)

DDR-Olympiaauswahl

Jürgen Croy - Manfred Zapf - Lothar Kurbjuweit (ab 77. Jürgen Pommerenke), Konrad Weise, Siegmar Wätzlich (ab 72. Eberhard Vogel) - Harald Irmscher, Hans-Jürgen Kreische, Bernd Bransch - Jürgen Sparwasser, Peter Ducke, Joachim Streich; Trainer:Georg Buschner

Polen

Kostka - Gorgon - Szymanowski, Anczok, Cmikiewicz - Kraska, Ostafinski (ab 81. Szymczak), Gut - Deyna, Lubanski, Gadocha

In diesem Spiel geht es nur noch um die Frage, wer in der Gruppe 4 Platz 1 belegt. Die Polen haben am Ende knapp mit 2:1 die Nase vorn. Damit ist in der Zwischenrunde die Sowjetunion ihr schärfster Rivale, während sich die DDR mit den starken Ungarn auseinandersetzen muß. Trainer Buschner setzte nach dem Rückstand voll auf Angriff, brachte mit Pommerenke und Vogel zwei neue Kräfte, die für mehr Druck sorgen sollten. Doch alle Bemühungen führten zu keinem Erfolg.

27. **3. September 1972 Passau**

DDR - Ungarn 0:2 (0:0)

Wertung als offizielles Länderspiel

Zuschauer: 8.000 im Drei-Flüsse-Stadion
Referee: Marques (Brasilien)
Torfolge: 0:1 A. Dunai (61.), 0:2 Toth (67.)

DDR-Olympiaauswahl

Jürgen Croy - Manfred Zapf - Frank Ganzera, Konrad Weise, Bernd Bransch - Wolfgang Seguin (1. FC Magdeburg), Jürgen Pommerenke (ab 72. Harald Irmscher), Hans-Jürgen Kreische - Jürgen Sparwasser, Peter Ducke (ab 71. Eberhard Vogel), Joachim Streich; Trainer:Georg Buschner

Ungarn

Geczi - Pancsics - Balint, P. Juhasz, Szücz - Varadi (ab 61. Branikovits), Toth, A. Dunai - E. Dunai, Kocsis (ab 72. Kü), Vepi

Gegen Ungarn kann auch die Olympiaauswahl nicht bestehen. Bis zum Pausenpfiff kann das Spiel noch offen gestaltet werden, doch nach dem Seitenwechsel sorgen die Magyaren innerhalb weniger Minuten für die Entscheidung. Wenn noch eine olympische Medaille gesichert werden soll, muß nun gegen Mexiko und die Bundesrepublik gewonnen werden.

28. **5. September 1972 Ingolstadt (Endrunde)**

DDR - Mexiko 7:0 (2:0)

Zuschauer: 4.000 im ESV-Stadion
Referee: Nanda (Iran)
Torfolge: 1:0 Ganzera (34.), 2:0 Sparwasser (39.), 3:0 Streich (48.), 4:0 Sparwasser (50.), 5:0 Kreische (70.), 6:0 Häfner (80.), 7:0 Sparwasser (89.)

DDR-Olympiaauswahl

Jürgen Croy - Manfred Zapf - Frank Ganzera, Konrad Weise, Bernd Bransch - Jürgen Pommerenke, Wolfgang Seguin (ab 77. Reinhard Häfner/Dynamo Dresden), Hans-Jürgen Kreische - Jürgen Sparwasser, Peter Ducke (ab 70. Ralf Schulenberg), Joachim Streich; Trainer:Georg Buschner

Trainer Georg Buschner setzt erstmals den Dresdner Reinhard Häfner ein, der sich in der 80. Minute mit seinem Tor zum 6:0 für den Einsatz bedankt. Mit 0:7 müssen die Mexikaner die höchste Niederlage im olympischen Turnier hinnehmen, können der DDR keinen ernsthaften Widerstand leisten. Jürgen Sparwasser erzielt drei seiner insgesamt sechs Tore in der Olympiaauswahl.

29. **7. September 1972 München (Endrunde)**

DDR - Bundesrepublik Deutschland 3:2 (1:1)

Zuschauer: 80.000 im Olympiastadion
Referee: Mullan (Schottland)
Torfolge: 1:0 Pommerenke(12.), 1:1 Hoeneß(31.), 2:1 Streich (53.), 2:2 Hitzfeld(68.), 3:1 Vogel(83.)

DDR-Olympiaauswahl

Jürgen Croy - Manfred Zapf - Bernd Bransch, Konrad Weise, Frank Ganzera - Jürgen Pommerenke, Wolfgang Seguin, Hans-Jürgen Kreische - Jürgen Sparwasser, Peter Ducke (ab 70. Eberhard Vogel), Joachim Streich; Trainer: Georg Buschner

Bundesrepublik Deutschland

Bradler - Baltes, Hollmann (Seliger), E. Schmitt, Haebermann, Bitz - Hoeneß, Kalb, Hitzfeld, Nickel, Wunder (Worm)

Für beide Mannschaften stand sehr viel auf dem Spiel. Der Sieger der Begegnung zieht in das Spiel um Platz 3 ein. So erleben die 80.000 eine spannende Auseinandersetzung. Der Kampf wogt hin und her. Die zweimalige Führung der DDR kann die BRD jeweils ausgleichen. Eine glückliche Hand hatte Trainer Georg Buschner, als er in der 70. Minute den Jenenser Eberhard Vogel einwechselt. Ihm bleibt es vorbehalten, sieben Minuten vor dem Ende der Olympiaauswahl der DDR den Sieg zu sichern. Die DDR belegt hinter Ungarn Platz 2 und steht nun im Spiel um Bronze der Sowjetunion gegenüber.

30. **9. September 1972 München (Endrunde)**

DDR - UdSSR 2:2 n.V., (2:2, 1:2)

Wertung als offizielles Länderspiel

Zuschauer: 80.000 im Olympiastadion
Referee: Marques (Brasilien)
Torfolge: 0:1 Blochin (11.), 0:2 Churzilawa (31.), 1:2 Kreische (35. Handelfmeter), 2:2 Vogel (78.)

Spielszene aus dem Spiel um den dritten Platz DDR gegen Sowjetunion 1972 in München.

DDR-Auswahl

Jürgen Croy - Manfred Zapf - Frank Ganzera (ab 20. Lothar Kurbjuweit), Konrad Weise, Bernd Bransch - Jürgen Pommerenke, Wolfgang Seguin (ab 75. Eberhard Vogel), Hans-Jürgen Kreische - Jürgen Sparwasser, Peter Ducke, Joachim Streich; Trainer: Georg Buschner

UdSSR

Rudakow - Kaplischny - Churzilawa, Istomin, Lowtschew - Olschansky Kolotow, Sanasasian - Jewrushichin (ab 42. Jakubik), Semjonow (ab 69. Andriasian), Blochin

Über das Spiel um die olympische Bronzemedaille wurde noch lange diskutiert. Die UdSSR, mit allen Assen antretend, schien die DDR überrollen zu wollen. In der 11. Minute schießt Oleg Blochin die Führung heraus, nach einer halben Stunde erhöht Churzilawa auf, 2:0. Hans-Jürgen Kreische kann mit einem verwandelten Elfmeter das Ergebnis bis zur Pause freundlicher gestalten. In der zweiten Halbzeit gelingt beiden Mannschaften zunächst kein weiterer Treffer. Die UdSSR scheint Bronze sicher zu haben. Da entschließt sich Georg Buschner, in der 75. Minute Wolfgang Seguin aus dem Spiel zu nehmen und dafür mit Eberhard Vogel einen frischen Angreifer zu bringen. Kaum drei Minuten auf dem Feld, sichert er der DDR mit einem kapitalen Weitschuß das 2:2. Da das Ergebnis auch nach 120 Minuten Bestand hat, erhalten beide Teams die Bronzemedaille.

31. 2. April 1975 Athen

DDR - Griechenland 1:0 (1:0)

Zuschauer: 6.000 im Panathinaikos-Stadion
Referee: Seoudi (Tunesien)
Torfolge: 1:0 Vogel (11.)

DDR-Olympiaauswahl

Jürgen Croy - Manfred Zapf - Gerd Kische, Konrad Weise, Bernd Bransch - Jürgen Pommerenke, Lothar Kurbjuweit, Axel Tyll (1. FC Magdeburg) - Martin Hoffmann (1. FC Magdeburg), Hans-Jürgen Riediger (Berliner FC Dynamo), (ab 73. Joachim Streich), EberhardVogel; Trainer: Georg Buschner

Das Gesicht der Olympiaauswahl hat sich gegenüber 1972 nur unwesentlich verändert. Georg Buschner hält an seinen bewährten Spielern fest. Erneut geht es in der Qualifikation gegen Griechenland, erneut können die Griechen keinen Treffer gegen die Ostdeutschen erzielen. Im Panathinaikos-Stadion sorgt wie so oft Eberhard Vogel für die Entscheidung. Mit Axel Tyll und Martin Hoffmann kommen zwei weitere Spieler des neuen Meisters 1. FC Magdeburg zum Einsatz.

32. 23. April 1975 Erfurt

DDR - Griechenland 4:0 (2:0)

Zuschauer: 18.000 im Georgi-Dimitroff-Stadion
Referee: Peltola (Finnland)
Torfolge: 1:0 Pommerenke (9.), 2:0 Zapf (31.), 3:0 Vogel (60.), 4:0 Riediger (77.)

DDR-Olympiaauswahl

Jürgen Croy - Manfred Zapf - Gerd Kische, Konrad Weise, Lothar Kurbjuweit - Jürgen Pommerenke (ab 71. Reinhard Häfner), Rüdiger Schnuphase (FC Carl Zeiss Jena), Axel Tyll - Joachim Streich, Hans-Jürgen Riediger, Eberhard Vogel (ab 71. Martin Hoffmann); Trainer:Georg Buschner

Erwartungsgemäß haben die Griechen in Erfurt keine Chance. Jürgen Pommerenke sogt für die frühzeitige Führung, Manfred Zapf klärt noch vor der Pause die Fronten. Nach dem Wechsel kann der sichere Erfolg herausgeholt werden. Rüdiger Schnuphase kommt wieder in die Mannschaft, wird aber danach nicht mehr eingesetzt.

33. 29. Oktober 1975 Erfurt

DDR - Österreich 1:0 (0:0)

Zuschauer: 13.000 im Georgi-Dimitroff-Stadion
Referee: Jonsson (Schweden)
Torfolge: 1:0 Streich (49.)

DDR-Olympiaauswahl

Jürgen Croy - Hans-Jürgen Dörner (Dynamo Dresden), Gerd Weber (Dynamo Dresden), Konrad Weise, Joachim Fritsche (1. FC Lok Leipzig) - Reinhard Häfner, Hans-Jürgen Riediger, Hartmut Schade (Dynamo Dresden) - Joachim Streich, Peter Ducke (ab 75. Reinhard Lauck/Berliner FC Dynamo), Eberhard Vogel; Trainer: Georg Buschner

Österreich ist der erwartet schwere Gegner. Bis zum Pausenpfiff kann sich die DDR keine eindeutigen Vorteile erarbeiten. Erst nach 49 Minuten kann Nationalspieler Joachim Streich einen Angriff erfolgreich abschließen. Die Dresdner Hartmut Schade und Gerd Weber feiern einen gelungenen Einstand, der Leipziger Joachim Fritsche findet keine Berücksichtung mehr.

34. 19. November 1975 Brünn

DDR - C S S R 1:1 (0:0)

Wertung als offizielles Länderspiel

Zuschauer: 20.000 im Zbrojovka-Stadion
Referee: Stanev (Bulgarien)
Torfolge: 1:0 Weise (82.), 1:1 Bicovsky (90.)

DDR-Olympiaauswahl

Jürgen Croy - Hans-Jürgen Dörner - Gerd Kische, Konrad Weise, Bernd Bransch - Reinhard Häfner, Lothar Kurbjuweit, Gerd Weber - Gert Heidler (Dynamo Dresden), Jürgen Sparwasser (ab 11. Peter Ducke), Martin Hoffmann; Trainer: Georg Buschner

Liebe Leserin, lieber Leser!

Wir hoffen, daß das Ihnen vorliegende Buch aus dem AGON Sportverlag Ihre Erwartungen erfüllt bzw. vielleicht sogar übertroffen hat.
Aber auch, wenn dies nicht der Fall war, sind wir an Ihrer persönlichen Meinung zu diesem Buch interessiert. Schließlich sind wir darum bemüht, unsere Bücher weiter zu verbessern und auf die Bedürfnisse unserer Leser abzustimmen.
Deshalb möchten wir Sie bitten, die u.a. Fragen zu beantworten und an den AGON Sportverlag zu schicken. Als kleines Dankeschön für Ihre Mühen verlosen wir übrigens unter allen Einsendungen regelmäßig Büchergutscheine im Gesamtwert von DM 500,-. ***Für Ihre Bemühungen im voraus vielen Dank!***

1. Den AGON Sportverlag
   - ❑ kenne ich schon länger.
   - ❑ kannte ich bisher noch nicht.
2. Titel des erworbenen Buches:

   ____

3. Mein persönliches Urteil zum Buch:
   ❑ Gut ❑ Mittelmäßig ❑ Schlecht
4. Begründung / Verbesserungsvorschlag:

   ____

   ____

   ____

❑ **Ich bin an weiteren Sportbüchern aus Ihrem Verlag interessiert. Bitte schicken Sie mir kostenlos ihr aktuelles Verlagsverzeichnis**

CSSR

Viktor - Ondrus - Pivarnik, Jurkemik, Gögh - Bicovsky, Pollak, Moder - Masny, Ballos (54. Kroupa), Nehoda

Eine gute Vorstellung gibt die Olympiaauswahl der DDR in Brünn ab. In der bewährten Besetzung antretend, gelingt ein wertvoller Punktgewinn. Als Konrad Weise acht Minuten vor dem Ende die Führung erzielt, war sogar noch mehr drin. Die Deutschen mußten erkennen, daß ein Spiel 90 Minuten dauert. Und in dieser 90. Minute ging ein Auswärtspunkt verloren.

35. 24. März 1976 Wien

DDR - Österreich 2:0 (1:0)

Zuschauer: 10.000 im Admira-Stadion
Referee: Ciacci (Italien)
Torfolge: 1:0 Riediger (10.), 2:0 Löwe (88.)

DDR-Olympiaauswahl

Jürgen Croy - Hans-Jürgen Dörner - Gerd Kische, Konrad Weise, Bernd Bransch - Reinhard Häfner, Gert Heidler, Gerd Weber - Wolfram Löwe, Hans-Jürgen Riediger, Eberhard Vogel (ab 73. Martin Hoffmann); Trainer:Georg Buschner

Mit diesem Sieg in Wien sind den Ostdeutschen die Fahrkarten nach Montreal kaum noch zu nehmen. In der Anfangs - und Schlußphase wird das Austria - Team zweimal geschockt. Riediger erzielt nach zehn Minuten die Führung, in das deutsche Spiel zieht zusätzlich Sicherheit ein. Kurz vor dem Schlußpfiff zerstört Wolfram Löwe die letzten österreichischen Hoffnungen. Inzwischen hat Hans-Jürgen Dörner die Liberoposition fest für sich gebucht, auch der Techniker Reinhard Häfner ist aus der Mannschaft nicht mehr hinwegzudenken. Letztmalig mit von der Partie war Eberhard Vogel.

36. 7. April 1976 Leipzig

DDR - CSSR 0:0

Wertung als offizielles Länderspiel

Zuschauer: 45.000 im Zentralstadion
Referee: Rudnow (UdSSR)

DDR-Olympiaauswahl

Jürgen Croy - Hans-Jürgen Dörner - Gerd Kische, Konrad Weise, Lothar Kurbjuweit - Reinhard Häfner (ab 80. Hartmut Schade), Reinhard Lauck, Gerd Weber - Gert Heidler, Hans-Jürgen Riediger, Martin Hoffmann; Trainer: Georg Buschner

CSSR

Viktor - Ondrus - Pivarnik, Dobias, Gögh - Moder, Knapp (ab 70. Panenka), Pollak - Masny, Svehlik (ab 75. Petras), Nehoda

Letztes Qualifikationsspiel in Leipzig gegen die CSSR. Mit dem 0:0 ist die Teilnahme an den Olympischen Spielen endgültig gesichert. Lange Zeit hatte Georg Buschner an seiner

Mannschaft gebastelt. Nun scheint er die Idealbesetzung gefunden zu haben.

37. **18. Juli 1976 Toronto (Endrunde)**

DDR - Brasilien 0:0

Zuschauer: 23.000 im Varsity-Stadion

Referee: Paterson (Schottland)

DDR-Olympiaauswahl

Jürgen Croy - Hans-Jürgen Dörner - Gerd Kische, Konrad Weise, Lothar Kurbjuweit - Reinhard Häfner, Reinhard Lauck, Gerd Weber - Wolfram Löwe (ab 85. Martin Hoffmann), Hans-Jürgen Riediger (ab 65. Dieter Riedel/Dynamo Dresden), Gert Heidler

Erstes Endrundenspiel gegen die starken Brasilianer. Die Südamerikaner rechnen sich berechtigte Hoffnungen auf einen Medaillengewinn aus. In ihren Reihen stehen u. a. die Weltklassespieler Edinho und Junior. Nach den 90 Minuten teilen sich beide Teams friedlich die Punkte.

38. **22. Juli 1976 Montreal (Endrunde)**

DDR - Spanien 1:0 (0:0)

Zuschauer: 30.000 im Olympiastadion

Referee: Winsemann (Kanada)

Torfolge: 1:0 Dörner (46.)

DDR-Olympiaauswahl

Jürgen Croy - Hans-Jürgen Dörner - Gerd Kische, Konrad Weise, Lothar Kurbjuweit - Gerd Weber (ab 76. Hartmut Schade), Reinhard Lauck, Reinhard Häfner - Gert Heidler, Wolfram Löwe, Martin Hoffmann; Trainer: Georg Buschner

Im Spiel gegen Spanien muß sich entscheiden, wer von beiden Teams die Heimreise antreten muß. Die deutsche Elf spielt voll konzentriert, läßt keine Schwäche erkennen und kann sich gegenüber dem Spiel gegen Brasilien steigern. Nach 46 Minuten muß Torwart Arconada hinter sich greifen. Hans-Jürgen Dörner hat die Olympiaauswahl der DDR in die Zwischenrunde geschossen.

39. **25. Juli 1976 Ottawa (Endrunde)**

DDR - Frankreich 4:0 (1:0)

Zuschauer: 23.000 im Lansdowne Park

Referee: Michelotti (Italien)

Torfolge: 1:0 Löwe (28.), 2:0 Dörner (60. Foulelfmeter), 3:0 Dörner (68. Foulelfmeter), 4:0 Riediger (77.)

DDR-Olympiaauswahl

Jürgen Croy (ab 80. Hans - Ulrich Grapenthin/FC Carl Zeiss Jena) - Hans-Jürgen Dörner - Gerd Kische, Konrad Weise, Lothar Kurbjuweit - Hartmut Schade, Reinhard Lauck, Reinhard Häfner - Wolfram Löwe (ab 76. Hans-Jürgen Riediger), Gert Heidler, Martin Hoffmann; Trainer:Georg Buschner

Frankreich muß mit seinen Assen Platini, Battiston und Fernandez eine vernichtende Niederlage hinnehmen, wird von den DDR - Akteuren förmlich an die Wand gespielt. Gegenüber den ersten beiden Spielen kann sich die Mannschaft weiter steigern. Bis zur Pause kann Frankreich noch auf eine Wende hoffen, doch zwei verwandelte Elfmeter werfen die Tricolore aussichtslos zurück. Nach dieser überzeugenden Leistung hat die DDR das Halbfinale erreicht.

40. **27. Juli 1976 Montreal (Endrunde)**

DDR - UdSSR 2:1 (0:0)

Wertung als offizielles Länderspiel

Zuschauer: 55.000 im Olympiastadion

Referee: Dorantes (Mexiko)

Torfolge: 1:0 Dörner (61. Foulelfmeter), 2:0 Kurbjuweit (65.), 2:1 Kolotow (83.Foulelfmeter)

DDR-Olympiaauswahl

Jürgen Croy - Hans-Jürgen Dörner - Gerd Kische, Konrad Weise, Lothar Kurbjuweit - Reinhard Häfner, Hartmut Schade, Reinhard Lauck - Gert Heidler, Wolfram Löwe, Martin Hoffmann; Trainer: Georg Buschner

UdSSR

Astapowski - Reschko - Troschkin, Matwijenko, Swaginzew (ab 74. Fomenko) - Kolotow, Burjak, Weremejew, Minajew - Onistschenko, (ab 74. Fjodorow), Blochin

Hans-Jürgen Riediger (ab 85. Bernd Bransch), Martin Hoffmann; Trainer: Georg Buschner

Polen

Tomaszewski (Mowlik) - Wieczorek - Szymanowski, Zmuda, Wawrowski - Masczyk, Deyna, Kasperczak - Lato, Szarmach, Kmiecik

Auch in Montreal treffen die DDR und UdSSR wieder aufeinander. Erneut kann die sowjetische Mannschaft nicht gewinnen. Bis zum Pausenpfiff ist noch alles offen. Dann eröffnet erneut Dörner mit einem verwandelten Elfmeter den Torreigen. Es ist bereits sein vierter Treffer in diesem Turnier. Als Lothar Kurbjuweit wenig später auf 2:0 erhöhen kann, ist zumindest eine Vorentscheidung gefallen. Kolotows Anschlußtreffer wird von den Ostdeutschen weggesteckt. Für die Blochin und Co. ist der Traum von olympischen Gold ausgeträumt. Die DDR dagegen hat Silber bereits sicher.

Dörner überwindet den sowjetischen Torwart Astapovski zur 1:0-Führung per Elfmeter im olympischen Halbfinale. Am Ende hieß es 2:1 für die DDR.

41. 31. Juli 1976 Montreal (Endrunde)

DDR - Polen 3:1 (2:0)

Wertung als offizielles Länderspiel

Zuschauer: 72.000 im Olympiastadion

Referee: Ramon Barreto (Uruguay)

Torfolge: 1:0 Schade (7.), 2:0 Hoffmann (14.), 2:1 Lato (60.), 3:1 Häfner (84.)

DDR-Olympiaauswahl

Jürgen Croy - Hans-Jürgen Dörner - Gerd Kische, Konrad Weise, Lothar Kurbjuweit - Reinhard Häfner, Reinhard Lauck, Hartmut Schade - Wolfram Löwe (ab 69. Wilfried Gröbner/1. FC Lok Leipzig),

An dieses Spiel denkt man noch lange zurück. Die Spieler gehen ohne Nervendruck und taktische Zwänge in diese Begegnung, haben sie doch schon mehr erreicht, als anfangs angenommen.

Nach sieben Minuten erzielt Hartmut Schade nach einem Freistoß die Führung, weitere sieben Minuten später gelingt Martin Hoffmann nach Häfners Dribbling das 2:0. Nun spielt die Elf erst recht locker und gelöst. Latos Anschlußtor kann die Ostdeutschen nicht aus der Fassung bringen. Sieben Minuten vor dem Ende erkämpft sich Hartmut Schade im Mittelfeld den Ball, spielt Reinhard Häfner an, und der macht nach einem herrlichen Alleingang alles perfekt. Das Spiel ist gewonnen. Erstmals hat die Olympiaauswahl der DDR olympisches Gold gewonnen. In den fünf Endrundenspielen schoß die DDR zehn Treffer und ließ nur zwei Gegentore zu. Das sagt alles über die Klasse dieser Mannschaft aus.

42. **20. Juli 1980 Kiew**
(Endrunde)

DDR - Spanien 1:1 (0:0)
Zuschauer: 100.000 im Zentralstadion
Referee: Ulf Eriksson (Schweden)
Torfolge: 1:0 Kühn (49.), 1:1 M. Alonso (50.)

DDR-Olympiaauswahl
Bodo Rudwaleit (Berliner FC Dynamo) - Norbert Trieloff (Berliner FC Dynamo) - Artur Ullrich (Berliner FC Dynamo), Lothar Hause (FC Frankfurt), Frank Baum (1. FC Lok Leipzig) - Rüdiger Schnuphase (FC Carl Zeiss Jena), Frank Terletzki (Berliner FC Dynamo), ab 81. Matthias Liebers (1. FC Lok Leipzig), Wolfgang Steinbach (1. FC Magdeburg) - Jürgen Bähringer (FC Karl-Marx-Stadt), ab 71. Werner Peter (Hallescher FC Chemie), Dieter Kühn (1. FC Lok Leipzig), Wolf - Rüdiger Netz (Berliner FC Dynamo); Trainer: Dr. Rudolf Krause

Vier Jahre nach dem Olympiasieg in Montreal hat sich das Geisicht der Auswahl grundlegend geändert. Von den alten Hasen ist nur Rüdiger Schnuphase übriggeblieben, der seit 1975 nicht mehr in der Mannschaft eingesetzt wurde. Überwiegend wird die Auswahl von Spielern des Berliner FC Dynamo und des 1. FC Lok Leipzig gebildet. In Kiew haben die Ostdeutschen zunächst Spanien zum Gegner. Die 100.000 im Stadion sehen zwei Tore innerhalb reichlich einer Minute. Dieter Kühn bringt die DDR in der 49. Minute in Führung, Alonso kann im Gegenzug zum 1:1 ausgleichen. Dieses Ergebnis läßt beiden Mannschaften für den weiteren Turnierverlauf alle Möglichkeiten offen.

43. **22. Juli 1980 Kiew**
(Endrunde)

DDR - Algerien 1:0 (0:0)
Zuschauer: 70.000 im Zentralstadion
Referee: Arppi Filho (Brasilien)
Torfolge: 1:0 Terletzki (61.)

DDR-Olympiaauswahl
Bodo Rudwaleit - Norbert Trieloff - Frank Uhlig (FC Karl-Marx-Stadt), Lothar Hause, Artur Ullrich - Frank Terletzki, Rüdiger Schnuphase, Wolfgang Steinbach - Jürgen Bähringer, Dieter Kühn (ab 87. Matthias Liebers), Werner Peter; Trainer: Dr. Rudolf Krause

Gegen den späteren Gruppenzweiten Algerien gelingt der DDR - Vertretung ein mühsamer 1:0 - Sieg. Der gefürchtete Freistoßspezialist Frank Terletzki stellt den Sieg in der 61. Minute sicher. Noch ringt die deutsche Mannschaft um spielerische Sicherheit, die Spieler aus sieben Klubs müssen sich erst zu einer Einheit zusammenfinden. Doch der letzte Gruppengegner, Syrien, sollte keine Hürde sein.

44. **24. Juli 1980 Kiew**
(Endrunde)

DDR - Syrische Republik 5:0 (3:0)
Zuschauer: 80.000 im Zentralstadion
Referee: Velasquez Ramirez (Kolumbien)
Torfolge: 1:0 Hause (6.), 2:0 Netz (25.), 3:0 Netz (45.), 4:0 Peter (75.), 5:0 Terletzki (82.)

DDR-Olympiaauswahl
Bernd Jakubowski (Dynamo Dresden) - Norbert Trieloff - Matthias Müller (Dynamo Dresden), Frank Baum - Frank Terletzki, Rüdiger Schnuphase, Lothar Hause, Wolfgang Steinbach (ab 46. Matthias Liebers) - Jürgen Bähringer (ab 67. Werner Peter), Dieter Kühn, Wolf - Rüdiger Netz; Trainer: Dr. Rudolf Krause

Vor der Begegnung stellt Trainer Krause nochmals um. Für Rudwaleit rückt Bernd Jakubowski ins Gehäuse, Matthias Müller spielt für Frank Uhlig. Im Angriff wird der schußstarke Netz wieder berücksicht. Das Spiel gegen die international unerfahrenen Syrier läuft wesentlich besser. Hauses frühe Führung sorgt für den nötigen Angriffsdruck. Mit dem klaren 5:0 nach 90 Minuten ist die Zwischenrunde erreicht.

45.	**27. Juli 1980 Kiew (Endrunde)**	
DDR - Irak		4:0 (4:0)
Zuschauer:	100.000 im Zentralstadion	
Referee:	Arppi Filho (Brasilien)	
Torfolge:	1:0 Schnuphase (4. Foulelfmeter), 2:0 Netz (11.), 3:0 Steinbach (17.), 4:0 Terletzki (22.)	

DDR-Olympiaauswahl

Bodo Rudwaleit - Norbert Trieloff - Matthias Müller, Lothar Hause, Frank Baum - Frank Terletzki (ab 71. Matthias Liebers), Rüdiger Schnuphase, Wolfgang Steinbach - Jürgen Bähringer, Dieter Kühn (ab 46. Andreas Trautmann/Dynamo Dresden), Wolf - Rüdiger Netz; Trainer: Dr. Rudolf Krause

Obwohl die Partie DDR gegen den Irak wenig attraktiv ist, füllen 100.000 die Ränge des Kiewer Zentralstadions. Schon nach 22 Minuten steht das klare Endergebnis fest. In regelmäßiger Folge erzielen Schnuphase, Netz, Steinbach und Terletzki die notwendigen Tore. In der 2. Hälfte lassen es die Spieler aus der DDR ruhiger angehen, gilt es doch, Kräfte zu sparen. Mit diesem Sieg steht die DDR im Halbfinale und trifft auf den erklärten Favoriten UdSSR.

46.	**29. Juli 1980 Moskau**	
DDR - UdSSR		1:0 (1:0)
Zuschauer:	95.000 im Lenin-Stadion	
Referee:	Ulf Eriksson (Schweden)	
Torfolge:	1:0 Netz (16.)	

DDR-Olympiaauswahl

Bodo Rudwaleit - Norbert Trieloff - Matthias Müller, Artur Ullrich, Lothar Hause, Frank Baum (ab 82. Frank Uhlig) - Frank Terletzki, Rüdiger Schnuphase (ab 90. Matthias Liebers), Wolfgang Steinbach - Dieter Kühn, Wolf - Rüdiger Netz; Trainer: Dr. Rudolf Krause

Im vollbesetzten Moskauer Lenin-Stadion kommt es zum großen Knüller DDR gegen Sowjetunion. Die sowjetische Mannschaft kann bei olympischen Spielen gegen die DDR einfach nicht gewinnen und unterliegt erneut 0:1. Der hohe Favorit ist aus dem Rennen, die Deutschen stehen erneut im Endspiel und müssen nun die Favoritenbürde tragen.

47.	**2. August 1980 Moskau (Endrunde)**	
DDR - CSSR		0:1 (0:0)
Zuschauer:	95.000 im Lenin-Stadion	
Referee:	Azim Sade (UdSSR)	
Torfolge:	0:1 Svoboda (77.)	

DDR-Olympiaauswahl

Bodo Rudwaleit - Norbert Trieloff - Matthias Müller, Lothar Hause (ab 81. Matthias Liebers), Artur Ullrich - Frank Terletzki, Rüdiger Schnuphase, Wolfgang Steinbach (59. Feldverweis), Frank Baum - Dieter Kühn (57. Werner Peter), Wolf - Rüdiger Netz; Trainer: Bernd Stange

CSSR

Seman - Radimec, Macela, Mazura - Berger, Rott, Pokluda (Nemec), Stambachr - Vizek (Svoboda), Licka)

Erinnerungen an Montreal werden wach. Sollte es auch 1980 wieder olympisches Gold geben ? Doch der Magdeburger Wolfgang Steinbach erweist seiner Mannschaft einen Bärendienst, in der 59. Minute wird er nach einem Foul des Feldes verwiesen. Bis zu diesem Zeitpunkt war noch keine Entscheidung gefallen. Zehn DDR - Akteure können nun dem Ansturm der Nemec, Vizek und Licka nicht mehr standhalten, unterliegen nach einem Treffer des eingewechselten Svoboda unglücklich mit 0:1.Doch auch der Gewinn der Silbermedaille kann als Erfolg gewertet werden, denn ein Sieg gegen die UdSSR in der Höhle des Löwen wiegt schwer.

48. 4. Mai 1983 Aarhus

DDR - Dänemark 2:1 (1:1)

Zuschauer: 8 500 im Städtischen Stadion

Referee: Syme (Schottland)

Torfolge: 0:1 Donnerup (3.), 1:1 Backs (10.), 2:1 Pilz (49.)

DDR-Olympiaauswahl

Rene Müller (1. FC Lok Leipzig) - Norbert Trieloff (Berliner FC Dynamo) - Ronald Kreer (1. FC Lok Leipzig), ab 89. Andreas Winter (FC Rot - Weiß Erfurt), Dirk Stahmann (1. FC Magdeburg), Detlef Schößler (1. FC Magdeburg) - Hans-Uwe Pilz (Dynamo Dresden), Andreas Trautmann (Dynamo Dresden), Christian Backs (Berliner FC Dynamo) - Hans Richter (FC Karl-Marx-Stadt), ab 68. Harald Gramenz (FC Vorwärts Frankfurt), Ralf Minge (Dynamo Dresden), Martin Busse (FC Rot - Weiß Erfurt); Trainer: Bernd Stange

Dänemark

A. Nielsen - Sivebaek, Christensen, Rahbek, Clausen, Chrois, P. Larsen, V. M. Nielsen (ab 63. Manniche), Donnerup, A. Hansen (ab 46.L.Hansen), Lundkvist

Auch für Los Angeles möchten sich die DDR - Spieler qualifizieren. Bernd Stange hat Dr. Rudolf Krause abgelöst und baut eine neue Olympiaauswahl auf. Spieler aus sieben Klubs baut er in sein Team ein. In Aarhus gelingt zum Auftakt ein 2:1 - Sieg gegen Dänemark. Obwohl Donnerup bereits in der 3. Minute die dänische Führung erzielt, läßt sich die DDR nicht von ihrem Konzept abbringen. Backs gleicht in der 10. Minute aus, alles ist wieder offen. Als der Dresdner Hans-Uwe Pilz kurz nach dem Seitenwechsel die 2:1-Führung besorgt, ist das bereits die Entscheidung. Nun lassen die Ostdeutschen nichts mehr anbrennen. Der erste Doppelpunktgewinn wird bis zur 90. Minute abgesichert.

49. 18. Mai 1983 Kokkola

DDR - Finnland 1:0 (1:0)

Zuschauer: 4.000 im Städtischen Stadion

Referee: Ulf Eriksson (Schweden)

Torfolge: 1:0 Kreer (12.)

DDR-Olympiaauswahl

Rene Müller - Dirk Stahmann - Ronald Kreer, Thomas Dennstedt(1. FC Lok Leipzig), Uwe Zötzsche(1. FC Lok Leipzig) - Hans-Uwe Pilz, Andreas Trautmann, Christian Backs - Bernd Wunderlich(FC Vorwärts Frankfurt), Ralf Minge, Hans Richter (ab 61. Harald Gramenz); Trainer: Bernd Stange

Finnland

Lindholm (ab 46. Korhonen) - Kymälainen (ab 51. Rantanen), Lyytikkä, Granskog, Petäjä, Rasimus, Remes, Ukkonen, Lipponen, Parikka, Hjelm

Auch der zweite Vergleich mit einer skandinavischen Mannschaft kann mit einem Sieg abgeschlossen werden. In Kokkola sichert Ronald Kreer der DDR einen knappen Erfolg. Trainer Stange hält an seiner neuaufgebauten Mannschaft fest, kann mit dem Spiel jedoch nicht zufrieden sein. Doch wichtiger sind die erkämpften Punkte.

50. 7. Sept. 1983 Karl-Marx-Stadt

DDR - Polen 3:1 (1:0)

Zuschauer: 16.000 im Ernst-Thälmann-Stadion

Referee: Ponnet (Belgien)

Torfolge: 1:0 Raab (5.), 1:1 Zgutczynski (65.), 2:1 Pastor (82.), 3:1 Pilz (86.)

DDR-Olympiaauswahl

Rene Müller - Dirk Stahmann - Ronald Kreer, Andreas Trautmann, Uwe Zötzsche - Hans-Uwe Pilz, Jürgen Raab(FC Carl Zeiss Jena), Christian Backs - Bernd Wunderlich, ab 86. Frank Rohde (BFC Dynamo), Ralf Minge, Martin Busse, ab 56. Frank Pastor (Hallescher FC Chemie); Trainer: Bernd Stange

Polen
Kazimierski - Chojnacki, Walczak, Wijas, Ostrowski, Pekala(ab 75. Bak), Karas (ab 87. Gawara), Buda, Zgutczynski, Furtok, Lesniak

Mit Polen wird in Karl-Marx-Stadt die schwerste Hürde genommen. 16.000 sehen eine Partie, die erst in der Schlußphase entschieden wird. Lange Zeit sah es nach den Toren von Raab und Zgutczynski nach einer Punktetelung aus, doch dann setzte die DDR zum Schlußspurt an. Neuling Frank Pastor und Routinier Hans-Uwe Pilz konnten noch ein klares 3:1 herausschießen. Die DDR führt nun ohne Punktverlust die Tabelle an.

51. **5. Oktober 1983 Rostock**
DDR - Finnland 1:0 (1:0)
Zuschauer: 5.000 im Ostseestadion
Referee: Poucek (Tschechoslowakei)
Torfolge: 1:0 Richter (9.)

DDR-Olympiaauswahl
Rene Müller - Dirk Stahmann - Ronald Kreer, Thomas Dennstedt, Uwe Zötzsche - Hans-Uwe Pilz, Frank Rohde, Christian Backs(ab 62. Juri Schlünz (FC Hansa Rostock) - Bernd Wunderlich, Ralf Minge (ab 54. Frank Pastor), Hans Richter; Trainer: Bernd Stange

Finnland
Palmroos - Kymälainen, Remes, Europaeus, Petäjä (ab 43. Uimonen), Rasimus, Rantanen, Ukkonen, Lipponen, Annunen (ab 70. Lipponen), Hjelm

Im Rostocker Ostseestadion gelingt gegen Finnland ein wenig überzeugender 1:0 - Sieg, den Hans Richter schon nach neun Minuten sicherstellt. Im DDR - Spiel läuft wenig zusammen, kommt es kaum zu zwingenden Aktionen. Wichtiger als dir unbefriedigende Leistung ist dagegen die makellose Bilanz, die die DDR vorweisen kann.

52. **29. Oktober 1983 Stavanger**
DDR - Norwegen 1:1 (0:0)
Zuschauer: 1.100 im Städtischen Stadion
Referee: Ulf Fredriksson (Schweden)
Torfolge: 1:0 Pilz (57.), 1:1 Soler (67.)

DDR-Olympiaauswahl
Rene Müller - Lothar Hause - Carsten Sänger (FC Rot - Weiß Erfurt), Andreas Trautmann, Uwe Zötzsche - Hans-Uwe Pilz, Lutz Moldt (1. FC Lok Leipzig), ab 55. Bernd Wunderlich, Jürgen Raab, Christian Backs - Uwe Schulz (FC Hansa Rostock), ab 74. Mario Neuhäuser (FC Karl-Marx-Stadt), Ralf Minge, Hans Richter; Trainer: Bernd Stange

Norwegen
Thorstvedt - Fjaelberg, Henriksen, Kojedal, Ahlsen, Bjarnoy, Tomteberget, Kollshaugen, Soler, Sundby (ab 85. Berg), Hansen (ab 85. Dahlhaug)

Auch in Stavanger bleibt die DDR-Auswahl ohne Niederlage. Das 1:1 eröffnet ihr alle Möglichkeiten auf den Gruppensieg.

53. **12. November 1983 Babelsberg**
DDR - Norwegen 1:0 (1:0)
Zuschauer: 8 500 im Karl-Liebknecht-Stadion
Referee: Miminoschwili (Sowjetunion)
Torfolge: 1:0 Raab(31.)

DDR-Olympiaauswahl
Rene Müller - Dirk Stahmann - Ronald Kreer, Andreas Trautmann, Uwe Zötzsche - Hans-Uwe Pilz, Lutz Moldt (ab 55. Bernd Wunderlich), Jürgen Raab, Christian Backs - Ralf Minge (ab 74. Frank Pastor), Hans Richter; Trainer: Bernd Stange

Norwegen
Nygard - Soler, Henriksen, Kojedal, Brevik, Ahlsen, Sundby, Kollshaugen, Bjarnoy (ab 36. Berg), Nysaether, Hansen (ab 82. Johansen)

Im Rückspiel gelingt gegen Norwegen ein knapper Sieg. Die DDR verfügt nun über 11:1 Punkte, kann den Gruppensieg kaum noch aus der Hand geben.

54. **4. April 1984 Stettin**

DDR - Polen 1:2 (0:1)

Zuschauer: 30.000 im Pogon-Stadion

Referee: Carpenter (Irland)

Torfolge: 0:1 Pekala (38.), 1:1 Kensy (53. Eigentor), 1:2 Miloszewicz (80.)

DDR-Olympiaauswahl

Rene Müller - Dirk Stahmann - Ronald Kreer, Norbert Trieloff, Uwe Zötzsche - Hans-Uwe Pilz, Jürgen Raab, Christian Backs, Matthias Döschner (Dynamo Dresden) - Ralf Minge, Hans Richter (ab 87. Feldverweis)

Polen

Kazimierski - Chojnacki, Adamiec, Budka, Ostrowski, Pekala (ab 67. Turowski), Wijas, Kensy (ab 60. Wdowczyk), Miloszewicz, Furtok, Lesniak

In Stettin deutet alles auf ein Unentschieden hin, denn die polnische Elf besitzt nicht mehr die Güte vergangener Jahre. Die DDR - Mannschaft verlegt sich zu sehr auf das Halten des 1:1 und wird für ihre Spielweise zehn Minuten vor dem Ende durch Miloszewicz bestraft.

55. **18. April 1984 Magdeburg**

DDR - Dänemark 4:0 (2:0)

Zuschauer: 12.500 im Ernst-Grube-Stadion

Referee: Richardson (England)

Torfolge: 1:0 Zötzsche (19. Foulelfmeter), 2:0 Backs (30.), 3:0 Mothes (66.), 4:0 Stahmann (77.)

DDR-Olympiaauswahl

Rene Müller - Dirk Stahmann - Carsten Sänger, Norbert Trieloff, Uwe Zötzsche - Hans-Uwe Pilz, Christian Backs, ab 84. Axel Schulz (FC Hansa Rostock), Jürgen Raab, Matthias Döschner - Harald Mothes (Wismut Aue), Dieter Kühn (ab 62. Frank Pastor);Trainer: Bernd Stange

Dänemark

T. Rasmussen - Sivebaek, Rahbek, J. Larsen ,S. Hansen (ab 62. T. Christensen), A. Nielsen, Helt, P. Larsen, Chrois, M. Hansen, Vilfort

Mit einem überzeugenden Sieg wird die Qualifikation abgeschlossen. Die DDR-Auswahl geriet nie in Gefahr, das Spiel verlieren zu können. Bereits zur Halbzeit waren die Fronten geklärt. Die deutsche Elf war auf allen Positionen stärker besetzt, besaß klare Chancenvorteile und gewann auch in dieser Höhe verdient. Die Statistik der Spiele 57 bis 63 finden Sie ab Seite 43.

Gesamtbilanz der Qualifikations - und Endrundenspiele

Algerien	1	1	0	0	1:0	2:0
Ägypten	1	1	0	0	3:1	2:0
Brasilien	1	0	1	0	0:0	1:1
BR Deutschland	3	2	0	1	7:4	4:2
Bulgarien	2	1	0	1	4:6	2:2
CSSR	4	0	2	2	2:4	2:6
Dänemark	2	2	0	0	6:1	4:0
Finnland	2	2	0	0	2:0	4:0
Frankreich	1	1	0	0	4:0	2:0
Ghana	1	1	0	0	4:0	2:0
Griechenland	4	4	0	0	15:0	8:0
Irak	1	1	0	0	4:0	2:0
Iran	1	1	0	0	4:0	2:0
Island	2	1	0	1	3:2	2:2
Italien	4	2	2	0	6:1	6:2
Jugoslawien	3	2	1	0	3:0	5:1
Kolumbien	1	1	0	0	6:1	2:0
Mexiko	2	2	0	0	9:0	4:0
Niederlande	4	4	0	0	9:3	8:0
Norwegen	2	1	1	0	2:1	3:1
Österreich	2	2	0	0	3:0	4:0
Polen	4	2	0	2	8:6	4:4
Portugal	2	1	1	0	3:0	3:1
Rumänien	3	2	1	0	3:1	5:1
Syrien	1	1	0	0	5:0	2:0
Spanien	2	1	1	0	2:1	3:1
Sowjetunion	6	3	3	0	11:6	9:3
Ungarn	1	0	0	1	0:2	0:2
Gesamt:	63	42	13	9	129:40	97:29

Überblick über die Freundschaftsspiele der Olympiaauswahl

1. 4. September 1963 Magdeburg

DDR - Bulgarien 1:1 (1:1)

Wertung als offizielles Länderspiel

Zuschauer: 45.000 im Ernst-Grube-Stadion

Referee: Sörensen (Dänemark)

Torfolge: 0:1 Dermendschiev (29.), 1:1 Nachtigall (44.)

DDR-Olympiaauswahl

Jürgen Heinsch (SC Empor Rostock) - Klaus Urbanczyk (SC Chemie Halle) - Werner Unger (ASK Vorwärts Berlin), Konrad Wagner (Wismut Aue) - Herbert Pankau (SC Empor Rostock), Kurt Liebrecht (Lok Stendal), Rainer Nachtigall (ASK Vorwärts Berlin), Otto Fräßdorf (ASK Vorwärts Berlin), ab 85. Gerhard Körner (ASK Vorwärts Berlin), Hermann Stöcker (AC Aufbau Magdeburg - Jürgen Nöldner(ASK Vorwärts Berlin), Heino Kleiminger (SC Empor Rostock)

Bulgarien

Naidenov II - Metodiev, Kitov, Wutzov - Schetschev, Welitschkov (ab 46. Kolev) - Dermendschiev, Asparuchow, Debarski (ab 58. Kotkov), Abadschiev, Jakimov

2. 17. Dezember 1963 Rangun

DDR - Burma 5:1 (3:0)

Wertung als offizielles Länderspiel

Zuschauer: 40.000 im Aung San Memorial Stadion

Referee: Kyaw Han (Burma)

Torfolge: 1:0 Backhaus (12.), 2:0 Stöcker (20.), 3:0 Kleiminger (40.), 3:1 Kyaw Zaw (55.), 4:1 Körner (73.), 5:1 Fräßdorf (80.)

DDR-Olympiaauswahl

Jürgen Heinsch - Michael Faber (SC Leipzig), Klaus Urbanczyk, Klaus - Dieter Seehaus (SC Empor Rostock) - Herbert Pankau, Gerhard Körner - Wolfgang Barthels (SC Empor Rostock), Heino Kleiminger, ab 46. Jürgen Nöldner (ASK Vorwärts Berlin), Gerd Backhaus (Lok Stendal), ab 46. Otto Fräßdorf, Kurt Liebrecht, ab 65. Eberhard Vogel (SC Karl-Marx-Stadt), Hermann Stöcker (SC Aufbau Magdeburg)

3. 12. Januar 1964 Colombo

DDR - Sri Lanka (Ceylon) 12:1 (6:0)

Wertung als offizielles Länderspiel

Zuschauer: 28.000 im Sugathadasa-Stadion

Referee: Mantare (Ceylon)

Torfolge: 1:0 Kleiminger (1.), 2:0 Barthels (3.), 3:0 Stöcker (26.), 4:0 Nöldner (37.), 5:0 Kleiminger (40.), 6:0 Backhaus (42.), 7:0 Stöcker (47.), 8:0 Barthels (61.), 9:0 Kleiminger (62.), 9:1 Walles (70.), 10:1 Fräßdorf (79.), 11:1 Kleiminger (88.), 12:1 Stöcker (89.)

DDR-Olympiaauswahl

Jürgen Heinsch - Klaus Urbanczyk, Werner Unger, Klaus - Dieter Seehaus - Herbert Pankau, Gerhard Körner - Wolfgang Barthels, Heino Kleiminger, Gerd Backhaus (ab 46. Otto Fräßdorf), Jürgen Nöldner, Hermann Stöcker

Sri Lanka

Peiris - Tillarkarative, Rodrigo - Rupazinge, Ossen, Ramazinghe - Dabre, Nicholas, Walles, Weiorka, Hussain

4. 3. Mai 1979 Szekszard

DDR - Ungarn 0:1 (0:1)

5. 15. Mai 1979 Schwedt

DDR - Dänemark 4:0 (2:0)

Torschützen: Dieter Kühn (2), Wolf - Rüdiger Netz, Werner Peter

6. 3. August 1979 Elsterberg/Vogtl.

DDR - Koreanische VDR 5:0 (4:0)

Torschützen: Lothar Hause (2), Frank Rohde, Jürgen Bähringer, Werner Peter

7. 4. September 1979 Burg
DDR - UdSSR 0:1 (0:1)

8. 6. September 1979 Halberstadt
DDR - UdSSR 5:2 (2:1)
Torschützen: Werner Peter (3), Jürgen Bähringer, Frank Uhlig

9. 23. September 1979 Bialystok
DDR - Polen 1:2 (0:0)
Torfolge: Joachim Müller

10. 10. Oktober 1979 Görlitz
DDR - Tschechoslowakei 1:0 (1:0)
Torfolge: Jürgen Heun

11. 14. November 1979 Sneek
DDR - Niederlande 3:4 (1:2)
Torschützen: Frank Terletzki, Joachim Müller, Wolfgang Steinbach

12. 13. Februar 1980 Erfurt
DDR - Spanien 1:0 (0:0)
Torfolge: Dieter Kühn

13. 12. März 1980 Zalaegerszeg
DDR - Ungarn 1:1 (1:1)
Torfolge: Andreas Trautmann

14. 2. April 1980 Karl-Marx-Stadt
DDR - Rumänien 1:0 (1:0)
Torfolge: Dieter Kühn

15. 9. April 1980 Sofia
DDR - Bulgarien 1:0 (0:0)
Torfolge: Rüdiger Schnuphase

16. 15. April 1980 Berlin
DDR - Niederlande 2:1 (0:0)
Torfolge: Matthias Liebers, Frank Uhlig

17. 7. Mai 1980 Rostock
DDR - UdSSR 2:2 (1:1
Wertung als offizielles Länderspiel
Zuschauer: 20.000 im Ostseestadion
Referee: Geurts (Niederlande)
Torfolge: 0:1 Gassajew (11.), 1:1 Kühn (28.), 1:2 Burjak (76. Foulelfmeter), 2:2 Terletzki (86.)

DDR-Olympiaauswahl
Bodo Rudwaleit (Berliner FC Dynamo) - Frank Baum (1. FC Lok Leipzig), Gert Brauer (FC Carl Zeiss Jena), ab 7. Matthias Müller (Dynamo Dresden), Frank Uhlig (FC Karl-Marx-Stadt), Dieter Strozniak (Hallescher FC Chemie) - Rüdiger Schnuphase (FC Carl Zeiss Jena), Frank Terletzki (Berliner FC Dynamo), Wolfgang Steinbach (1. FC Magdeburg) - Martin Trocha (FC Carl Zeiss Jena), ab 58. Jürgen Bähringer (FC Karl-Marx-Stadt), Dieter Kühn (1. FC Lok Leipzig), Jürgen Heun (FC Rot-Weiß Erfurt)

Sowjetunion
Gabelija - Swaginzew - Kostawa, Borowski, Kruglow - Burjak, Letschtschuk, Maksimenko(ab 78. Tarchanow) - Rogowski (ab 72. Jarzew), Gassajew, Staruchin

18. 22. September 1982 Rostock
DDR - Rumänien 3:3 (1:2)
Torschützen: Thomas Dennstedt (2), Rainer Jarohs

19. 8. Oktober 1982 Braunsbedra
DDR - Sowjetunion 1:1 (1:0)
Torfolge: Michael Mischinger

20. 10. November 1982 Schwerin
DDR - Polen 4:1 (1:0)
Torschützen: Andreas Trautmann (2), Hans Richter, Uwe Schulz

21. 16. Nov. 1982 Weliko Tyrnovo
DDR - Bulgarien 0:2 (0:1)

22. 22. Dezember 1982 Athen
DDR - Griechenland 3:0 (1:0)
Torschützen: Dieter Kühn (2), Uwe Schulz

23. **2. März 1983 Schwedt**
DDR - Ungarn 1:0 (0:0)
Torfolge: Andreas Trautmann

24. **13. April 1983 Charkow**
DDR - Sowjetunion 1:3 (1:2)
Torfolge: Andreas Winter

25. **17. August 1983 Hoyerswerda**
DDR - Niederösterreich 8:0 (4:0)
Torschützen: Bernd Wunderlich (3), Ralf Minge (2), Martin Busse, Hans Richter, Uwe Zötzsche

26. **21. Sept. 1983 Neubrandenburg**
DDR - Bulgarien 2:0 (1:0)
Torfolge: Uwe Zötzsche, Hans-Uwe Pilz

27. **3. Februar 1984 Kairo**
DDR - Ägypten 1:2 (0:1)
Torfolge: Torsten Gütschow

28. **5. Februar 1984 Kairo**
DDR - Ägypten 0:1 (0:0)

29. **15. Februar 1984 Athen**
DDR - Griechenland 3:1 (1:0)
Wertung als offizielles Länderspiel
Zuschauer: 5.000
Referee: Mihalis (Zypern)
Torfolge: 0:1 Anastopoulos (33. Foulelfmeter), 1:1 Döschner (67.), 2:1 Raab (82.), 3:1 Gütschow (86.)

DDR-Olympiaauswahl
Rene Müller - Ronald Kreer, Dirk Stahmann, Norbert Trieloff, Uwe Zötzsche - Jürgen Raab, Hans-Uwe Pilz, Christian Backs, Axel Schulz, Hans Richter (ab 58. Matthias Döschner/ab 85. Bernd Wunderlich, Torsten Gütschow
Griechenland
Sarganis - Michos, Parafestas, Mitsobonas, Karoulias (ab 83. Xanthopoulos), Kouis (ab 59. Batsilinas), Papaioannou, Semertzidis (ab 88. Georgopoulos), Boutiritsas (ab 80. Kofidis), Anastopoulos, Mitropoulos

30. **14. März 1984 Tapoca**
DDR - Ungarn 1:4 (1:1)
Torfolge: Matthias Döschner

Einsätze in der Olympiaauswahl

In die Olympiaauswahl wurden bis 1984 folgende Spieler berufen
(1. Spalte: Einsätze gesamt; 2. Spalte: Qualifikations - und Endrundenspiele;
3. Spalte: Freundschaftsländerspiele)

4	2	2	Backhaus, Gerd (Lok Stendal)
19	11	8	Backs, Christian (Berliner FC Dynamo)
18	4	14	Bähringer, Jürgen (FC Karl-Marx-Stadt)
5	3	2	Barthels, Wolfgang (SC Empor Rostock)
3	3	0	Bauchspieß, Bernd (Chemie ZeitzLeipzig)
11	5	6	Baum, Frank (1. FC Lok Leipzig)
6	0	6	Benkert, Wolfgang (FC Rot-Weiß Erfurt)
5	5	0	Blochwitz, Wolfgang (FC Carl Zeiss Jena)
20	20	0	Bransch, Bernd (Hallescher FC Chemie Jena)
9	0	9	Brauer, Gerd (FC Carl Zeiss Jena)
5	3	2	Busse, Martin (FC Rot-Weiß Erfurt)
1	0	1	Cramer, Gerald (1. FC Magdeburg)
23	23	0	Croy, Jürgen (Sachsenring Zwickau)
6	0	6	Decker, Klaus (1. FC Magdeburg)
10	2	8	Dennstedt, Thomas (1. FC Lok Leipzig)
10	10	0	Dörner, Hans-Jürgen (Dynamo Dresden)
8	2	6	Döschner, Matthias (Dynamo Dresden)

13	13	0	Ducke, Peter (FC Carl Zeiss Jena)
6	6	0	Doll, Thomas (Berliner FC Dynamo)
1	1	0	Engelhardt, Dieter (SC Leipzig)
4	4	0	Erler, Dieter (FC Karl-Marx-Stadt)
1	0	1	Faber, Michael (SC Leipzig)
18	15	3	Fräßdorf, Otto (FC Vorwärts Berlin)
16	16	0	Frenzel, Henning (1. FC Lok Leipzig)
1	1	0	Fritsche, Joachim (1. FC Lok Leipzig)
1	0	1	Fülle, Manfred (Hallescher FC Chemie)
6	6	0	Ganzera, Frank (Dynamo Dresden)
8	8	0	Geisler, Manfred (SC Leipzig)
2	2	0	Gramenz, Harald (FC Vorwärts Frankfurt)
1	1	0	Grapenthin, Hans - Ulrich (FC Carl Zeiss Jena)
1	1	0	Gröbner, Wilfried (1. FC Lok Leipzig)
3	0	3	Gütschow, Torsten (Dynamo Dresden)
6	6	0	Halata, Damian (1.FC Magdeburg)
11	11	0	Häfner, Reinhard (Dynamo Dresden)
12	7	5	Hause, Lotha (FC Vorwärts Frankfurt)
7	7	0	Heidler, Gert (Dynamo Dresden)
15	12	3	Heinsch, Jürgen (FC Hansa Rostock)
7	0	7	Heun, Jürgen (FC Rot - Weiß Erfurt)
5	0	5	Heyne, Dirk (1. FC Magdeburg)
10	10	0	Hoffmann, Martin (1. FC Magdeburg)
4	4	0	Hoge, Günter (1. F Union Berlin)
1	0	1	Hornik, Jörg (FC Rot - Weiß Erfurt)
12	12	0	Irmscher, Harald (FC Carl Zeiss Jena)
6	1	5	Jakubowski, Bernd (Dynamo Dresden)
2	0	2	Jarohs, Rainer (FC Hansa Rostock)
12	12	0	Kische, Gerd (FC Hansa Rostock)
9	6	3	Kleiminger, Heino (SC Empor Rostock)
1	0	1	Köberlein, Jürgen (Wismut Aue)
13	10	3	Körner, Gerhard (FC Vorwärts Berlin)
1	0	1	Krause, Andreas (FC Carl Zeiss Jena)
13	6	7	Kreer, Ronald (1. FC Lok Leipzig)
13	13	0	Kreische, Hans-Jürgen (Dynamo Dresden)
3	0	3	Krostitz, Holger (Hallescher FC Chemie)
17	7	10	Kühn, Dieter (1. FC Lok Leipzig)
13	13	0	Kurbjuweit, Lothar (FC Carl Zeiss Jena)
7	7	0	Lauck, Reinhard (Berliner FC Dynamo)
11	6	5	Liebers, Matthias (1. FC Lok Leipzig)
6	4	2	Liebrecht, Kurt (Lok Stendal)
1	1	0	Lienemann, Manfred (FC Karl-Marx-Stadt)
2	2	0	Lisiewicz, Klaus (Chemie Leipzig)
11	11	0	Löwe, Wolfram (1. FC Lok Leipzig)
13	7	6	Minge, Ralf (Dynamo Dresden)
11	0	11	Mischinger, Michael (FC Hansa Rostock)
1	1	0	Moldt, Lutz (1. FC Lok Leipzig)
6	6	0	Mothes, Harald (Wismut Aue)

11	0	11	Müller, Joachim (FC Karl-Marx-Stadt)	14	8	6	Pilz, Hans-Uwe (Dynamo Dresden)
9	4	5	Müller, Matthias (Dynamo Dresden)	9	9	0	Pommerenke, Jürgen (1. FC Magdeburg)
16	8	8	Müller, Rene (1. FC Lok Leipzig)	6	6	0	Peschke, Heiko (FC Carl Zeiss Jena)
3	2	1	Nachtigall, Rainer (ASK Vorwärts Berlin)	19	9	10	Raab, Jürgen (FC Carl Zeiss Jena)
2	2	0	Naumann, Jürgen (1. FC Lok Leipzig)	3	0	3	Raugust, Detlef (1. FC Magdeburg)
11	4	7	Netz, Wolf - Rüdiger (Berliner FC Dynamo)	2	2	0	Richter, Frank (Dynamo Dresden)
4	1	3	Neuhäuser, Mario (FC Karl-Marx-Stadt)	23	14	9	Richter, Hans (FC Karl-Marx-Stadt Lok Leipzig)
4	0	4	Noack, Michael (Berliner FC Dynamo)	1	1	0	Riedel, Dieter (Dynamo Dresden)
11	8	3	Nöldner, Jürgen (FC Vorwärts Berlin)	8	8	0	Riediger, Hans-Jürgen (Berliner FC Dynamo)
17	14	3	Pankau, Herbert (SC Empor Rostock)	5	5	0	Rock, Peter (FC Carl Zeiss Jena
				3	2	1	Rohde, Frank (Berliner FC Dynamo)
9	7	2	Pastor, Frank (Hallescher FC Chemie)	8	0	8	Rohde, Rainer (1. FC Union Berlin)
15	4	11	Peter, Werner (Hallescher FC Chemie)	2	0	2	Romstedt, Armin (FC Rot - Weiß Erfurt)

Olympiasieger 1976 durch ein 3:1 im Finale gegen Polen wurde folgende DDR-Auswahl, stehend v. l.: Bransch, Dörner, Kische, Kurbjuweit, Riediger, Schade, Weber, Gröbner, Löwe, kniend v. l.: Hoffmann, Weise, Häfner, Grapenthin, Croy, Lauck, Heidler, Riedel.

1	0	1	Roth, Andreas (1. FC Lok Leipzig)
13	5	8	Rudwaleit, Bodo (Berliner FC Dynamo)
4	4	0	Sammer, Klaus (Dynamo Dresden)
5	2	3	Sänger, Carsten (FC Rot - Weiß Erfurt)
6	6	0	Schade, Hartmut (Dynamo Dresden)
3	1	2	Schlünz, Juri (FC Hansa Rostock)
2	2	0	Schlutter, Rainer (FC Carl Zeiss Jena)
12	7	5	Schnuphase, Rüdiger (FC Carl Zeiss Jena)
11	5	6	Schößler, Detlef (1. FC Magdeburg)
2	2	0	Schulenberg, Ralf (Berliner FC Dynamo)
5	2	3	Schulz, Axel (FC Hansa Rostock)
5	0	5	Schult, Uwe (FC Vorwärts Frankfurt)
1	0	1	Schuster, Frank (Dynamo Dresden)
8	6	2	Seehaus, Klaus - Dieter (SC Empor Rostock)
4	4	0	Seguin, Wolfgang (1. FC Magdeburg)
11	11	0	Sparwasser, Jürgen (1. FC Magdeburg)
14	7	7	Stahmann, Dirk (1. FC Magdeburg)
3	3	0	Stein, Helmut (FC Carl Zeiss Jena)
13	6	7	Steinbach, Wolfgang (1. FC Magdeburg)
11	8	3	Stöcker, Hermann (SC Aufbau Magdeburg)
4	0	4	Stötzner, Siegfried (1. FC Lok Leipzig)
11	11	0	Streich, Joachim (1. FC Magdeburg)
3	3	0	Strempel, Michael (FC Carl Zeiss Jena)
11	0	11	Stroniak, Dieter (Hallescher FC Chemie)
21	6	15	Terletzki, Frank (Berliner FC Dynamo)
18	6	12	Trautmann, Andreas (Dynamo Dresden)
16	9	7	Trieloff, Norbert (Berliner FC Dynamo)
2	0	2	Trocha, Martin (FC Carl Zeiss Jena)
6	2	4	Tyll, Axel (1. FC Magdeburg)
21	2	19	Uhlig, Frank (FC Karl-Marx-Stadt)
4	4	0	Ullrich, Artur (Berliner FC Dynamo)
9	7	2	Unger, Werner (ASK Vorwärts Berlin)
20	17	3	Urbanczyk, Klaus (Hallescher FC Chemie)
1	0	1	Uteß, Jürgen (FC Hansa Rostock)
2	0	2	Vlay, Josef (FC Rot-Weiß Erfurt)
24	23	1	Vogel, Eberhard (FC KM-Stadt Carl Zeiss Jena)
8	8	0	Weißflog, Jörg (Wismut Aue)
3	2	1	Wagner, Konrad (Wismut Aue)
9	9	0	Walter, Manfred (Chemie Leipzig)
3	3	0	Wätzlich, Siegmar (Dynamo Dresden)
6	6	0	Weber, Gerd (Dynamo Dresden)
1	1	0	Weigang, Horst (SC Leipzig)
22	22	0	Weise, Konrad (FC Carl Zeiss Jena)
7	1	6	Winter, Andreas (FC Rot-Weiß Erfurt)
6	6	0	Wruck, Wolfgang (1. FC Union Berlin)
15	4	11	Wunderlich, Bernd (FC Vorwärts Frankfurt)
10	10	0	Zapf, Manfred (1. FC Magdeburg)
11	7	4	Zötzsche, Uwe (1. FC Lok Leipzig)

Die Torschützen der Olympiaauswahl

10 Tore:	Kreische, Hans-Jürgen, Vogel, Eberhard
8 Tore:	Kleiminger, Heino, Stöcker, Hermann, Streich, Joachim
7 Tore:	Frenzel, Henning
6 Tore:	Fräßdorf, Otto, Kühn, Dieter, Peter, Werner, Sparwasser, Jürgen
5 Tore:	Netz, Wolf - Rüdiger, Terletzki, Frank, Richter, Hans
4 Tore:	Dörner, Hans-Jürgen, Pilz, Hans-Uwe, Nöldner, Jürgen
3 Tore:	Backhaus, Gerd, Barthels, Wolfgang, Riediger, Hans-Jürgen, Trautmann, Andreas, Wunderlich, Bernd, Zötzsche, Raab, Jürgen
2 Tore:	Backs, Christian, Bähringer, Jürgen, Dennstedt, Thomas, Döschner, Matthias, Ducke, Peter, Gütschow, Torsten, Häfner, Reinhard, Irmscher, Harald, Löwe, Wolfram, Minge, Ralf, Müller, Pommerenke, Jürgen, Raab, Jürgen, Schnuphase, Rüdiger, Schulz, Uwe, Steinbach, Wolfgang, Uhlig, Frank, Marschall, Olaf, Peschke, Heiko, Halata, Damian
1 Tor:	Bauchspieß, Bernd, Baum, Frank, Bransch, Bernd, Busse, Martin, Ganzera, Frank, Hause, Lothar, Heun, Jürgen, Hoffmann, Martin, Jarohs, Rainer, Körner, Gerhard, Kreer, Ronald, Liebers, Matthias, Lienemann, Manfred, Mischinger, Michael, Mothes, Harald, Nachtigall, Rainer, Pankau, Herbert, Pastor, Frank, Rohde, Rainer, Sammer, Klaus, Schade, Hartmut, Seehaus, Klaus - Dieter, Stahmann, Dirk, Urbanczyk, Klaus, Winter, Andreas, Zapf, Manfred, Kurbjuweit, Lothar, Weise, Konrad, Doll, Thomas, Lindner, Matthias, Wuckel, Marcus

Qualifikationsspiele für die Olympischen Spiele 1988

56. 3. Dezember 1986 Utrecht

DDR - Niederlande 1:0 (1:0)

Zuschauer: 2 500 im Stadion Galgenwaard
Referee: Gunn (England)
Torschütze: 1:0 Halata (6.)

DDR-Olympiaauswahl

Jörg Weißflog (Wismut Aue) - Heiko Peschke (FC Carl Zeiss Jena) - Detlef Schößler(1.FC Magdeburg), ab 60. Waldemar Ksienzyk (BFC Dynamo), Burkhard Reich (BFC Dynamo), Matthias Lindner (1.FC Lok Leipzig) - Harald Mothes (Wismut Aue), ab 89.Jens Pahlke(Stahl Brandenburg), Bernd Schulz (BFC Dynamo), Damian Halata (1.FC Magdeburg), Christian Backs (BFC Dynamo) - Hans Richter (1.FC Lok Leipzig), Martin Busse (Rot - Weiß Erfurt); Trainer: Harro Miller.

Niederlande

Menzo (Ajax Amsterdam) - Wijnberg (Sparta Rotterdam) - Blind (Ajax Amsterdam), Plomp (FC Utrecht), Boessen (Fortuna Sittard) - Boerebach (Go Ahead Deventer), Vanenburg (PSV Eindhoven), van Dijk (FC Groningen). Roossien (FC Groningen), ab 69. Hoekman (Roda Kerkrade) - van Loen (FC Utrecht), Lengkeek (Sparta Rotterdam); Trainer: Rinus Michels

57. 25. März 1987 Magdeburg

DDR - Italien 0:0

Zuschauer: 9.000 im Ernst-Grube-Stadion
Referee: Syme (Schottland)

DDR-Olympiaauswahl

Jörg Weißflog - Volker Schmidt (Wismut Aue) - Matthias Lindner, Burkhard Reich - Martin Busse, ab 83. Uwe Bredow (1.FC Lok Leipzig), Harald Mothes, Damian Halata, Christian Backs, Axel Wittke (1. FC Magdeburg) - Frank Pastor (BFC Dynamo), Hans Richter, ab 46. Marcus Wuckel (1.FC Magdeburg); Trainer: Miller.

Italien

Tacconi (Juventus Turin) - Cravero (AC Turin) - Bruno (AC Como), Brio (Juventus Turin), de Agostini (Hellas Verona) - Magrin (Atalanta Bergamo), Ancelotti (AS Rom), Iachini (Ascoli), Romano (AC Neapel) - Carnevale (AC Neapel), ab 79. Alessio (Avelllino), Virdis (AC Mailand); Trainer: Dino Zoff.

58. 29. April 1987 Viseu

DDR - Portugal 0:0

Zuschauer: 7.000 im Estadio do Fontela

Referee: Emilio Soriano Aladren (Spanien)

DDR-Olympiaauswahl

Jörg Weißflog - Volker Schmidt - Frank Cebulla (1. FC Magdeburg), Burkhard Reich - Uwe Bredow, Damian Halata, Harald Mothes, Christian Backs, Axel Wittke - Thomas Doll (BFC Dynamo), ab 60. Hans Richter, Frank Pastor; Trainer: Harro Miller.

Portugal

Lucio (SC Varzim) - Miguel (Vitoria Guimaraes) - Costeado (Vitoria Guimaraes), Valerio (CS Maritimo) - Cerqueira (CD Chaves), Jaime (Belenenses Lissabon), Oceano (Sporting Lissabon), Quim (FC Porto), Quinito (Academica Coimbra), ab 63. Juanico (FC Rio Ave) - Jorge Silva (CD Chaves), ab 70. Coelho (Boavisto Porto), Jorge Placido (CD Chaves); Trainer: Oliveira.

59. 2. September 1987 Reykjavik

DDR - Island 0:2 (0:0)

Zuschauer: 2.000 im Laugardalsvöllur

Referee: King (Wales)

Torfolge: 0:1 Torfason (51.), 0:2 Thordarson (79.)

DDR-Olympiaauswahl

Jörg Weißflog - Heiko Peschke - Detlef Schößler, Bernd Schulz, Uwe Bredow - Damian Halata, Harald Mothes, Rico Steinmann (FC Karl-Marx-Stadt), ab 73. Axel Wittke - Thomas Doll, ab 53. Hans Richter, Marcus Wuckel, Frank Pastor; Trainer: Harro Miller.

Island

Fridriksson (Fram Reykjavik) - Bergsson (Valur Reykjavik) - Thorsteinsson (Fram), Thorkelsson (Fram), H. Gudmundsson (IA Akranes) - Thordarson (IA Akranes), Askelsson (Thor Waterschei), I. Gudmundsson (Valur), Anthorsson (Fram) - Steinsson (Fram), ab 76. Hakonarson (IA Akranes), Torfasson (Winterslag); Trainer: Siegfried Held.

60. 22. September 1987 Nordhausen

DDR - Niederlande 4:2 (2:2)

Zuschauer: 5.400 im Albert - Kuntz - Sportpark

Referee: Kurt Röthlisberger (Schweiz)

Torfolge: 1:0 Halata (27. Foulelfmeter), 1:1 Gilhaus (31.), 1:2 Ellermann (44.), 2:2 Richter (45.), 3:2 Wuckel (46.), 4:2 Peschke (86.)

DDR-Olympiaauswahl

Jörg Weißflog - Volker Schmidt - Detlef Schößler - Heiko Peschke, Marco Köller (BFC Dynamo) - Uwe Bredow, Damian Halata, Heiko März (FC Hansa Rostock), ab 58. Thomas Doll, Jürgen Raab - Hans Richter, ab 89. Harald Mothes, Marcus Wuckel; Trainer: Harro Miller.

Niederlande

Menzo (Ajax Amsterdam) - van Aerle (PSV Eindfoven), van Eck (FC Den Bosch), Plomp (FC Utrecht), Verkuyl (FC Groningen) - Willems (FC Twente), ab 77. Blaettler (Roda Kerkrade), Ellermann (Sparta Rotterdam), Brood (FC Den Bosch), Krüzen (FC Den Bosch), ab 60. van de Wart (FC Zwolle) - Gilhaus (PSV (Eindhoven), Meyer (Ajax Amsterdam); Trainer: de Ruiter.

61. 18. November 1987 Rom

DDR - Italien 1:1 (1:1)

Zuschauer: 10.000 im Stadio Flaminio

Referee: Marcel van Langenhove (Belgien)

Torfolge: 1:0 Doll (7.), 1:1 Pacione (13.)

DDR-Olympiaauswahl

Jörg Weißflog - Heiko Peschke - Detlef Schößler, Jens Pahlke, ab 32. Bernd Schulz, Matthias Lindner - Damian Halata, Lutz Radtke (HFC Chemie), Jürgen Raab, Uwe Bredow - Thomas Doll, ab 90. Uwe Machold (Hallescher FC Chemie), Hans Richter; Trainer: Harro Miller.

Italien

Tacconi (Juventus Turin) - Cravero (AC Turin) - Tassotti (AC Mailand), Brio (Juventus Turin), de Agostini (Juventus Turin) - Alessio (Juventus Turin), Ancelotti (AC Mailand), Romano(SSC Neapel), Galia (Hellas Verona) - Borgonovo (ASC Como), Pacione (Hellas Verona), ab 79.Rizzitelli (AC Cesena); Trainer: Dino Zoff.

62. 12. Apri 1988 Aue

DDR - Portugal 3:0 (0:0)

Zuschauer: 6 700 im Otto-Grotewohl-Stadion
Referee: Crucke (Belgien)
Torfolge: 1:0 Lindner (67.), 2:0 Marschall (72.), 3:0 Richter (85.)

DDR-Olympiaauswahl

Jörg Weißflog - Heiko Peschke - Lutz Radtke, Matthias Lindner, Dirk Schuster (1.FC Magdeburg) - Damian Halata, Heiko März, Jürgen Raab, Matthias Sammer (Dynamo Dresden), ab 67. Heiko Scholz - Marcus Wuckel, ab 46. Olaf Marschall, Hans Richter; Trainer: Miller.

Portugal

Alfredo (Boavisto Porto) - Miguel (Vitoria Guimaraes) - Crisanto Vitoria Setubal), Valerio (Boavisto Porto), Dimas (Academica Coimbra) - Hernani (Vitoria Setubal), ab 69. Aparicco (Vitoria Setubal), Quinito (Academica Coimbra), Skoda (Portimonense). Teixeira (Academica Coimbra) - Rui Maside (Vitoria Setubal), ab 46. Vermelhinho (GD Chaves), Chico Faria (Belenenses Lissabon); Trainer: Pereira Juca.

63. 30. April 1988 Bischofswerda

DDR - Island 3:0 (1:0)

Zuschauer: 5 800 im Stadion der Jugend
Referee: Philippi (Luxemburg)
Torfolge: 1:0 Marschall (25.), 2:0 Peschke (74.), 3:0 Raab (88.)

DDR-Olympiaauswahl

Jörg Weißflog - Heiko Peschke - Lutz Radtke, Matthias Lindner, Marco Köller - Damian Halata, Bernd Schulz, Matthias Sammer, ab 46. Thomas Doll, Jürgen Raab - Olaf Marschall, Hans Richter, ab 81. Heiko Scholz; Trainer: Harro Miller.

Island

B. Kristinsson (Fram Reykjavik) - A. Jonsson (KR Reykjavik), Thorsteinsson (Fram), Thorkelsson (Fram) - Thordarson (IA Akranes), ab 80. O.Oerlygsson (Fram), I.Gudmonsson (Valur), R.Kristinsson (KR Reykjavik), Annthorsson (Fram), T.Oerlygsson (KR Reykjavik) - Steinsson (Fram), Askelsson (Thor Waterschei), ab 14. H.Gudmunsson (IA Akranes); Trainer: Siegfried Held.

Charakteristik der Spiele

Im Utrechter Auftaktspiel trumpfte die DDR-Auswahl sehr selbstbewußt auf. Sie hatte sich klug auf die niederländischen Angriffe eingestellt und schuf bei gefährlichen Kontern selbst Gefahr vor Menzos Tor. Das Mittelfeld wurde schnell überquert, Backs und Lindner vergaben durch unplazierte Kopfbälle klare Chancen. Bis zur 80. Minute bäumten sich die Niederländer auf, dann ließen die Kräfte nach. In der 87. Minute vergab Martin Busse eine Riesenchance zum 2:0.

In Magdeburg stritt die Auswahl gegen Italien bis zur letzten Minute um den Sieg. Doch das 5 - Mann - Mittelfeld produzierte ungenügend Konstruktivität. Quer - und Kurzpässe komplizierten alles, es fehlte das Flügelspiel. Bei Magrins Freistoß (86.) reagierte Weißflog großartig. Trainer Harro Miller gestand: " Wir wollten siegen und damit unsere Position, die wir uns mit dem 1:0 - Erfolg in den Niederlanden geschaffen hatten, untermauern... Es wurde ein Spiel, das im Zeichen der Abwehrreihen stand. Unser Mittelfeldspiel litt unter der fehlenden Konstruktivität."

Im zweiten Auswärtsspiel in Portugal wurde der dritte Punkt geholt. Die Portugiesen erwiesen sich als der erwartete spielstarke Kontrahent. Fünf Spieler stammten aus dem A - Kader.Für die DDR-Auswahl war in Viseu mehr möglich. Doch - nur ein Tor in 270 Minuten bestätigen die Schwäche des Angriffs. Die Mannschaft braucht zu viele Chancen. Thomas Doll blieb unter den Erwartungen, Frank Pastor hatte nicht eine gefährliche Toraktion. Nun liegt Italien in der Tabelle mit einem Punkt vor der DDR.

Eine schmerzhafte, nicht einkalkulierte Niederlage gibt es in Island.Bei einer überlegen gestalteten ersten halben Stunde ergaben sich genügend Einschußmöglichkeiten für Halata, Pastor und Wuckel. Vor der Pause hatten die Isländer nur eine Chance durch Torfason in der 34. Minute.

In der 2. Halbzeit spielte die Mannschaft zu leger, die Strafe folgte auf dem Fuße.Trainer Miller kritisierte: "In den bisherigen Qualifikationspartien konnte an der kämpferischen Einstellung der Mannschaft nichts ausgesetzt werden. In dieser Hinsicht enttäuschte sie jedoch diesmal." Und Verbandstrainer Manfred Zapf fügte hinzu: " Einige der Spieler glaubten mit einer legeren Spielweise ans Ziel zu kommen. Dafür bestand überhaupt kein Grund. Auch nicht nach dem Erfolg der Nationalmannschaft, gerade weil einige damals dabei waren."

Bei wolkenbruchartigen Regenfällen zogen in Nordhausen die Niederländer nach dem 0:1 ein Powerplay vor dem Strafraum der DDR auf. Nachdem März von Willems im gegnerischen Strafraum zu Boden gerissen wurde, verwandelte Halata den Strafstoß sicher. Doch dann kamen die Holländer.In den folgenden zwanzig Minuten wankte die DDR - Mannschaft, die Holländer gingen 2:1 in Führung.Dann jedoch verzweifelten sie an ihren eigenen Angriffen und die DDR-Auswahl fand die Kraft, noch einmal zurückzuschlagen.Das Spiel war jedoch erst gewonnen, als Kapitän Heiko Peschke nach Dolls Hakendribbling, bei dem zwei Niederländer geradeaus rannten, zum 4:2 einsenden konnte. Wirkungsvollster Feldspieler: Damian Halata.

In Rom war für die DDR gegen Italien mehr drin! Sie erspielte sich mehr Chancen als beim ersten Treffen in Magdeburg. Mit der 1:0 - Führung schon in der 7. Minute schockte sie die Azzurris. Einen Kopfballableger Peschkes nutzte Doll blitzschnell zur Führung. Doch schon Minuten später nutzte der

24jährige Verona - Stürmer Pacione eine Unsicherheit der DDR - Elf zum 1:1. Dieser schnelle Ausgleich warf die deutsche Mannschaft zurück, brachte den Italienern ihr Selbstvertrauen zurück. In der 73. Minute umspielte Doll drei Italiener, schlenzte jedoch den Ball knapp an Tacconi und am Pfosten vorbei.

Die letzten beiden Spiele brachten zwei klare Siege. In Aue bot die deutsche Mannschaft gegen Portugal eine "schreckliche" erste Halbzeit. Doch sie kam wie umgewandelt aus der Kabine zurück. Lindner erzielte mit einem Direktschuß das 1:0, Marschall köpfte zum 2:0 ein. Nach Vorarbeit von Marschall und März stellte Richter den 3:0 - Endstand her.

Gegen Island gelang ein deutlicher, aber mühsamer Sieg. Gegen einen defensiven, athletischen und überaus ehrgeizigen Gegner fanden die Spieler kein Rezept.Sie hatten den Fighter - Stil der Isländer angenommen. Olaf Marschall gelingt nach dem zehnten Freistoß mit einem Kopfballabfälscher die Führung. Doch erst in der Endphase kann der Vorsprung ausgebaut werden. Peschke bringt einen Kopfball im Tor unter und Jürgen Raab verwandelt im Nachsetzen zum 3:0. Nach Alsolvierung der Qualifikationsspiele steht fest: die 0:2 - Niederlage gegen Island war nicht wettzumachen. Die DDR wurde hinter Italien nur Gruppenzweiter.

Nachwuchsfußball in der DDR

Von 1977 bis 1983 sowie im Jahr 1990 wurden in der DDR Nachwuchsmeisterschaften ausgetragen. in diesen Mannschaften wuchsen Spieler heran, die dann in die 1. Mannschaft der Oberligamannschaften integriert wurden. Der 1. FC Lok Leipzig, Dynamo Dresden und FC Vorwärts Frankfurt konnten auf eine hervorragende Nachwuchsarbeit verweisen, ohne die Leistungen anderer Vertretungen schmälern zu wollen.

Bis Ende 1985 bestritt die Nachwuchsauswahl 241 Länderspiele. 98 konnten gewonnen werden, 70 endeten unentschieden und 73 gingen verloren. Beachtliche Erfolge gelangen gegen England. Von fünf Begegnungen wurden drei gewonnen und nur eine ging verloren. in Bristol und Sheffield konnten die Briten nicht gewinnen. Dagegen gelang in fünf Spielen gegen Griechenland kein Sieg.

Viele prominente Nationalspieler erwarben sich Lorbeeren in dieser Auswahl. Die Dresdner Udo Schmuck, Reinhard Häfner, Peter Kotte und Gert Heidler bestritten alle mehr als 20 Spiele in der Nachwuchsauswahl. Kotte und Heidler brachten es auf 17 Tore.

Die BFC-Spieler Frank Terletzki, Bodo Rudwaleit, Rainer Ernst und Norbert Trieloff gehören ebenso zu den Nachwuchsspielern wie die Magdeburger Detlef Schößler, Damian Halata, Jürgen Pommerenke und Wolfgang Steinbach. Genannt werden sollen noch die Leipziger Dieter Kühn, Matthias Liebers, Joachim Fritsche und Thomas Dennstedt.

Der Leipziger Andreas Roth schaffte trotz 40 Einsätzen nie den Sprung in die A-Auswahl, desgleichen Claus Boden von Dynamo Dresden, Thomas Töpfer vom FC Carl Zeiss Jena oder Michael Mischinger vom FC Hansa Rostock. Der Rostocker kann auf 25 Berufungen in die Junioren- und 21 Spiele in der Nachwuchsauswahl verweisen. Doch eine Berufung in das höchste Auswahlteam blieb ihm verwehrt.

Jürgen Pommerenke, Matthias Liebers, Jürgen Raab, Lothar Hause u. a. wurden in vier Auswahlmannschaften eingesetzt. Ihr Weg begann in der Juniorenauswahl, setzte sich in der Nachwuchs- und Olympiamannschaft fort und fand den krönenden Abschluß in der A-Nationalmannschaft.

Die Nachwuchsauswahl war eine gute Lehrstätte für den Großteil der bekanntesten Nationalspieler.

Im Nachwuchbereich wurden folgende Meister ermittelt:

1977	
Meister:	1. FC Lok Leipzig
Vizemeister:	Dynamo Dresden
Dritter:	1. FC Union Berlin
1978	
Meister:	1. FC Lok Leipzig
Vizemeister:	FC Vorwärts Frankfurt
Dritter:	Berliner FC Dynamo
1979	
Meister:	Dynamo Dresden
Vizemeister:	Berliner FC Dynamo
Dritter:	1. FC Magdeburg
1980	
Meister:	FC Rot-Weiß Erfurt
Vizemeister:	FC Vorwärts Frankfurt
Dritter:	Berliner FC Dynamo
1981	
Meister:	Berliner FC Dynamo
Vizemeister:	Dynamo Dresden
Dritter:	FC Carl Zeiss Jena
1982	
Meister:	FC Vorwärts Frankfurt
Vizemeister:	Dynamo Dresden
Dritter:	1. FC Magdeburg
1983	
Meister:	Dynamo Dresden
Vizemeister:	Berliner FC Dynamo
Dritter:	1. FC Magdeburg

1984 bis 1989 nicht ausgetragen.

1990	
Meister:	FC Hansa Rostock

Bilanz der Nachwuchsländerspiele

Albanien	2	1	0	1	6:1	2:2
Algerien	1	1	0	0	3:0	2:0
Ägypten	2	1	1	0	3:2	3:1
Belgien	5	1	1	3	5:8	3:7
Bulgarien	25	9	5	11	32:28	23:27
CSSR	27	11	6	10	36:32	28:26
Dänemark	7	5	1	1	15:10	11:3
England	5	3	1	1	7:7	7:3
Estland	1	0	1	0	2:2	1:1
Finnland	1	1	0	0	4:1	2:0
Frankreich	5	2	3	0	9:6	7:3
Griechenland	5	0	2	3	2:7	2:8
Italien	3	2	0	1	3:2	4:2
Jugoslawien	9	3	2	4	13:16	8:10
Kanada	1	1	0	0	5:0	2:0
Korea	2	0	2	0	1:1	2:2
Kuba	2	1	0	1	6:3	2:2
Kuweit	2	2	0	2	5:2	4:0
Niederlande	15	10	4	1	29:8	24:6
Norwegen	8	5	1	2	16:10	11:5
Österreich	2	2	0	0	8:2	4:0
Polen	35	10	13	12	42:45	33:37
Rumänien	24	8	10	6	21:22	26:22
Schottland	2	0	1	1	1:3	1:3
Schweden	6	3	1	2	8:6	7:5
Schweiz	2	2	0	0	8:6	4:0
Türkei	2	1	1	0	5:1	3:1
UdSSR	12	2	6	4	8:12	10:14
Ungarn	27	10	8	9	35:33	28:26
Gesamt:	241	98	70	73	341:277	266:216

Nachwuchsländerspiele in der Übersicht

1. **5. Juli 1953 Karl-Marx-Stadt**
DDR - CSSR 1:0 (0:0)
Torfolge: Günter Imhof (Turbine Halle)

2. **7. Februar 1954 Berlin**
DDR - Ungarn 0:0

3. **22. Juli 1954 Berlin**
DDR - Polen 1:1 (0:0)
Torfolge: Hans Speth (Motor Zwickau)

4. **12. August 1956 Halle**
DDR - Bulgarien 3:1 (1:0)
Torfolge: Gebhardt (Turbine Erfurt), Lehrmann (Turbine Halle), Helmut Müller (Motor Jena)

5. **21. Juli 1957 Leipzig**
DDR - CSSR 1:0 (0:0)
Torfolge: Eglmeyer (SC Motor Jena)

6. **26. Oktober 1957 Prag**
DDR - CSSR 3:2 (0:0)
Torfolge: Hermann Bley (SC Dynamo Berlin/2), Günter Hirschmann (SC Aufbau Magdeburg)

7. **4. Mai 1958 Budapest**
DDR - Ungarn 0:2 (0:2)

8. **28. Juni 1958 Schwerin**
DDR - Polen 3:3 (0:1)
Torfolge: Hansen (SC Einheit Dresden), Gebhardt (Turbine Erfurt), Harald Wehner (Turbine Erfurt)

9. **13. September 1958 Ploesti**
DDR - Rumänien 1:0 (1:0)
Torfolge: Hermann Stöcker (SC Aufbau Magdeburg)

10. **1. Mai 1959 Berlin**
DDR - Ungarn 0:2 (0:0)

11. **1. Oktober 1959 Görlitz**
DDR - CSSR 1:1 (1:1)
Torfolge: Waldemar Mühlbächer (SC Dynamo Berlin)

12. **15. Oktober 1959 Warschau**
DDR - Polen 2:1 (1:0)
Torfolge: Bernd Bauchspieß (Chemie Zeitz), Zielinski (ASK Vorwärts Berlin)

13. **23. März 1960 Magdeburg**
DDR - Belgien 0:1 (0:1)

14. **4. Mai 1960 Cottbus**
DDR - Polen 0:3 (0:1)

15. **15. Mai 1960 Berlin**
DDR - England 1:4 (1:1)
Torfolge: in Riese (ASK Vorwärts Berlin)

16. **29. Juni 1960 Jena**
DDR - Norwegen 5:3 (2:1)
Torfolge: Marx (SC Motor Jena/2), Graupe (SC Motor Jena), Rainer Trölitzsch (SC Leipzig), Bernd Bauchspieß (Chemie Leipzig)

17. **10. Juli 1960 Warna**
DDR - Bulgarien 1:2 (1:1)
Torfolge: Dieter Lange (SC Motor Jena)

18. **15. April 1961 Gera**
DDR - Ungarn 2:1 (1:1)
Torfolge: Henning Frenzel (SC Lok Leipzig), Harald Wehner (SC Turbine Erfurt)

19. **27. Mai 1961 Rostock**
DDR - Dänemark 2:1 (2:0)
Torfolge: Ernst (SC Empor Rostock),Henning Frenzel (SC Lok Leipzig)

20. **20. Juni 1961 Olsztyn**
DDR - Polen 2:1 (0:1)
Torfolge: Lothar Haack (SC Empor Rostock), Arno Zerbe (SC Lok Leipzig)

21. **9. September 1961 Miskolc**
DDR - Ungarn 0:2 (0:0)

22. **18. April 1962 Dresden**
DDR - CSSR 2:2 (1:0)
Torfolge: A. Walter (SC Aufbau Magdeburg), Schmidt (SC Chemie Halle)

23. **8. Mai 1962 Nordhausen**
DDR - Polen 1:3 (1:2)
Torfolge: Harald Wehner (SC Turbine Erfurt)

24. **16. September 1962 Tuzla**
DDR - Jugoslawien 2:1 (1:1)
Torfolge: Jürgen Nöldner (ASK Vorwärts Berlin/2)

25. **14. Oktober 1962 Bukarest**
DDR - Rumänien 1:0 (1:0)
Torfolge: Eberhard Vogel (SC Motor Karl-Marx-Stadt)

26. **12. Mai 1963 Torgelow**
DDR - Rumänien 1:1 (1:1)
Torfolge: Otto Fräßdorf (ASK Vorwärts Berlin)

27. **22. Mai 1963 Lublin**
DDR - Polen 0:1 (0:1)

28. **4. September 1963 Sofia**
DDR - Bulgarien 0:1 (0:0)

29. **14. Juni 1964 Plauen**
DDR - Polen 1:0 (1:0)
Torfolge: Gerd Backhaus (Lok Stendal)

30. **2. September 1964 Szekesfehervar**
DDR - Ungarn 1:1 (1:0)
Torfolge: Schuster (SC Motor Karl-Marx-Stadt)

31. **15. Mai 1965 Karl-Marx-Stadt**
DDR - Schweden 0:2 (0:0)

32. **22. Mai 1965 Halle**
DDR - Ungarn 3:0 (2:0)
Torfolge: Gerd Backhaus (Lok Stendal), Helmut Stein (SC Chemie Halle), Schuster (SC Motor Karl-Marx-Stadt)

33. **5. September 1965 Frankfurt/Oder**
DDR - Bulgarien 7:0 (2:0)
Torfolge: Helmut Stein (SC Chemie Halle/2), Heino Kleiminger (SC Empor Rostock/2), Madeja (SC Empor Rostock), Hans-Jürgen Naumann (SC

Leipzig), Harald Irmscher (Motor Zwickau)

34. **29.September 1965 Craiova**
DDR - Rumänien 2:2 (2:1)
Torfolge: Wolfram Löwe (SC Leipzig), Helmut Stein (SC Chemie Halle)

35. **9. Oktober 1965 Budapest**
DDR - Ungarn 0:2 (0:2)

36. **31. Oktober 1965 Kielce**
DDR - Polen 2:3 (0:1)
Torfolge: Manfred Lienemann (SC Karl-Marx-Stadt), Donau (SC Chemie Halle)

37. **26. April 1966 Kalmar**
DDR - Schweden 2:1 (1:1)
Torfolge: Helmut Stein (FC Carl Zeiss Jena), Hans-Jürgen Naumann (1. FC Lok Leipzig)

38. **28. Mai 1966 Dessau**
DDR - Niederlande 3:1 (1:1)
Torfolge: Helmut Stein (FC Carl Zeiss Jena), Göcke (FC Karl-Marx-Stadt), Wolfgang Wruck (1. FC Union Berlin)

39. **11. September 1966 Schmalkalden**
DDR - Polen 3:1 (1:1)
Torfolge: Donau (Hallescher FC Chemie), Horst Wruck (FC Vorwärts Berlin), Gerhard Schaller (FC Hansa Rostock)

40. **26. Oktober 1966 Aalborg**
DDR - Dänemark 2:1 (2:1)
Torfolge: Jürgen Sparwasser (1. FC Magdeburg/2)

41. **29. März 1967 Groningen**
DDR - Niederlande 0:0

42. **16. Mai 1967 Berlin**
DDR - Schweden 0:0

43. **3. Juni 1967 Meerane**
DDR - Dänemark 4:2 (4:0)
Torfolge: Hans-Jürgen Kreische (Dynamo Dresden), Manfred Lienemann (FC Karl-Marx-Stadt), F.-W. Göcke (FC Karl-Marx-Stadt), Jörg Berger (1. FC Lok Leipzig)

44. **7. Juni 1967 Stara Zagora**
DDR - Bulgarien 2:3 (0:2)
Torfolge: Jörg Berger (1. FC Lok Leipzig), Hans-Jürgen Kreische Dynamo Dresden)

45. **23. September 1967 Weimar**
DDR - Ungarn 1:1 (1:1)
Torfolge: Harald Schütze (Berliner FC Dynamo)

46. **28. Oktober 1967 Nyiregyhaza**
DDR - Ungarn 1:1 (0:0)
Torfolge: Roland Nowotny (Hallescher FC Chemie)

47. **17. April 1968 Neubrandenburg**
DDR - Niederlande 1:0 (0:0)
Torfolge: Zeidler (FC Karl-Marx-Stadt)

48. **5. Juni 1968 Minsk**
DDR - UdSSR 1:1 (0:1)
Torfolge: F.-W. Göcke (FC Karl-Marx-Stadt)

49. **22. Oktober 1968 Lublin**
DDR - Polen 1:0 (1:0)
Torfolge: Boelssen (Hallescher FC Chemie)

50. **30. Oktober 1968 Halberstadt**
DDR - Rumänien 0:0

51. **10. April 1969 Ploesti**
DDR - Rumänien 1:1 (0:1)
Torfolge: Manfred Lienemann (FC Karl-Marx-Stadt)

52. **24. Mai 1969 Sofia**
DDR - Bulgarien 0:1 (0:0)

53. 12. Juli 1869 Wusterhausen/D.
DDR - Ägypten 1:1 (1:0)
Torfolge: Wolfgang Seguin (1. FC Magdeburg)

54. 26. Juli 1969 Dessau
DDR - UdSSR 0:0

55. 17. September 1969 Torgelow
DDR - Polen 1:2 (1:2)
Torfolge: Roland Nowotny (Hallescher FC Chemie)

56. 21. Oktober 1969 Frankfurt/Oder
DDR - Norwegen 2:0 (1:0)
Torfolge: Gert Heidler (Dynamo Dresden/2)

57. 5. November 1969 Szekesfehervar
DDR - Ungarn 1:1 (0:0)
Torfolge: Joachim Streich (FC Hansa Rostock)

58. 16. November 1969 Weißwasser
DDR - Rumänien 0:0

59. 17. Mai 1970 Bautzen
DDR - Polen 2:1 (1:0)
Torfolge: Gert Heidler (Dynamo Dresden), Lothar Hahn (FC Hansa Rostock)

60. 5. August 1970 Karl-Marx-Stadt
DDR - Estland 2:2 (1:1)
Torfolge: Roland Nowotny (Hallescher FC Chemie), Lothar Hahn (FC Hansa Rostock)

61. 7. August 1970 Frankfurt/Oder
DDR - Kuba 5:1 (4:0)
Torfolge: Roland Nowotny (Hallescher FC Chemie/2), Erhard Mosert (Hallescher FC Chemie), Lothar Hahn (FC Hansa Rostock), Frank Ganzera (Dynamo Dresden)

62. 6. September 1970 Kielce
DDR - Polen 0:1 (0:0)

63. 21. Oktober 1970 Halle
DDR - CSSR 3:0 (0:0)
Torfolge: Erhard Mosert (Hallescher FC Chemie), Roland Nowotny (Hallescher FC Chemie), Ralf Schulenberg (Berliner FC Dynamo)

64. 1o. November 1970 Erfurt
DDR - Niederlande 3:1 (3:1)
Torfolge: Erhard Mosert (Hallescher FC Chemie/2), Wolfgang Seguin (1. FC Magdeburg)

65. 25. Januar 1971 Mehalla el Kobra
DDR - Nationalelf Ägypten 2:1 (0:1)
Torfolge: Erhard Mosert (Hallescher FC Chemie), Konrad Weise (FC Carl Zeiss Jena)

66. 15. Februar 1971 Al Kuweit
DDR - Nationalelf Kuweit 2:1 (1:0)
Torfolge: H. Oelze (1. FC Magdeburg/2)

67. 17. Februar 1971 Al Kuweit
DDR - Nationalelf Kuweit 3:1 (1:1)
Torfolge: Erhard Mosert (Hallescher FC Chemie), Reinhard Häfner (Dynamo Dresden), Konrad Weise (FC Carl Zeiss Jena)

68. 21. April 1971 Schwerin
DDR - Rumänien 0:0

69. 2. Mai 1971 Weißwasser
DDR - Polen 0:0

70. 8. Mai 1971 Karl-Marx-Stadt
DDR - Jugoslawien 0:1 (0:1)

71. 2. September 1971 Prostejov
DDR - CSSR 0:4 (0:0)

72. 9. Oktober 1971 Tilburg
DDR - Niederlande 1:2 (0:1)
Torfolge: Johannsen (Berliner FC Dynamo)

73. 15. Oktober 1971 Tuzla
DDR - Jugoslawien 1:3 (0:0)
Torfolge: D. Labes (Berliner FC Dynamo)

74. 23. Oktober 1971 Donezk
DDR - UdSSR 0:0

75. 22. März 1972 Bristol
DDR - England 1:0 (1:0)
Torfolge: Jürgen Sparwasser (1. FC Magdeburg)

76. 1. Mai 1972 Thale
DDR U21 - Ungarn 4:1 (1:0)
Torfolge: Werner Peter (Hallescher FC Chemie/2), Brillat (Berliner FC Dynamo), Kranz

77. 3. Mai 1972 Bialystok
DDR - Polen 1:1 (0:1)
Torfolge: Lothar Kurbjuweit (FC Carl Zeiss Jena)

78. 1. Juni 1972 Magdeburg
DDR - England 2:2 (1:2)
Torfolge: Gert Heidler (Dynamo Dresden), Jürgen Sparwasser (1. FC Magdeburg)

79. 22. August 1972 Sofia
DDR - Bulgarien 1:2 (0:2)
Torfolge: Gert Heidler (Dynamo Dresden)

80. 1. November 1972 Halle
DDR - CSSR 1:2 (0:1)
Torfolge: Wolfgang Schmidt (Hallescher FC Chemie)

81. 1. November 1972 Preßburg
DDR U21 - CSSR 0:1 (0:1)

82. 27. März 1973 Zwickau
DDR - Polen 0:1 (0:0)

83. 27. März 1973 Piotrkow
DDR U21 - Polen 3:1 (2:0)
Torfolge: Wolfgang Schmidt (Hallescher FC Chemie), Seering (FC Hansa Rostock), Lutz Moldt (1. FC Lok Leipzig)

84. 4. April 1973 Zeitz
DDR U 21 - Niederlande Amateure 5:0 (4:0)
Torfolge: Rainer Sachse (Dynamo Dresden), Wolfgang Ihle (FC Karl-Marx-Stadt), Andreas Roth (1. FC Lok Leipzig), Hartmut Schade (Dynamo Dresden), Eigentor Holland

85. 8. April 1973 Tirana
DDR - Albanien 0:1 (0:0)

86. 15. Mai 1973 Gera
DDR - Ungarn 0:0

87. 16. Mai 1973 Budapest
DDR - Ungarn 1:1 (1:1)
Torfolge: Waldemar Köppe (Hallescher FC Chemie)

88. 26. Mai 1973 Pitesti
DDR - Rumänien 2:1 (1:1)
Torfolge: Rainer Sachse (Dynamo Dresden), Axel Tyll (1. FC Magdeburg)

89. 26. Mai 1973 Altenburg
DDR U21 - Rumänien 1:0 (0:0)
Torfolge: Lutz Moldt (1. FC Lok Leipzig)

90. 5. Juni 1973 Arendal
DDR - Norwegen 1:2 (0:1)
Torfolge: Rainer Sachse (Dynamo Dresden)

91. 12. September 1973 Burgas
DDR U 21 - Bulgarien 0:1 (0:1)

92. 25. September 1973 Halle
DDR - Rumänien 2:1 (1:0)
Torfolge: Frank Terletzki (Berliner FC Dynamo), Axel Tyll (1. FC Magdeburg)

93. **25. September 1973 Bukarest**
DDR U21 - Rumänien 0:1 (0:0)

94. **16. Oktober 1973 Erfurt**
DDR - UdSSR 0:0

95. **31. Oktober 1973 Freital**
DDR U21 - CSSR 1:0 (0:0)
Torfolge: Schumann (FC Carl Zeiss Jena)

96. **3. November 1973 Potsdam**
DDR - Albanien 6:0 (1:0)
Torfolge: Jürgen Pommerenke (1. FC Magdeburg/2), Joachim Müller (FC Karl-Marx-Stadt/2), Axel Tyll (1. FC Magdeburg), Jürgen Bähringer (FC Karl-Marx-Stadt)

97. **21. November 1973 Budapest**
DDR - Ungarn 1:1 (1:1)
Torfolge: Dieter Riedel (Dynamo Dresden)

98. **21. Nov. 1973 Frankfurt/Oder**
DDR U21 - Ungarn 1:2 (0:1)
Torfolge: Enke (Hallescher FC Chemie)

99. **27. Februar 1974 Taranto**
DDR - Italien 1:1 (0:1)
Torfolge: Reinhard Häfner (Dynamo Dresden)

100. **26. März 1974 Bautzen**
DDR - CSSR **3:1 (2:0)**
Torfolge: Jürgen Pommerenke (1. FC Magdeburg), Gert Heidler (Dynamo Dresden), Peter Kotte (Dynamo Dresden)

101. **26. März 1974 Decin**
DDR U21 - CSSR 0:0

102. **17. April 1974 Magdeburg**
DDR - Italien 2:1 (0:0)
Torfolge: Axel Tyll (1. FC Magdeburg), Jürgen Pommerenke (1. FC Magdeburg)

Reinhard Häfner bestritt die drittmeisten (36) Nachswuchsländerspiele für die DDR. Später als Trainer für Dynamo Dresden (Bild) und Chemnitz tätig.

103. **1. Mai 1974 Zwickau**
DDR - Polen 0:0

104. **8. Mai 1974 Lodz**
DDR - Polen 2:2 (1:1)
Torfolge: Frank Terletzki (Berliner FC Dynamo), 1 Eigentor

105. **15. Mai 1974 Dresden**
DDR - Ungarn 3:2 (1:2)
Torfolge: Frank Terletzki (Berliner FC Dynamo/2), Gert Heidler (Dynamo Dresden)

106. **21. Mai 1974 Neubrandenburg**
DDR - Norwegen 1:0 (0:0)
Torfolge: Lutz Moldt (1. FC Lok Leipzig)

107. **21. Mai 1974 Greba**
DDR U21 - Bulgarien 1:2 (1:1)
Torfolge: Goebel (FC Carl Zeiss Jena)

108. **28. Mai 1974 Budapest**
DDR - Ungarn 0:4 (0:1)

109. **3. Sept. 1974 Tambach-Dietharz**
DDR U21 - Polen 0:0

110. **4. September 1974 Bialystok**
DDR - Polen 2:0 (1:0)
Torfolge: Reinhard Häfner (Dynamo Dresden), 1 Eigentor

111. **24. September 1974 Pilsen**
DDR - CSSR 0:0

112. **24. September 1974 Greifswald**
DDR U21 - CSSR 1:1 (0:0)
Torfolge: Wolfgang Steinbach (1. FC Magdeburg)

113. **12. Oktober 1974 Neubrandenburg**
DDR U21 - Kanada 5:0 (2:0)
Torfolge: Enke (Hallescher FC Chemie/2), Detlef Robitzsch (Hallescher FC Chemie), Seering (1. FC Magdeburg), 1 Eigentor

114. **13. Oktober 1974 Stralsund**
DDR - Schweden 2:0 (1:0)
Torfolge: Frieder Andrich (FC Vorwärts Frankfurt/2)

115. **16. November 1974 Erfurt**
DDR - Frankreich 1:1 (0:1)
Torfolge: Albert Krebs (FC Rot-Weiß Erfurt)

116. **27. November 1974 Jena**
DDR - Ungarn 2:1 (0:1)
Torfolge: Lutz Lindemann (FC Rot-Weiß Erfurt), Wolf

117. **27. November 1974 Halle**
DDR U 21 - Ungarn 2:1 (1:1)
Torfolge: Lutz Eigendorf (Berliner FC Dynamo/2)

118. **7. Dezember 1974 Lüttzich**
DDR - Belgien 0:0

119. **18. März 1975 Altenburg**
DDR U21 - Niederlande Amateure 5:0 (4:0)
Torfolge: Rainer Sachse (Dynamo Dresden), Wolfgang Ihle (FC Karl-Marx-Stadt), Andreas Roth (1. FC Lok Leipzig), Hartmut Schade (Dynamo Dresden), 1 Eigentor

120. **20. März 1975 Weißenfels**
DDR - Niederlande Amateure 1:0 (0:0)
Torfolge: Dieter Kühn (1. FC Lok Leipzig)

121. **25. März 1975 Neubrandenburg**
DDR - Bulgarien 0:0

122. **26. März 1975 Plewen**
DDR U21 - Bulgarien 1:0 (1:0)
Torfolge: Lutz Eigendorf (Berliner FC Dynamo)

123. **2. April 1975 Kopenhagen**
DDR - Olympiaauswahl Dänemark 1:4 (1:2)
Torfolge: Peter Kotte (Dynamo Dresden)

124. **16. April 1975 Dessau**
DDR - Rumänien 1:1 (0:1)
Torfolge: Peter Kotte (Dynamo Dresden)

125. **16. April 1975 Bukarest**
DDR U21 - Rumänien 0:2 (0:0)

126. **27. Mai 1975 Kamenz**
DDR - Polen 0:2 (0:1)

127. **28. Mai 1975 Radom**
DDR U21 - Polen 0:0

128. **2. September 1975 Halberstadt**
DDR U21 - CSSR 1:1 (0:1)

Torfolge: Hans-Jürgen Kinne (1. FC Lok Leipzig)

129. 3. September 1975 Aschersleben
DDR U 21 - CSSR 2:0 (1:0)
Torfolge: Bloch (FC Hansa Rostock), Seering (FC Hansa Rostock)

130. 3. September 1975 Dresden
DDR - UdSSR 2:2 (1:0)
Torfolge: Udo Schmuck (Dynamo Dresden), Andreas Bornschein (1.FC Lok Leipzig)

131. 27.September 1975 Magdeburg
DDR - Belgien 1:2(0:1)
Torfolge: Wolfgang Steinbach (1. FC Magdeburg)

132. 11. Oktober 1975 Poitiers
DDR - Frankreich 2:1 (1:0)
Torfolge: Jürgen Pommerenke (1. FC Magdeburg), Peter Kotte (Dynamo Dresden)

133. 23. März 1976 Tirgoviste
DDR - Rumänien 2:2 (1:0)
Torfolge: Rainer Sachse (Dynamo Dresden/2)

134. 24. März 1976 Schwedt
DDR U21 - Rumänien 1:0 (0:0)
Torfolge: Eitemüller (FC Karl-Marx-Stadt)

135. 6. April 1976 Karl-Marx-Stadt
DDR - CSSR 0:1 (0:0)

136. 6. April 1976 Varnsdorf
DDR U21 - CSSR 2:1 (0:0)
Torfolge: Hans-Jürgen Kinne (1. FC Lok Leipzig/2)

137. 21. April 1976 Tarnobrzeg
DDR - Polen 1:2 (0:1)
Torfolge: Joachim Streich (1. FC Magdeburg)

138. 21. April 1976 Neubrandenburg
DDR U21 - Polen 1:1 (0:1)
Torfolge: Conrad (FC Vorwärts Frankfurt)

139. 2. Mai 1976 Algier
DDR - Algerien 3:0 (2:0)
Torfolge: Rainer Sachse (Dynamo Dresden), Wolfgang Steinbach (1. FC Magdeburg), Schröder (FC Rot-Weiß Erfurt)

140. 26. Mai 1976 Görlitz
DDR - Nationalelf Kuba 1:2 (1:0)
Torfolge: Rainer Sachse (Dynamo Dresden)

141. 21. September 1976 Vac
DDR - Ungarn 2:1 (2:0)
Torfolge: Dieter Kühn (1. FC Lok Leipzig), Jürgen Pommerenke (1. FC Magdeburg)

142. 26. Oktober 1976 Eisenach
DDR - Bulgarien 2:1 (1:0)
Torfolge: Lothar Hause (FC Vorwärts Frankfurt), Andreas Bornschein (1. FC Lok Leipzig)

143. 10. November 1976 Oppeln
DDR - Polen 2:2 (2:2)
Torfolge: Wolfgang Ihle (FC Karl-Marx-Stadt), Conrad (FC Vorwärts Frankfurt)

144. 16. November 1987 Neustadt
DDR - CSSR 1:2 (0:0)
Torfolge: Joachim Müller (FC Karl-Marx-Stadt)

145. 16. November 1976 Bursa
DDR - Türkei 1:1 (0:1)
Torfolge: Dieter Kühn (1. FC Lok Leipzig)

146. 22. März 1977 Karlovo
DDR - Bulgarien 1:0 (1:0)
Torfolge: Dieter Kühn (1. FC Lok Leipzig)

147. 30. März 1977 Demmin
DDR - Bulgarien 2:1 (2:1)
Torfolge: Dieter Kühn (1. FC Lok Leipzig/2)

148. 26. April 1977 Craiova
DDR - Rumänien 0:0

149. 11. Mai 1977 Poprad
DDR - CSSR 0:2 (0:0)

150. 16. August 1977 Upplandsvasby
DDR - Schweden 4:0 (2:0)
Torfolge: Dieter Kühn (1. FC Lok Leipzig/3), Rainer Jarohs (FC Hansa Rostock)

151. 7. September 1977 Liegnitz
DDR - Polen 1:1 (1:0)
Torfolge: Hans-Jürgen Riediger (Berliner FC Dynamo)

152. 24. September 1977 Wien
DDR - Österreich 6:1 (3:0)
Torfolge: Dieter Kühn (1. FC Lok Leipzig/3), Rainer Jarohs (FC Hansa Rostock/2), Frank Terletzki (BFC Dynamo)

153. 11. Oktober 1977 Erfurt
DDR - Österreich 2:1 (2:0)
Torfolge: Lutz Eigendorf (BFC Dynamo), 1 Eigentor

154. 15. November 1977 Magdeburg
DDR - Türkei 4:0 (2:0)
Torfolge: Dieter Kühn (1. FC Lok Leipzig/2), Frank Terletzki (Berliner FC Dynamo), Lothar Hause (FC Vorwärt Frankfurt)

155. 7. März 1978 Schwedt
DDR - Niederlande 4:0 (1:0)
Torfolge: Peter Kotte (Dynamo Dresden/2), Norbert Trieloff (Berliner FC Dynamo), Rainer Jarohs (FC Hansa Rostock)

156. 22. März 1978 Ceske Budejovice
DDR - CSSR 1:3 (1:1)
Torfolge: Dieter Kühn (1. FC Lok Leipzig)

157. 5. April 1978 Halle
DDR - CSSR 5:2 (2:1)
Torfolge: Jürgen Raab (FC Carl Zeiss Jena/2), Peter Kotte (Dynamo Dresden/2), Dieter Kühn (1. FC Lok Leipzig)

158. 19. April 1978 Sofia
DDR - Bulgarien 1:2 (0:1)
Torfolge: Peter Kotte (Dynamo Dresden)

159. 26. April 1978 Halle
DDR - Bulgarien 3:1 (1:0)
Torfolge: Hans-Jürgen Rüdiger (Berliner FC Dynamo), Werner Peter (Hallescher FC Chemie), Frank Terletzki (BFC Dynamo)

160. 1. Mai 1978 Senftenberg
D DR - UdSSR 3:1 (0:0)
Torfolge: Matthias Liebers (1. FC Lok Leipzig), Thomas Töpfer (FC Carl Zeiss Jena), 1 Eigentor

161. 17. Mai 1978 Halle
DDR - Jugoslawien 0:1 (0:0)

162. 31. Mai 1978 Mostar
DDR - Jugoslawien 4:4 (4:3)
Torfolge: Dieter Kühn (1. FC Lok Leipzig/2), Peter Kotte (Dynamo Dresden), Hans-Jürgen Riediger (BFC Dynamo)

163. 30. August 1978 Widin
DDR - Bulgarien 0:0

164. 5. September 1978 Pirna-Copitz
DDR - CSSR 2:0 (1:0)
Torfolge: Jürgen Raab (FC Carl Zeiss Jena), Ralf Sträßer (BFC Dynamo)

165. 19. September 1978 Templin
DDR - Ungarn 0:1 (0:0)

166. 4. Oktober 1978 Wusterhausen/D.
DDR - Rumänien 1:0 (0:0)
Torfolge: Rainer Jarohs (FC Hansa Rostock)

167. 25. Oktober 1978 Gotha
DDR - Jugoslawien 2:1 (1:0)
Torfolge: Thomas Dennstedt (1. FC Lok Leipzig), Jürgen Raab FC Carl Zeiss Jena)

168. 14. November 1978 Rostock
DDR - Niederlande 2:0 (0:0)
Torfolge: Martin Trocha (FC Carl Zeiss Jena), Matthias Liebers (1. FC Lok Leipzig)

169. 27. Februar 1979 Frankfurt/Oder
DDR - Bulgarien 2:0 (0:0)
Torfolge: Jürgen Heun (FC Rot-Weiß Erfurt/2)

170. 13. März 1979 Cimpina
DDR - Rumänien 0:2 (0:0)

171. 28. März 1979 Subotica
DDR - Jugoslawien 0:2 (0:1)

172. 26. April 1979 Piotrkow
DDR - Polen 1:1 (1:1)
Torfolge: Andreas Trautmann (Dynamo Dresden)

173. 2. Mai 1979 Stralsund
DDR - Dänemark 3:1 (2:1)
Torfolge: Andreas Roth (1. FC Lok Leipzig), Udo Schmuck (Dynamo Dresden), Thomas Töpfer (Carl Zeiss Jena)

Peter Kotte wurde mit Dynamo Dresden dreimal Oberligameister und spielte 21mal für die DDR-Auswahlmannschaft sowie 28mal für die Nachwuchsländermannschaft.

174. **8. August 1979** **Zeulenroda**
DDR - Koreanische DVR 1:1 (0:1)
Torfolge: Jürgen Raab (FC Carl Zeiss Jena)

175. **4. September 1979 Odessa**
DDR - UdSSR 0:2 (0:1)

176. **25. September 1979 Halle**
DDR - Polen 4:1 (4:1)
Torfolge: Matthias Döschner (Dynamo Dresden/2), Lothar Kurbjuweit (FC Carl Zeiss Jena), Rainer Troppa (Berliner FC Dynamo)

177. **12. Oktober 1979 Esztergom**
DDR - Ungarn 1:2 (1:1)
Torfolge: Udo Schmuck (Dynamo Dresden)

178. **20. November 1979 Utrecht**
DDR - Niederlande 1:1 (1:0)
Torfolge: Artur Ullrich (Berliner FC Dynamo)

179. **26. März 1980 Budapest**
DDR - Ungarn 0:2 (0:0)

180. **9. April 1980 Jena**
DDR - Ungarn 3:0 (2:0)
Torfolge: Ralf Sträßer (BFC Dynamo/2), Udo Schmuck (Dynamo Dresden)

181. **16. April 1980 Sheffield**
DDR - Englan 2:1 (0:0)
Torfolge: Jürgen Raab (FC Carl Zeiss Jena), Thomas Dennstedt (1. FC Lok Leipzig)

182. **23. April 1980 Jena**
DDR - England 1:0 (0:0)
Torfolge: Ronald Kreer (1. FC Lok Leipzig)

183. **7. Mai 1980 Rostock**
DDR - UdSSR 0:0

184. **21. Mai 1980 Moskau**
DDR - UdSSR 0:1 (0:0)

185. **24. September 1980 Ploesti**
DDR - Rumänien 0:2 (0:1)

186. **9. Oktober 1980 Pößneck**
DDR - CSSR 0:1 (0:0)

187. **15. Oktober 1980 Schumen**
DDR - Bulgarien 1:0 (0:0)
Torfolge: Bernd Schulz (Berliner FC Dynamo)

188. **29. Oktober 1980 Rostock**
DDR - Norwegen 0:4 (0:1) EM - V

Im Rostocker Ostseestadion wirbelt an diesem rauhen Herbsttag ein norwegischer Sturm die DDR-Mannschaft gehörig durcheinander. Bevor die neue Formation mit Cramer, Zötzsche, Liebers, Jarmuszkiewicz, Richter und Gramenz überhaupt Tritt gefaßt hat, ist sie bereits geschlagen. Drei Treffer kassiert Bodo Rudwaleit im Tor durch Norwegens Entdeckung der Saison, Hellvik. Er verhalf seiner Mannschaft Bryne auch zum"Vize"in der Landesmeisterschaft. Trainer Bernd Stange mußte eingestehen: "Wir zahlten bitteres Lehrgeld, zu naiv, zu einfallslos unser Spiel." Sicher geglaubte Punkte in der EM-Qualifikation waren verloren.

189. **19. November 1980 Hettstedt**
DDR - Ungarn 2:1 (1:0)
Torfolge: Rainer Ernst (BFC Dynamo), Thomas Dennstedt (1. FC Lok Leipzig)

190. **18. März 1981 Neubrandenburg**
DDR - Bulgarien 0:0

191. **31. März 1981 Zeitz**
DDR - Niederlande Amateure 2:0 (1:0)
Torfolge: Bernd Schulz (Berliner FC Dynamo), Norbert Rudolph (FC Vorwärts Frankfurt)

192. **2. April 1981 Böhlen**
DDR - Niederlande Amateure 3:1 (1:0)

Torfolge: Bernd Schulz (BFC Dynamo), Borchardt (1. FC Union Berlin), Andre Jarmuszkiewicz (FC Vorwärts Frankfurt)

193. **18. April 1981 Modena**
DDR - Italien 0:1 (0:1)

194. **1. Mai 1981 Halle**
DDR - Polen 2:3 (1:1) EM - V
Torfolge: Bernd Schulz (BFC Dynamo), Norbert Rudolph (FC (Vorwärts Frankfurt)

In Halle folgt erneut eine Ernüchterung. Polen gewinnt mit den spielbegabten Rezepka, Matysik und Pekala mit 3:2. Die DDR-Mannschaft ist auf sechs Positionen umbesetzt. Mit Dennstedt, Roth, Minge und später Rainer Ernst bietet die Elf in der Spielgestaltung eine indiskutable Leistung. Damit werden die Chancen in der EM-Qualifikation verspielt.

195. **20. Mai 1981 Hamar**
DDR - Norwegen 1:1 (1:1) EM - V
Torfolge: Bernd Schulz (Berliner FC Dynamo)

Im norwegischen Hamar kann die Auswahl das 0:4 von Rostock nur zum Teil korrigieren. Eine leichte Steigerung ist zu erkennen, doch zu besseren Leistungen reicht es noch nicht.

196. **3. Juni 1981 Görlitz**
DDR - Rumänien 1:1 (0:0)
Torfolge: Eigentor Rumäniens

197. **2. September 1981 Blagoewgrad**
DDR - Bulgarien 1:1 (0:1)
Torfolge: Lothar Hause (FC Vorwärts Frankfurt)

198. **9. Sept. 1981 Hodmezövasarhely**
DDR - Ungarn 4:0
Torfolge: Rainer Ernst (BFC Dynamo/2), Lothar Hause (FC Vorwärts Frankfurt), Torsten Gütschow (Dynamo Dresden)

199. **23. September 1981 Zamosc**
DDR - Polen 1:3 (0:3)
Torfolge: Lothar Hause (FC Vorwärts Frankfurt)

In Zamosc läuft eine vollkommen umgekrempelte, unerfahrene Mannschaft auf das Spielfeld. Vom EM-Auftakt im Oktober 1980 in Rostock ist kein einziger Spieler mehr dabei. Die DDR-Spieler beeindrucken mit gefälligen Ballpassagen, aber sie nutzen ihre Chancen nicht. In einer Schaltpause zwischen der 30. und 38.Minute müssen sie drei Gegentreffer hinnehmen. Für die Stahmann, Hause und Ernst war das Spiel eine Lehrstudie. Polens Trainer Waldemar Obrebski lobte trotzdem das DDR-Team: "Eine Mannschaft, die dem Spiel den Vorzug gibt und die Zukunft für sich hat."

200. **7. Oktober 1981 Emmen**
DDR - Niederlande Amateure 1:1 (0:0)
Torfolge: Rainer Ernst (Berliner FC Dynamo)

201. **9. Februar 1982 Rhodos**
DDR - Griechenland 0:1 (0:0)

202. **9. März 1982 Babelsberg**
DDR - Bulgarien 0:2 (0:1)

203. **13. April 1982 Halle**
DDR - Griechenland 0:1 (0:1)

204. **12. Mai 1982 Frankfurt/Oder**
DDR - Nationalelf Koreanische DVR 0:0

205. **20. Mai 1982 Toulon**
DDR - Portugal 3:1 (1:0)
Torfolge: Ralf Minge (Dynamo Dresden), Rainer Ernst (BFC Dynamo), Steinborn (1. FC Magdeburg)

206. **22. Mai 1982 Toulon**
DDR - CSSR 0:2

207. **24. Mai 1982 Toulon**
DDR - Frankreich 4:2 (4:2)
Torfolge: Rainer Ernst (BFC Dynamo/2), Christian Backs (BFC Dynamo), Juri Schlünz (FC Hansa Rostock)

208. **27. Mai 1982 Toulon**
DDR - Niederlande Amateure 1:1, 2:3 n. Elfm.
Torfolge: Juri Schlünz (FC Hansa Rostock)

209. **1. September 1982 Moskau**
DDR - UdSSR 1:3 (1:0)
Torfolge: Lutz Schülbe (Hallescher FC Chemie)

210. **22. September 1982 Rimnicu Vilcea**
DDR - Rumänien 1:2 (0:1)
Torfolge: Steinborn (1. FC Magdeburg)

211. **12. Oktober 1982 Edinburgh**
DDR - Schottland 0:2 (0:1) EM - V

EM-Auftakt gegen Schottland. Trainer Bernd Stange bemängelte: "Seit 1976 haben sich unsere Junioren nicht mehr für das UEFA-Turnier qualifiziert. "Sänger, Backs, Meixner, Ernst, Schülbe, Halata haben nicht die Spur einer Chance. Alles im Spiel bleibt Stückwerk. Besonders groß sind die athletischen Nachteile. Es entsteht der Eindruck, eine Nachwuchsmannschaft spiele gegen eine Schülermannschaft. Die robusten Schotten führen ein Spiel wie in einer Einbahnstraße in Richtung des von Rene Müller gut behüteten Tores vor.

212. **23. Februar 1983 Hoyerswerda**
DDR - Griechenland 1:1 (1:1)
Torfolge: Torsten Gütschow (Dynamo Dresden)

213. **9. März 1983 Hennigsdorf**
DDR - Finnland 4:1 (2:1)
Torfolge: Rainer Ernst (BFC Dynamo/3), Rainer Jarohs (FC Hansa Rostock)

Ein glücklicher Schachzug gelingt den Trainern Stange und Brunzlow im Frühjahr 1983. Zu den jungen Spielern beordern sie die Routiniers Joachim Müller und Rainer Jarohs, die im Mittelfeld und Angriff die Handlungen lenken. An ihrer Seite lebt Rainer Ernst auf. Seine drei Tore lohnen endlich einmal alle Angriffsbemühungen.

214. **29. März 1983 Weißenfels**
DDR - Belgien 2:1 (0:0) EM - V
Torfolge: Heiko Peschke (FC Carl Zeiss Jena, Rainer Jarohs (FC Hansa Rostock)

Das Terzett Joachim Müller, Rainer Jarohs und Rainer Ernst bildet auch gegen Belgien ein wirkungsvolles Dreieck, an dem sich Peschke und der Rostocker Zachhuber aufrichten. Belgiens rote Teufel werden gezähmt. Belgiens Trainer Julien Labeau muß bekennen: "Gekonnte Ballwechsel, genaue Pässe und ein gutes Kopfballspiel. " De Greef und Claesen spielen ein Jahr später bei der Europameisterschaft mit.

215. **12. April 1983 Gorzow**
DD R - Polen 1:0 (0:0)
Torfolge: Damian Halata (1. FC Magdeburg)

216. **29. April 1983 Beveren**
DDR - Belgien 2:4 (2:0) EM - V
Torfolge: Damian Halata (1. FC Magdeburg), Rainer Jarohs (FC Hansa Rostock)

Vor den Toren Antwerpens kann die DDR in der EM-Qualifikation eine Halbzeit lang das Geschehen in der Gruppe offenhalten. Joachim Müller, Backs und Jarohs treiben Zachhuber, Halata unaufhörlich nach vorn. Das herzerfrischende Angriffsspiel führt durch Halata und Jarohs zu einer 2:0-Führung. Doch, so Trainer Bernd Stange, das laufaufwendige Spiel kostet viel Kraft. Die DDR-Elf setzt in der 2. Halbzeit ihr Spielkonzept nicht mehr durch, gibt dem Druck der Belgier mit dem Stopperpaar Molenbeek de Wolf/Cossey und dem 18jährigen Spielmacher Thans nach. DFV-Cheftrainer Dr. Dieter Fuchs muntert die Spieler nach der 2:4-Niederlage auf:" Ihr habt euch nicht versteckt, seid beherzt gestürmt und nur die Rechnung, das 2:0 halten zu wollen, ging nicht auf. "

217. 13. Mai 1983 Biel

DDR - Schweiz 6:5 (4:2) EM - V.

Torfolge: Christian Backs (BFC Dynamo/3), Joachim Müller (FC Karl-Marx-Stadt), Rainer Jarohs (FC Hansa Rostock), Damian Halata (1. FC Magdeburg)

Mit der Schweiz erwartet die DDR der 30. Länderspielpartner. Erneut geht es um die EM-Qualifikation. Trainer Horst Brunzlow nennt das Vorhaben:" Mit guten Leistungen auf uns aufmerksam machen. " Rostocks Torwart Axel Hauschild gab zu verstehen: "Noch einmal passieren uns Fehler wieBeveren nicht. " Nach sechs Minuten führen die Eidgenossen 2:0. Die DDR wird bei ströhmendem Regen kalt getroffen. Aber die Mannschaft ist nicht geschockt. Eine große Aufholjagd setzt ein. Jochen Müller besorgt den Anschluß, Backs kehrt mit einem Hattrick in einer Viertelstunde den Rückstand in eine Führung um. Nun steht es 4:2 für die DDR. Jarohs markiert in der 59. Minute das 5:2. Zehn Minuten später sind die Schweizer auf 5:5 heran! Auf beiden Seiten jugendlicher Schwung, viele attraktive Dribblings, Kombinationen und Tore. Der überragende Halata kann noch den 6:5-Sieg herausschießen. Der Schweizer Trainer Vogel gab zu verstehen:" Wir hätten mehr Zuschauer, wenn Fußball immer so begeisternd dargeboten würde. "

218. 17.September 1983 Trelleborg

DDR - Schweden 0:3 (0:1)

Der spielerische Schwung kann nicht bis in den Herbst hinein gehalten werden. Zudem sind Joachim Müller, Rainer Jarohs und Rainer Ernst in die A-Nationalmannschaft abgestellt. Im Kombinationswerk läuft zu vieles durcheinander. Trainer Horst Brunzlow kommentierte: "Keine Synthese zwischen Kampf, Lauf und Spielkunst. "

219. 23. August 1983 Elsterwerda

DD R - Rumänien 3:2 (2:1)

Torfolge: Heiko Peschke (FC Carl Zeiss Jena/2), Falko Götz (BFC Dynamo)

220. 6. September 1983 Pirna-Copitz

DDR - UdSSR 1:0 (0:0)

Torfolge: Heiko Peschke (FC Carl Zeiss Jena)

221. 11. Oktober 1983 Brandenburg

DDR - Schweiz 2:1 (1:1) EM - V

Torfolge: Torsten Gütschow (Dynamo Dresden), B. Quade (1. FC Union Berlin)

Sehenswert in Brandenburg blieben nur die Tore. Die Schweizer boten die stilvolleren Angriffe. Ihr Trainer Vogel zeigte sich auch keineswegs enttäuscht:" Dies ist eine Ausbildungsmannschaft,nicht der Tagessieg ist wichtig, sondern die Profilierung jedes Spielers. Nur wer viel internationale Erfahrungen sammelt, kann bestehen. Wir sind für die A-Nationalmannschaft Sprungbrett. "

222. 26. Oktober 1983 Schumen

DDR - Bulgarien 0:3 (0:0)

223. 15. November 1983 Jena

DDR - Schottland 1:1 (0:1) EM - V

Torfolge: Torsten Gütschow

Im letzten Spiel des Jahres, im ersten Novemberschnee, bietet Trainer Brunzlow mit Schmuck und Liebers zwei in der A-Nationalmannschaft erprobte Strategen auf, die mit ihrer Erfahrung die anderen mitreißen. Liebers und Co. fordern den Gruppensieger heraus. Eine Unsicherheit von Torwart Deleroi begünstigt die schottische Führung durch Aitkens (18.). Gütschow krönt den beherzten Kampf der Gastgeber mit einem tollen 18-m-Schuß. Gegen die Profis aus Schottland weisen Bredow, Alms, Gütschow sowie der Debütant Mario Neuhäuser ihre spielerischen Fortschritte nach.

224. **24. Februar 1984 Athen**
DDR - Griechenland 0:3 (0:1)

225. **27.März 1984 Most**
DDR - CSSR 2:3 (0:2)
Torfolge: Volker Röhrig (FC Hansa Rostock/2)

226. **3. April 1984 Babelsberg**
DDR - Polen 0:2 (0:1)

227. **15. Mai 1984 Nakskov**
DDR - Dänemark 3:1 (0:0)
Torfolge: Rainer Jarohs (FC Hansa Rostock), Andreas Wagenhaus (Hallescher FC Chemie), Jörg Stübner (Dynamo Dresden)

228. **25. Juli 1984 Moskau**
DDR - UdSSR 0:2 (0:0)

229. **10. August 1984 Freiberg**
DDR - Griechenland 1:1 (1:1)
Torfolge: Ulf Kirsten (Dynamo Dresden)

230. **29. August 1984 Bacau**
DDR - Rumänien 0:3 (0:1)

231. **20. Oktober 1984 Halle**
DDR - Jugoslawien 1:1 (1:0) - EM - V
Torfolge: Matthias Lindner (1. FC Lok Leipzig)

Im Kurt-Wabbel-Stadion trifft die Auswahl U 21 im ersten EM-Spiel zur 5. Euromameisterschaft auf die starken Jugoslawen. in Halle hatten die DDR-Talente in der Vergangenheit schon mehrfach überzeugend aufgespielt. Die Jugoslawen werden vom ehemaligen Nationalspieler Ivica Osim betreut, die Auswahl der DDR trainiert Horst Brunzlow. Die Partie endet 1:1. Auf Seiten des Gastgebers überzeugt der Berliner Andreas Thom, bei den Jugoslawen macht Mrkela das Treiben verrückt. Für die DDR war ein Sieg drin, doch die mannschaftliche Harmonie stimmte bei weitem nicht. Durch Abstellungen vieler Spieler in andere Auswahlmannschaften stießen neu in die Nachwuchsauswahl: Torwart Hoffmeister, Linksverteidiger Fankhänel, Lindner vom 1. FC Lok Leipzig, der Jenaer Libero Heiko Peschke und Wismuts Mittelfeldspieler Steffen Krauß.

232. **7. Dezember 1984 Lorient**
DDR - Frankreich 1:1 (1:0) EM - V
Torfolge: Steffen Krauß (Wismut Aue)

Auch in Lorient war ein Sieg drin. Nach einem vom Auer Steffen Krauß verwandelten Foulstrafstoß führte die DDR bis in die Schlußphase1:0, dann können die Franzosen doch noch ausgleichen. Horst Brunzlow urteilte:" Es handelte sich um das seit langem beste Spiel meiner Mannschaft. Bei etwas mehr Konzentration war es gewiß möglich, diese hohe Hürde zu überspringen. "

233. **13. März 1985 Tachov**
DDR - CSSR 3:0 (0:0)
Torfolge: Volker Röhrig (FC Hansa Rostock), Ulf Kirsten (Dynamo Dresden), Berschuck (FC Rot-Weiß Erfurt)

In Tachov ist eine weitere Steigerung nicht zu übersehen. Die starke CSSR-Mannschaft wird sicher beherrscht. Gut in die Mannschaft eingefügt haben sich der Rostocker Röhrig sowie Ulf Kirsten von Dynamo Dresden.

234. **27. März 1985 Barlinek**
DDR - Polen 1:1 (0:0)
Torfolge: Ulf Kirsten (Dynamo Dresden)

Letzter Test vor dem EM-Qualifikationsspiel in Bulgarien. Trainer Brunzlow scheint die richtige Formation gefunden zu haben. Ulf Kirsten gelingt erneut sein Tor.

235. **5. April 1985 Plowdiw**
DDR - Bulgarien 2:3 (0:2)
Torfolge: Frank Baum (1. FC Lok Leipzig), Frank Pastor (Berliner FC Dynamo)

In Plowdiw liegen die DDR-Fohlen zur Halbzeit 0:2 im Rückstand. Keiner der bulgarischen Zuschauer gibt mehr einen Pfifferling für die Gäste. Doch auch die Bulgaren kochen nur mit Wasser. Die DDR-Spieler machen Dampf, und Trainer Dinko Dermendschiew mußte nach dem Spiel eingestehen: "Wir haben uns mit Mühe über die Zeit gerettet." Trainer Brunzlow kritisierte:" Die Mannschaft lebte nicht, sie agierte im ersten Abschnitt viel zu ruhig. "

236. **16. April 1985 Strausberg**
DDR - Norwegen 2:0 (1:0)
Torfolge: Thomas Doll (BFC Dynamo), Ulf Kirsten (Dynamo Dresden)

237. **7. Mai 1985 Prenzlau**
DDR - Dänemark 0:0

238. **13. August 1985 Mo i Rana**
DDR - Norwegen 4:0 (2:0)
Torfolge: Michael Glowatzky (FC Karl-Marx-Stadt/2), Sven Förster (Dynamo Dresden), Grether (BFC Dynamo)

239. **10. Sept. 1985 Karl-Marx-Stadt**
DDR - Frankreich 1:1 (1:0) - EM - V
Torfolge: Thomas Doll (Berliner FC Dynamo)

Die DDR geht sofort voll zu Werke. Thomas Doll krönt die gute Anfangsphase mit dem Führungstreffer in der 28. Minute. In der zweiten Hälfte machen die Franzosen die Musik. Torschütze Doll wird in der 74. Minute zum Unglücksraben - mit einem Eigentor sichert er den Franzosen einen unerwarteten Punkt. Der Gruppensieg rückt in weite Ferne.

240. **27. September 1985 Subotica**
DDR - Jugoslawien 3:2 (2:0)
Torfolge: Thomas Doll (BFC Dynamo), Michael Glowatzky (FC Karl-Marx-Stadt), Grether (BFC Dynamo)

Die Krönung der Qualifikationsspiele ist der Auswärtserfolg in Jugoslawien. Obwohl die Jugoslawen zwei Tore erzielen, reicht es für sie nicht zum Sieg. Doll (32.), Glowatzky (35.) und Grether (87.) schießen den kaum erwarteten Sieg heraus. Der Gruppensieg rückt wieder näher, nun müssen die Bulgaren geschlagen werden.

241. **15. November 1985 Halle**
DDR - Bulgarien 1:1 (0:0)
Torfolge: Udo Fankhänel (FC Karl-Marx-Stadt)

Gegen Bulgarien reicht es im dritten Heimspiel nur zum dritten Remis. Für die Spieler bleibt nur die Erkenntnis, daß der Gruppensieg in einem internationalen Wettbewerb nur dann errungen wird, wenn die Heimspiele erfolgreich gestaltet werden können. Einmal mehr bleiben die DDR-Nachwuchsspieler den Beweis schuldig, den eigenen Rhythmus schnell zu finden, ihn dem jeweiligen Gegner aufzwingen zu können. Für die DDR bleibt nur der dritte Platz.

Folgende Spieler kamen in der Qualifikation zum Einsatz:

6 Einsätze:	Hoffmeister, Fabkhänel, Peschke
5 Einsätze:	Kräuter, Lindner, Krauß
4 Einsätze:	Doll, Grether
3 Einsätze:	Baum, Bonan, Kirsten, Marschall, Röhrich, März, Berschuck
2 Einsätze:	Stahmann, Glowatzky
1 Einsatz:	Ksienzyk, Trautmann, Kreer, Duckert, Pastor, Stübner, Halata, Förster

Spieler mit den meisten Länderspieleinsätzen bis 1985

42 Spiele:	Udo Schmuck (Dynamo Dresden)
40 Spiele:	Andreas Roth (1. FC Lok Leipzig)
36 Spiele:	Reinhard Häfner (Dynamo Dresden)
33 Spiele:	Joachim Müller (FC Karl-Marx-Stadt

28 Spiele: Peter Kotte (Dynamo Dresden), Dieter Kühn (1. FC Lok Leipzig)
27 Spiele: Joachim Fritsche (1. FC Lok Leipzig)
26 Spiele: Rainer Jarohs (FC Hansa Rostock)
25 Spiele: Claus Boden (Dynamo Dresden), Gert Heidler (Dynamo Dresden)
24 Spiele: Lutz Eigendorf (BFC Dynamo), Lothar Hause (FC Vorwärts Frankfurt), Bodo Rudwaleit (BFC Dynamo), Detlef Schößler (1.FC Magdeburg), Thomas Töpfer (FC Carl Zeiss Jena)
23. Spiele: Gert Brauer (FC Carl Zeiss Jena), Rainer Ernst (BFC Dynamo), Jürgen Raab (FC Carl Zeiss Jena), Carsten Sänger (FC Rot-Weiß Erfurt), Norbert Trieloff (BFC Dynamo), Artur Ullrich (BFC Dynamo)
22 Spiele: Gernot Alms (FC Hansa Rostock)
21.Spiele: Thomas Dennstedt (1. FC Lok Leipzig), Detlef Enge (1. FC Magdeburg), Damian Halata (1. FC Magdeburg), Heiko Peschke (FC Carl Zeiss Jena), Michael Mischinger (FC Hansa Rostock)
21 Spiele: Frank Richter (Dynamo Dresden)

20 Spiele: Matthias Liebers (1. FC Lok Leipzig), Stefan Meixner (FC Carl Zeiss Jena), Roland Nowotny (Hallescher FC Chemie), Jürgen Pommerenke (1. FC Magdeburg), Detlef Raugust (1. FC Magdeburg), Axel Tyll (1. FC Magdeburg)
19 Spiele: Manfred Zapf (1. FC Magdeburg)
18 Spiele: Gunter Sekora (1. FC Lok Leipzig), Wolfgang Steinbach (1. FC Magdeburg), Ralf Sträßer (BFC Dynamo), Martin Trocha (FC Carl Zeiss Jena)
17 Spiele: Klaus Decker (1. FC Magdeburg)
16 Spiele: Christian Backs (BFC Dynamo), Torsten Gütschow (Dynamo Dresden), Burkhard Pingel (Hallescher FC Chemie), Rainer Sachse (Dynamo Dresden), Wolfgang Schmidt (Hallescher FC Chemie), Dieter Schneider (FC Hansa Rostock)

Torschützen der Nachwuchsauswahl bis 1985

18 Tore: Dieter Kühn (1. FC Lok Leipzig)
11 Tore: Rainer Ernst (Berliner FC Dynamo)
10 Tore: Rainer Jarohs (FC Hansa Rostock), Peter Kotte (Dynamo Dresden)
7 Tore: Gert Heidler (Dynamo Dresden), Frank Terletzki (BFC Dynamo)
6 Tore: Erhard Mosert (Hallescher FC Chemie), Roland Nowotny Hallescher FC Chemie), Jürgen Pommerenke (1. FC Magdeburg), Jürgen Raab (FC Carl Zeiss Jena), Rainer Sachse (Dynamo Dresden), Helmut Stein (HFC Chemie/Carl Zeiss Jena)
5 Tore: Lothar Hause (FC Vorwärts Frankfurt), Udo Schmuck (Dynamo Dresden), Bernd Schulz (BFC Dynamo)
4 Tore: Christian Backs (BFC Dynamo), Lutz Eigendorf (BFC Dynamo), Torsten Gütschow (Dynamo Dresden), Enke (HFC Chemie) Ulf Kirsten (Dynamo Dresden), Joachim Müller (FC Karl-Marx-Stadt), Heiko Peschke (FC Carl Zeiss Jena), Axel Tyll (1. FC Magdeburg), Damian Halata (1. FC Magdeburg)
3 Tore: Thomas Dennstedt (1. FC Lok Leipzig), Thomas Doll (Berliner FC Dynamo), F.-W. Göcke (FC Karl-Marx-Stadt), Michael Glowatzky FC Marx-Stadt), Lothar Hahn (FC Hansa Rostock), Reinhard Häfner(Dynamo Dresden), Hans-Jürgen Kinne (1. FC Leipzig), Manfred Lienemann (FC Karl-Marx-Stadt), Lutz Moldt (1. FC Lok Leipzig, Werner Peter (HFC Chemie), Hans-JürgenRiediger (BFC Dynamo), Volker Röhrich (FC Hansa Rostock), Wolfgang Schmidt (Hal-

lescher FC Chemie), Jürgen Sparwasser (1. FC Magdeburg), Wolfgang Steinbach (1. FC Magdeburg), Ralf Sträßer (Berliner FC Dynamo, Harald Wehner (FC Rot-Weiß Erfurt)

2 Tore: Frieder Andrich (FC Vorwärts Frankfurt), Gerd Backhaus (Lok Stendal), Bernd Bauchspieß (Chemie Leipzig), Jörg Berger (1. FC Lok Leipzig), Andreas Bornschein (1. FC Lok Leipzig), Hermann Bley BFC Dynamo), Conrad (FC Vorwärts Frankfurt), Bernd Donau (Hallescher FC Chemie), Matthias Döschner (Dynamo Dresden), Henning Frenzel (1. FC Lok Leipzig), Grether (Berlinder FC Dynamo), Jürgen Heun (FC Rot-Weiß Erfurt), Wolfgang Ihle (FC Karl-Marx-Stadt, Heino Kleiminger (FC Hansa Rostock), Hans-Jürgen Kreische (Dynamo Dresden), Lothar Kubjuweit (FC Carl-Zeiss Jena), Matthias Liebers (1. FC Lok Leipzig), H. Marx (FC Carl Zeiss Jena), Jürgen Naumann (1. FC Lok Leipzig), Jürgen Nöldner FC Vorwärts Berlin), H. Oelze (1. FC Magdeburg), Andreas Roth (1.FC Lok Leipzig, Norbert Rudolph (FC Vorwärts Frankfurt), Wolfgang Seguin (1. FC Magdeburg), Steinborn (1.FC Magdeburg) Frank Schuster (Dynamo Dresden), Juri Schlünz (FC Hansa Rostock), Joachim Streich (1.FC Magdeburg), Thomas Töpfer(FC Carl Zeiss Jena), Konrad Weise (FC Carl Zeiss Jena), Seering

Rainer Ernst, zweimaliger Oberliga-Torschützenkönig und mehrfacher Meister mit dem BFC Dynamo, bestritt 23 Nachswuchsländerspiele und erzielte dabei 11 Tore.

1 Tor: B. Brillat (BFC Dynamo), Frank Baum (1. FC Lok Leipzig), Bloch (FC Hansa Rostock), Berschuck (Rot-Weiß Erfurt), Borchardt (1. Union Berlin), Eitemüller (FC Karl-Marx-Stadt), Eglmeyer (FC Carl Zeiss Jena), Jürgen Fankhänel (FC Karl-Karl-Stadt), Falko Götz (BFC Dynamo), Frank Ganzera (Dynamo Dresden), Graupe (FC Carl Zeiss Jena), Lothar Haack (FC Hansa Rostock), Boelssen (HFC Chemie), Günter Hirschmann (1. FC Magdeburg), Harald Irmscher (Motor Zwickau),Günther Imhof (Hallescher FC Chemie), Andre Jarmuczkiewicz (FC Vorwärts Frankfurt), Johannsen (BFC Dynamo), Krauß (Wismut Aue), Labes (BFC Dnamo), Lutz Lindemann (FC Rot-Weiß Erfurt), Wolfram Löwe (1. FC Lok Leipzig), Lehrmann (HFC Chemie), Lange (FC Carl Zeiss Jena), Matthias Lindner (1. FC Lok Leipzig), Ralf Minge (Dynamo Dresden), Helmut Müller (Carl Zeiss Jena), Madeja (FC Hansa Rostock), Waldemar Mühlbächer (BFC Dynamo), Frank Pastor (Hallescher FC Chemie), Quade (1. FC Union Berlin), Dieter Riedel (Dynamo Dresden), Riese (Vorwärts Berlin),Hermann Stöcker (1. FC Magdeburg), Lutz Schülbe (HFC Chemie), Harald Schütze (BFC Dynamo), Ralf Schulenberg (BFC Dynamo), Jürgen Bähringer (FC Karl-Marx-Stadt), Sven Förster Dynamo), Goebel (Carl Zeiss Jena), M. Hansen (SC Einheit Dresden), Otto Fräßdorf (FC Vorwärts Frankfurt), Jörg Stübner Dynamo Dresden), Hartmut Schade (Dynamo Dresden), Hans Speth Motor Zwickau), Konrad Schaller (Wismut Aue), Rainer Troppa (BFC Dynamo), Andreas Trautmann (Dynamo Dresden), Norbert Trieloff BFC Dynamo), Rainer Trölitzsch (1. FC Lok Leipzig), Artur Ullrich (BFC Dynamo), Eberhard Vogel (FC Karl-Marx-Stadt), Andreas Wagenhaus (Chemie Halle/Dynamo Dresden), Wolfgang Wruck 1. FC Union Berlin), Arno Zerbe (1. FC Lok Leipzig), Horst Wruck (FC Vorwärts Berlin), Ronald Kreer (1. FC Lok Leipzig), Albert Krebs (Rot-Weiß Erfurt), Schumann (FC Carl Zeiss Jena), Martin Trocha (FC Carl Zeiss Jena), Detlef Robitzsch (Hallescher FC Chemie), sowie Kranz, Schröder, Seering, Wolf, Zeidler, Zielinski

Der Junioren-Fußball der DDR

Beachtliche Erfolge errang die DDR mit der Junioren-Auswahl. Bereits 1949 wurde die 1. Junioren-Landesmeisterschaft ausgetragen, die Industrie Leipzig mit einem klaren 5:0 gegen Fortuna Erfurt für sich entscheiden konnte.

Anfangs konnten noch Mannschaften kleinerer Gemeinschaften wie Motor Quedlinburg, Wismut Neuwürschnitz oder Chemie Bitterfeld an der Meisterschaft teilnehmen. Mit der Einführung der Junioren-Oberliga waren es dann die Jüngsten der Oberligaklubs, die den Meistertitel unter sich ausmachten. Die Einführung der Junioren-Oberliga sollte sich aber als Vorteil erweisen. Die Jüngsten wurden nun mehr in den Vordergrund gerückt, wuchsen in den Meisterschafts- und Pokalspielen zu guten Spielern heran. Manfred Zapf vom 1. FC Magdeburg urteilte: "Die größere Kulisse beflügelt, fordert die Jungen stärker heraus, psychische Barrieren werden besser abgebaut. "

Die gute Nachwuchsarbeit in den Klubs war allgemein bekannt. So blieben auch auf internationaler Ebene Erfolge nicht aus. 1987 erkämpfte sich die U 20-Auswahl in Chile Platz

3 bei der Junioren-Weltmeisterschaft. Die U 23 wurde 1974 Vize-Europameister, die U 21 1978 zur 1. Europameisterschaft dieser Altersgruppe ebenfalls Vize-Europameister. 1980 konnte der 2. Platz verteidigt werden. 1986 holten sich die DDR-Junioren zur 5. Junioren-EM in Subotica den Europameistertitel.

Bis zum 10. November 1985 bestritten die Junioren der DDR 435 Länderspiele, von denen sie 175 gewann und 139 verlor. Mit 59 Spielen ist Polen der häufigste Länderspielpartner. Viele bekannte Nationalspieler der DDR begannen ihre Karriere in der Juniorenauswahl. Jürgen Pommerenke vom 1. FC Magdeburg, Matthias Liebers (1. FC Lok Leipzig), Rüdiger Schnuphase aus Jena sowie die Dresdner Ulf Kirsten und Hartmut Schade begannen ihre internationale Laufbahn in dieser Auswahl.

Doch wie viele begabte Spieler schafften den Durchbruch zur A-Nationalmannschaft nicht. Zu ihnen zählen Detlef Robitzsch aus Halle, Andreas Zachhuber, der Rostocker, Gotthard Zölfl aus Karl-Marx-Stadt sowie der Rostocker Michael Mischinger.

Der Dresdner Gerd Weber brachte es bis 1985 auf 51 Junioren-Länderspiele, Jürgen Pommerenke erreichte 44 Einsätze. Mit 21 Toren steht Detlef Helms, für den 1. FC Union Berlin und den Berliner FC Dynamo spielend, an der Spitze der Torschützenliste. Hans-Jürgen Riediger (Berliner FC Dynamo), Jürgen Pommerenke (1. FC Magdeburg) und Matthias Sammer folgen auf den Plätzen.

In ihren Länderspielen errang die Juniorenauswahl beachtliche Erfolge. Bereits das erste Länderspiel konnte 1954 in Neukirchen mit 3:1 gegen Frankreich gewonnen werden. 1959 gelang in Zwickau ein 4:3 gegen England. Österreich mußte sich 1965 in Offenburg 0:7 geschlagen geben.

Der Grundstein der Erfolge wurde, wie bereits erwähnt, in den harten Meisterschafts- und Pokalspielen gelegt. Hier nun die Übersicht über die Meisterschaft sowie den Pokal der Junioren:

DDR-Junioren-Meisterschaften

1949	**Finale**
Industrie Leipzig - Fortuna Erfurt	5:0
1950	**Finale**
ZSG Halle - Märk. Volksstimme Babelsberg	6:2
1951	**Finale**
Chemie Halle-Leuna - Rotation Dresden	1:0
1952	**Finale**
Chemie Bitterfeld - Turbine Erfurt	2:1
1953	**Finale**
M. Grubenl. Zwickau - M. Quedlinburg.	1:1 5:1
1954	**Finale**
Stahl Helbra - Wismut Neuwürschnitz	4:0
1955	**Finale**
Empor Halle - SG Berlin - Grünau	4:1
1956	
Meister: Rotation Babelsberg	
2. Turbine Neubrandenburg	
1957	**Finale**
SC Motor Jena - SC Lok Leipzig	1:0
1958	**Finale**
SC Lok Leipzig - Akt. Brieske-Senftenb.	4:0
1959	**Finale**
ASK Vorwärts Berlin - Rot. Babelsberg	5:2
1960	**Finale**
SC Dyn. Berlin - Akt. Brieske-Senftenb.	2:1
1961	
Meister: SC Rotation Dresden	
1962	**Finale**
SG Dyn. Dresden - SC Aufb. Magdeb.	3:1
1963	**Finale**
SC Aufb. Magdeb. - SC Chemie Halle	2:0
1964	**Finale**
SC Aufbau Magdeburg - SC Leipzig	2:0
1965	**Finale**
SC Aufb. Magdeb. - SC Mot. K-M-Stadt	3:0
1966	**Finale**
TSG Wismar - Hallescher FC Chemie	4:0
1967	**Finale**
FC Rot-Weiß Erfurt - Berliner FC Dynamo	1:1
in der Verlängerung wegen Gewitter abgebrochen	
Neuansetzung:	1:1 n. V.
1968	**Finale**
FC Hansa Rostock - FSV Lok Dresden	3:1

1969

1. Hallescher FC Chemie
2. 1. FC Magdeburg
3. Berliner FC Dynamo

1970

1. 1. FC Magdeburg
2. FC Hansa Rostock
3. FC Rot-Weiß Erfurt

1971

1 1. FC Lok Leipzig
2. FC Carl Zeiss Jena
3. FC Hansa Rostock

1972

1. Dynamo Dresden
2. 1. FC Lok Leipzig
3. FC Hansa Rostock

1973

1. FC Hansa Rostock
2. 1. FC Lok Leipzig
3. FC Vorwärts Frankfurt

1974

1. 1. FC Lok Leipzig
2. Berliner FC Dynamo
3. FC Vorwärts Frankfurt

1975

1. FC Vorwärts Frankfurt
2. Dynamo Dresden
3. FC Hansa Rostock

1976

1. 1. FC Lok Leipzig
2. Berliner FC Dynamo
3. Hallescher FC Chemie

1977

1. 1. FC Lok Leipzig
2. Berliner FC Dynamo
3. FC Karl-Marx-Stadt

1978

1. Berliner FC Dynamo
2. 1. FC Magdeburg
3. FC Vorwärts Frankfurt

1979

1. Berliner FC Dynamo
2. FC Hansa Rostock
3. Dynamo Dresden

1980

1. FC Hansa Rostock
2. 1. FC Magdeburg
3. FC Carl Zeiss Jena

1981

1. Dynamo Dresden
2. FC Karl-Marx-Stadt
3. FC Hansa Rostock

1982

1. Dynamo Dresden
2. 1. FC Lok Leipzig
3. 1. FC Magdeburg

1983

1. FC Karl-Marx-Stadt
2. Dynamo Dresden
3. Hallescher FC Chemie

1984

1. FC Vorwärts Frankfurt
2. Dynamo Dresden
3. FC Karl-Marx-Stadt

1985

1. Dynamo Dresden
2. FC Carl Zeiss Jena
3. FC Hansa Rostock

1986

Meister: FC Karl-Marx-Stadt

1987

Meister: Berliner FC Dynamo

1988

Meister: Dynamo Dresden

1989

Meister: 1. FC Magdeburg

Die "Junge Welt" - Pokalsieger der Junioren

1949

Nordstern 07 Berlin - U. Oberschönew. 3:1

1950

ZSG Halle - KWU Erfurt 4:0

1951

Melsa Halle - Turbine Erfurt 2:0

1952

Empor Halle - Turu Düsseldorf 3:1

1953

Wismut Neuwürschnitz - Empor Halle 2:1

1954

Turu Düsseldorf - Wism. Neuwürschnitz 3:1

1955

SC Turbine Erfurt - TSV 1860 München 2:0

1956

Eintr. Braunschweig - 1860 München 1:1
Losentscheid für Braunschweig

1957
Eintracht Braunschweig - SC Motor Jena 2:1
1958
SC Motor K-M-Stadt - SC Motor Jena 1:0
1959
ASK Vorw. Berlin - Akt. Br.-Senftenb. 4:0
1960
SC Lok Leipzig - SC Chemie Halle 4:2
1961
TSC Berlin - SC Karl-Marx-Stadt 4:1
1962
SC Frankfurt/Oder - SC Motor Jena 1:0
1963
SC Turbine Erfurt - SC Aufb. Magdebg. 3:1
1964
SC Chemie Halle - SC Einheit Dresden 2:0
1965
SC Karl-Marx-Stadt - Dyn Berlin 1:1 n.V., 3:2 n.V.
1966
Berliner FC Dyn. - FC Karl-Marx-Stadt 5:1
1967
Berliner FC Dyn. - FC Rot-Weiß Erfurt 3:2
1968
FC K-M-Stadt - Berliner FC Dynamo 3:1
1969
Stahl Riesa - 1. FC Magdeburg 3:3 n. V., 2:0
1970
1. FC Magdeburg - Stahl Riesa 2:1
1971
1. FC Lok Leipzig - FC Karl-Marx-Stadt 2:0
1972
FC Hansa Rostock - FC Karl-Marx-Stadt 1:0
1973
FC Hansa Rostock - 1. FC Magdeburg 1:0
1974
1. FC Lok Leipzig - FC Hansa Rostock 4:0
1975
1. FC Lok Leipzig - FC Carl Zeiss Jena 3:2 n. V.
1976
Dynamo Dresden - 1. FC Magdeburg 5:2
1977
Stahl Riesa - Sachsenring Zwickau 3:2
1978
Wismut Aue - Stahl Riesa 1:1 n. V. 5:4 n. Elfm.
1979
Wismut Aue - Schiffahrt/Hafen Rostock 3:0
1980
Chemie Leipzig - Chemie PCK Schwedt 1:0
1981
Post Neubrandenburg - Stahl Riesa 2:1 n. V.
1982
Post Neubrandenburg - Wismut Aue 2:1
1983
Stahl Riesa - Wismut Aue 2:1
1984
1. FC Magdeburg - Dynamo Dresden 2:1
1985
Dynamo Dresden - 1. FC Magdeburg 2:0
1986
Dynamo Dresden
1987
Berliner FC Dynamo
1988
1. FC Lok Leipzig
1989
Berliner FC Dynamo
1990
FC Berlin (ehemals BFC Dynamo)

Abschneiden bei Welt- und Europameisterschaften

7. Weltmeisterschaften der Nachwuchsmannschaften U 21 1987 in Chile

Gruppenspiele
DDR - Schottland 1:2
DDR - Kolumbien 3:1
DDR - Bahrein 2:0

Viertelfinale:
DDR - Bulgarien 2:0

Halbfinale:
DDR - Jugoslawien 1:2

Spiel um Platz 3:
DDR - Chile 1:1 (1:1, 0:0) n. V.
3:1 n. Elfm.

Zuschauer: 70.000 in Santiago de Chile
Referee: Coelho (Brasilien)
Torfolge: 1:0 Kracht (72.), 1:1 Gonzales (80.)

Elfmeter: Pino - 0:1; Neitzel - 1:1; Navarette - gehalten; Zimmerling - 2:1, Estay - Pfosten; Jähnig - 3:1; Gonzales - Latte

DDR

Saager (ab 84. Hiemann) - Neitzel - Ritter, Kracht, Schuster - Köller, Steinmann, Wosz - Jähnig, Liebers (ab 69. Minkwitz), Zimmerling

Chile

Velasco - Cortes - Ramirez, Hoffmann, Margas - Cabello (ab 68. Latin), Estay, Pini, Gonzales - Carreno (ab 63. Navarette), Tupper

In Valparaiso ging die Auftaktbegegnung gegen Schottland 1:2 verloren, doch dann folgten Siege gegen Kolumbien und Bahrein. Die DDR stand im Viertelfinale. Nach dem 2:0 gegen Bulgarien unterlagen die Deutschen im Halbfinale gegen Jugoslawien 1:2, konnten aber das Spiel um Platz 3 gegen Chile für sich entscheiden. Trainer Eberhard Vogel nimmt zur Weltmeisterschaft nur unwesentliche Veränderungen in seinem Kader vor. Nach der Niederlage gegen Schottland schärfte er seinen Spielern ein:" Als Europameister können wir hier nicht sang- und klanglos verlieren. "

Gegen Kolumbien ist die DDR-Mannschaft kaum wiederzuerkennen. Der Dresdner Matthias Sammer ist es, der mit seinen drei Treffern zeigt, daß die DDR-Jungens nicht gewillt sind, die Flinte vorzeitig ins Korn zu werfen. Selbst Schottlands Coach Craig Brown hatte der DDR-Auswahl eine derartige Steigerung nicht zugetraut.

Nach dem 2:0 gegen Bahrein wird die DDR Gruppensieger. Nationalspieler und Jugendtrainer Salman Achmed Shareeda muß bekennen:" Bis zur 60. Minute konnten wir noch hoffen, dann setzten sich die stärkere Physis, das ausgeprägtere Spielvermögen des Europameisters klar durch. "

Im Viertelfinale muß gegen Bulgarien angetreten werden, eine Mannschaft, gegen die im Vorfeld der WM die DDR nicht gut ausgesehen hat. Bulgariens Trainer Christo Andonov ist optimistisch:" Wir rechnen uns eine Chance, eine gute gegen die DDR aus, weil wir der Mannschaft physisch mindestens gleichwertig sind." Die Spieler der DDR-Auswahl bauen auf eine sichere Abwehr. Für die bulgarischen Angreifer gibt es bei Kracht, Schuster, Köller und Ritter kein Durchkommen. Bulgarien wird nervös, der Europameister schlägt zu. Rico Steinmann verwandelt einen Strafstoß, dann trifft der Hallenser Dariusz Wosz. Matthias Sammer war an beiden Treffern beteiligt. Trainer Eberhard Vogel zog sein erstes Fazit:" Mit dem Sieg gegen die starken Bulgaren haben wir als Europameister unser Ziel, die Runde der stärksten vier Mannschaften im Weltchampionat erreicht."

Im Halbfinale muß die DDR in Santiago gegen Jugoslawien antreten. Die Spieler vom Balkan überzeugen mit einer übertriebenen harten Gangart.

Trainer Jozic kann mit dieser Spielweise eine verdiente 1:0-Führung behaupten. Dann erzielt Matthias Sammer den Ausgleich. Nun ist nur noch eine Mannschaft auf dem Platz - die DDR. Jugoslawien zeigt Ermüdungserscheinungen, die Angriffe werden immer seltener. in dieser Phase fällt das 1:2. Zimmerling läßt Brnovic unbedrängt flanken, Schuster kommt nicht mehr an den Ball, Suker vollendet zum 1:2. Jugoslawiens As Robert Prosinecki aber muß eingestehen:" Wir waren am Ende die glücklichere Mannschaft."

Im Elfmeterschießen sichert sich die DDR-Mannschaft gegen Chile die Bronzemedaille. Platz 3 war trotz allem ein schöner Erfolg.

2. Europameisterschaft der Nachwuchsmannschaften U 23 1974

Gruppenspiele

DDR - Albanien	6:0 0:1
DDR - Rumänien	2:1 2:1

Viertelfinale:

DDR - Italien	1:0 2:1

Halbfinale:

DDR - Polen	0:0 2:2

1. Endspiel am 15. Mai 1974 in Dresden

DDR - Ungarn 3:2 (1:2)

Zuschauer: 17.000
Referee: Kitabdjan (Frankreich)
Torfolge: 1:0 Terletzki (28.), 1:1 Kiss (30.), 1:2 Horvath (43.), 2:2 Terletzki (47. Foulelfmeter), 3:2 Heidler (85.)

DDR

Claus Boden (Dynamo Dresden) - Hans-Jürgen Dörner (Dynamo Dresden), Gerd Kische (FC Hansa Rostock), Christian Helm (Dynamo Dresden), Gunter Sekora (1. FC Lok Leipzig) - Reinhard Häfner (Dynamo Dresden), Frank Terletzki (Berliner FC Dynamo), Lutz Moldt (1. FC Lok Leipzig), ab 62. Klaus Decker (1. FC Magdeburg) - Dieter Riedel (Dynamo Dresden), Frank Richter, (Dynamo Dresden) ab 74. Peter Kotte (Dynamo Dresden), Gert Heidler (Dynamo Dresden)

Ungarn

Meszaros - Horvath - Török, Harsanyi, Kantor - Fekete, E. Dunai, Toth (ab 60. Kunszt), L. Nagy - Kiss, Becsei

2. Endspiel am 28. Mai 1974 in Budapest

Ungarn - DDR 4:0 (1:0)

Zuschauer: 17.000
Referee: Paul Schiller (Österreich)
Torfolge: 1:0 Toth (41.), 2:0 Varadi (48.), 3:0 Varadi (60.), 4:0 Fekete (62.)

Ungarn

Meszaros - Török - Harsanyi, Horvath, Kantor - E. Dunai, Toth, L. Nagy - Fekete, Kiss, Varadi

DDR

Claus Boden - Hans-Jürgen Dörner - Detlef Enge (1. FC Magdeburg), Albert Krebs (FC Rot-Weiß Erfurt), Gunter Sekora - Reinhard Häfner, Christian Helm,ab 52. Joachim Müller(FC Karl-Marx-Stadt), Klaus Decker, Frank Terletzki - Frank Richter (ab 68. Dieter Riedel), Gert Heidler

In den Qualifikationsspielen leistete sich die DDR-Vertretung nur einen Ausrutscher gegen Albanien in Tirana. Im Viertelfinale konnte Italien zweimal geschlagen werden. Im Halbfinale reichten zwei Unentschieden gegen Polen. Die auswärts erzielten Tore brachten die DDR in das Finale. Im 1. Endspiel standen sieben Dresdner Dynamo-Spieler in der Mannschaft. Peter Kotte wurde als achter eingewechselt. Die Ungarn gingen als Favorit in die Endspiele, mußten jedoch in Dresden eine knappe Niederlage hinnehmen. Zu einem psychologisch wichtigen Zeitpunkt glich Frank Terletzki aus. Dem quirligen Heidler blieb es vorbehalten, fünf Minuten vor dem Ende den Sieg sicherzustellen. In Budapest konnte die DDR nur in der ersten Hälfte mithalten, dann setzte sich die stärkere Physis sowie die ausgefeiltere Technik der Magyaren durch.

1. Europameisterschaft der Nachwuchsmannschaften U 21 1978

Gruppenspiele

DDR - Türkei	4:0 1:1
DDR - Österreich	2:1 6:1

Viertelfinale:

DDR - CSSR	1:3 5:2

Halbfinale:

DDR - Bulgarien	1:2 3:1

1. Endspiel am 17. Mai 1978 Halle

DDR - Jugoslawien 0:1 (0:0)

Zuschauer: 18.000 im Kurt-Wabbel-Stadion
Referee: Konrath (Frankreich)
Torfolge: 0:1 Halilhodzic (54.)

DDR

Dirk Heyne (1. FC Magdeburg) - Lothar Hause (FC Vorwärts Berlin), ab 63. Burkhard Pingel (Hallescher FC Chemie) - Gert Brauer (FC Carl Zeiss Jena), Frank Uhlig (FC Karl-Marx-Stadt), Andreas Roth (1. FC Lok Leipzig) - Gerd Weber (Dynamo Dresden), Frank Terletzki (Berliner FC Dynamo), Lutz Eigendorf (Berliner FC Dynamo), ab 70. Michael Mischinger (FC Hansa Rostock) - Dieter Riedel (Dynamo Dresden), Peter Kotte (Dynamo Dresden), Dieter Kühn (1. FC Lok Leipzig)

Jugoslawien

Stojanovic - Stojkovic - Vujkov, Bogdan, Hrstic - Krmpotic, Bosnjak (ab 46. Savic), Klincarski - Zajec, Halilhodzic, Desnica (ab 83. Sliskovic)

2. Endspiel am 31. Mai 1978 in Mostar

Jugoslawien - DDR 4:4 (3:4)

Zuschauer:	30.000
Referee:	Franz Wöhrer (Österreich)
Torfolge:	0:1 Kotte (2.), 1:1 Halilhodzic (9.), 1:2 Kühn (10.), 1:3 Riediger (14.), 2:3 Desnica (15.), 2:4 Kühn (31.), 3:4 Halilhodzic (36.), 4:4 Bogdan (51.)

Jugoslawien

Stojanovic - Stojkovic - Krmpotic, Bogdan, Obradovic - Zajec, Bosnjak (ab 46.Starcevic), Klinkarski (ab 41. Verlasevic) - Savic, Halilhodzic, Desnica

DDR

Dirk Heyne - Lothar Hause - Gert Brauer (ab 46. Burkhard Pingel), Frank Uhlig, Andreas Roth, Rüdiger Schnuphase (FC Carl Zeiss Jena), Gerd Weber, Lutz Eigendorf, ab 72. Thomas Töpfer(FC Carl Zeiss Jena), Hans-Jürgen Riediger (Berliner FC Dynamo), Peter Kotte, Dieter Kühn

Problemlos überstand die Juniorenauswahl die Qualifikationsrunde. Besonders ins Gewicht fielen die hohen Siege gegen die CSSR und Österreich. In Wien mußte das Austria-Team eine 1:6-Niederlage quittieren.

Der Leipziger Dieter Kühn traf allein dreimal, Rainer Jarohs steuerte zwei Treffer bei.

Im Viertelfinale konnte ein 1:3 vom Hinspiel in Ceske Budejovice noch aufgeholt werden. In Halle hieß es nach Toren von Jürgen Raab (2), Peter Kotte (2) und Dieter Kühn 5:2.

Auch gegen die Bulgaren konnte das 1:2 von Sofia noch aufgeholt werden. Wiederum im Hallenser Kurt-Wabbel-Stadion erzielten Hans-Jürgen Riediger, Werner Peter und Frank Terletzki die Tore zum entscheidenden 3:1.

Gegen Jugoslawien galten die DDR-Spieler als krasser Außenseiter.

Trotzdem lag eine Sensation in der Luft. Die Spieler aus Leipzig, Dresden und Jena wollten unbedingt das 0:1 aus dem Heimspiel aufholen. Das schien in Mostar zu gelingen. Bereits in der 2. Minute kann Peter Kotte die Führung herstellen. Den Ausgleich der Jugoslawen beantwortet Dieter Kühn umgehend mit der erneuten Führung. Als Riediger in der 14. Minute auf 3:1 erhöhen kann, schien das Spiel der DDR zu laufen, doch Desnica konnte bereits im Gegenzug den Anschlußtreffer herstellen. Mit 4:3 für die DDR werden die Seiten gewechselt. Sechs Minuten nach Wiederbeginn fiel der Ausgleich. Trotz aller Bemühungen beider Mannschaften blieb es bei diesem Ergebnis. Für die DDR-Auswahl war es trotz allem ein Erfolg.

2. Europameisterschaft der Nachwuchsmannschaften U 21 1980

Gruppenspiele

DDR - Polen	4:1 1:1
DDR - Niederlande	2:0 1:1

Viertelfinale:

DDR - Ungarn	0:2 3:0

Halbfinale:

DDR - England	2:1 1:0

1. Endspiel am 7. Mai 1980 Rostock

DDR - UdSSR		0:0
Zuschauer:	15.000 im Ostseestadion	
Referee:	Delmer (Frankreich)	

DDR

Rene Müller (1. FC Lok Leipzig) - Jürgen Uteß (FC Hansa Rostock) - Artur Ullrich (Berliner FC Dynamo), Thomas Dennstedt (1. FC Lok Leipzig) - Rainer Troppa (Berliner FC Dynamo), Ralf Sträßer (Berliner FC Dynamo), Lothar Kurbjuweit (FC Carl Zeiss Jena), Ronald Kreer (1. FC Lok Leipzig), ab 88. Dirk Stahmann (1. FC Magdeburg) - Axel Schulz (FC Hansa Rostock), ab 62. Frank Pastor (Hallescher FC Chemie), Jürgen Raab (FC Carl Zeiss Jena), Thomas Töpfer (FC Carl Zeiss Jena)

UdSSR

Tschanow (87. Feldverweis) - Baltatscha - Kaplun, Schurawjow, Demjanenko - Darasselija, Catschatrjan, Susloparow, Bal - Chapsalis (ab 75. Petrakow), Schengelija (ab 87. Prudikow)

2. Endspiel am 21. Mai 1980 in Moskau

UdSSR - DDR		1:0 (0:0)
Zuschauer:	10.000	
Referee:	Brummeier (Österreich)	
Torfolge:	1:0 Susloparow (51.)	

UdSSR

Nowikow - Baltatscha - Kaplun, Schurawljow, Demjanenko - Dumanski, Susloparow, Bal - Darasselija (69. Feldverweis), Schengelija, Gussajew (ab 88.Chapsalis)

DDR

Rene Müller - Jürgen Uteß - Thomas Dennstedt, Rainer Troppa (58. Feldverweis), Artur Ullrich - Ralf Sträßer, Lothar Kurbjuweit, Ronald Kreer (60.Feldverweis) - Hans-Jürgen Riediger (Berliner FC Dynamo), Jürgen Raab, Thomas Töpfer

Auch 1980 erreicht die U 21 ohne größere Probleme das Finale. Im Viertelfinale wandeln Sträßer (2) und Schmuck das 0:2 gegen Ungarn in Budapest noch in ein 3:0 um. In Sheffield führen Tore von Raab und Dennstedt zum sensationellen 2:1 gegen England, in Jena sichert Ronald Kreer das knappe 1:0.
In den beiden Endspielen gelangte der hohe Favorit UdSSR lediglich durch ein Tor von Susloparow zum Europameistertitel. Erneut wurde die DDR Vize-Europameister.

5. Junioren-Europameisterschaft U 18 1986

Gruppenspiele

DDR - Norwegen	1:0 1:1
DDR - Schweden	2:1 0:0
DDR - Finnland	1:0 2:0

Endrunde in Jugoslawien

Viertelfinale:

DDR - Jugoslawien	2:0

Halbfinale:

DDR - BR Deutschland	1:0

Endspiel am 15. Oktober 1986 in Subotica

DDR - Italien		3:1 (2:1)
Zuschauer:	1.000	
Referee:	Nemeth (Ungarn)	
Torfolge:	0:1 Impallomeni (17.), 1:1 Kruse (30.), 2:1 Sammer (42.), 3:1 Köller (81.)	

DDR

Holger Hiemann (FC Karl-Marx-Stadt) - Karsten Neitzel (Dynamo Dresden) - Barylla, Thomas Ritter (Dynamo Dresden), Dirk Schuster (1. FC Magdeburg) - Prasse, Hendrik Herzog (Berliner FC Dynamo), Rico Steinmann (FC Karl-Marx-Stadt), Marco Köller (Berliner FC Dynamo), Stefan Minkwitz (1. FC Magdeburg) - Axel Kruse (FC Hansa Rostock), ab 68. Uwe Jähnig (Dynamo Dresden), Matthias Sammer (Dynamo Dresden)

Italien

Limonta - Omiccioli - Rivolta (ab 74. Zanozelli), Rocchigiani, Manzo - Piacentini, Impallomeni, Carrara (ab 46. Fiornetini), Giunchi - Lentini, Ciocci

Zur 5. Junioren-Europameisterschaft stehen sich am 15. Oktober 1986 im jugoslawischen Subotica die DDR und Italien gegenüber. Die 81. Spielminute ist angebrochen, da jagt der Berliner Mittelfeldspieler Marco Köller in die Spitze, umspielt zwei Gegenspieler. Als die Italiener mit einer Eingabe aus spitzem Winkel rechnen, schiebt er seelenruhig das Leder in die lange Ecke.Die DDR führt 3:1 - der Europameistertitel ist ihr nicht mehr zu nehmen. Auch wenn die Italiener in der verbleibenden Zeit über sich hinauswachsen, der Rückstand ist nicht mehr wettzumachen.

Dabei hatte alles so gut für sie begonnen. Impallomeni sorgte in der 17. Minute für die Führung, doch Axel Kruse und Matthias Sammer können bis zum Pausenpfiff den Rückstand in eine 2:1-Führung umwandeln. Köllers 3:1 bedeutete den endgültigen Sieg. Aus den Händen des UEFA-Präsidenten Jacques Georges nimmt Kapitän Karsten Neitzel den Silberpokal entgegen.

Doch bis dahin hatten die Junioren der DDR einen weiten Weg zurückzulegen. Geleitet von Dresdens "Meistermacher" Walter Fritzsch nehmen die Aktiven die Qualifikation gegen Norwegen, Schweden und Finnland in Angriff. Fritzsch rechnet sich nicht viel aus, aber: "Wir werden trotzdem alles tun, um unseren Nachfolgern ein vernünftiges Fundament zu hinterlassen."

Von "seiner" Mannschaft werden die ersten drei Spiele gewonnen. Im Auftaktspiel gelingt ein 1:0 gegen Norwegen. Schweden und Finnland müssen ebenfalls Niederlagen hinnehmen. Walter Fritzsch kommt zu dem Urteil: "Die Truppe ist zwar nicht sonderlich gut besetzt, aber sie hat ihre kämpferischen Qualitäten in die Waagschale geworfen und damit viele Nachteile wettgemacht."

Diese Nachteile sieht er in der Grundschnelligkeit, im Voraus- und Mitdenken, beim Umschalten, wenn der Ball verloren oder gewonnen wird. Fritzsch verlangt von seinen Spielern Disziplin in jeder Sekunde des Spiels.

Nach Halbzeit der Qualifikation gibt Fritzsch den Staffelstab an Eberhard Vogel weiter. Der hat zwar 440 Oberligaspiele und 74 Länderspiele bestritten, ist aber als Trainer ein unbeschriebenes Blatt. Vor der entscheidenden Begegnung gegen Schweden in Värnamo fehlt der DDR noch ein Punkt. In den Länderspielen gegen Rumänien und Ungarn hinterließ die Hintermannschaft nicht den besten Eindruck.

Doch als es darauf ankam, stand sie wie ein Fels in der Brandung. In Värnamo bieten Torwart Holger Hiemann, Torsten Kracht, Thomas Ritter, Rico Steinmann und Matthias Sammer eine Leistung, die Schwedens Trainer Lars-Oscar Nilsson zu dem Urteil verleitet: "Meine Jungen haben gut gespielt. Diese DDR-Mannschaft wird ihren Weg machen. Bei der Europameisterschaft wird sich mancher Kontrahent an dieser Truppe die Zähne ausbeißen. "

In Palic bereitet sich die DDR-Auswahl auf das schwere Spiel gegen Gastgeber Jugoslawien vor. In der Elf der DDR herrscht vor dem Spiel Aufregung. Delegationsleiter Klaus Petersdorf gibt zu verstehen. "Zum einen wird es gegen den Gastgeber Jugoslawien sicherlich schwerer als gegen manch anderen Kontrahenten, zum anderen hätten wir im Falle eines vollen Erfolges die Qualifikation für die Weltmeisterschaft schon in der Tasche. "

Die Jugoslawen wollen die DDR im Handstreich überrumpeln, doch der erwartete Erfolg bleibt aus. Mehr und mehr verlieren sie die Initiative. Die DDR-Auswahl zeigt Kombinationsverständsnis, kluge Raumaufteilung,effektive individuelle Aktionen und gewinnt verdient 2:0.

Die Zagreber Zeitung "Sportske Novosti" sagt voraus, "daß die DDR-Mannschaft damit bei diesem Turnier noch lange nicht das letzte Wort gesprochen hat."

Gegen Jugoslawien machten Steinmann, Köller, Sammer, Minkwitz, Prasse und Kruse den Ball zum schnellsten Mitspieler. Jugoslawiens Nationaltrainer Miljan Miljanic lobte

Rico Steinmann (links), hier im Trikot von Karl-Marx-Stadt, gehörte zu den talentiertesten Jugendspielern in der DDR.

besonders Sammer und Steinmann. "Sie stehen erheblich über dem spielerischen Standard in dieser Altersklasse. Allein dies sollte, in Verbindung mit anderen Qualitäten, die Voraussetzung für ein weiteres Vordringen der DDR-Jungen sein."

Gegen die Bundesrepublik Deutschland wirken im Halbfinale die Aktionen keineswegs abgerundet. Nach zwei Minuten kann zwar der Rostocker Axel Kruse die frühzeitige Führung herbeiführen, doch eine kontrollierte Offensive gelingt nicht mehr. Die Mannschaft der BRD bekommt Oberwasser, hat Chancen für den Ausgleich, doch der Karl-Marx-Städter Hiemann im Tor hat einen Glanztag.

Die DDR steht im Finale. Der Dresdner Matthias Sammer gibt unmißverständlich zu verstehen: "Wenn wir so weit gekommen sind, dann sollte auch ein Sieg im Endspiel möglich sein." Italiens Nationalmannschaftstrainer Ferrugio Valcareggi ist vor dem Spiel Pessimist: "Ich befürchte fast, wir werden die Trophäe kaum gewinnen können."

Zu schwer war er von der mannschaftlichen Geschlossenheit und den starken individuellen Aktionen der DDR-Mannschaft gegen Jugoslawien überzeugt. Die DDR zeigte sich im Endspiel nervenstark, steckte das 0:1 durch Impallomeni in der 17. Minute locker weg und kam durch Kruse, Sammer und den bärenstarken Berliner Köller zum verdienten 3:1-Erfolg. Trainer Eberhard Vogel betrachtete das Spiel als die beste Leistung, die die Mannschaft unter seiner Regie vollbrachte.

6. Europameisterschaft 1986/89

Qualifikation Gruppe 3

DDR - Norwegen	1:1 0:0
DDR - Frankreich	1:0 2:2
DDR-UdSSR	5:1 1:2

Das Schlußspiel in der Gruppe 3 zwischen Frankreich und der DDR hat einen bitteren Beigeschmack. Die DDR muß in Besancon gegen Frankreich antreten. Frankreich führt in der Tabelle mit 7:3 Punkten vor der DDR mit 6:4 Punkten. Ein Sieg der Ostdeutschen würde den Gruppensieg bedeuten.

15.000 Zuschauer sehen im Stadion "Leo Lagrange" eine taktisch ausgewogene, angriffsbetonte und spielerisch starke Partie der DDR-Vertretung. Nach einer knappen halben Stunde muß sie zwar durch Blanc den 0:1-Rückstand hinnehmen, doch in der Folgezeit setzt sie die Franzosen derart unter Druck, daß Tore einfach nicht ausbleiben konnten. Und diese schießen Bonan (70.) und Unglaube (80.). Die DDR glaubt sich am Ziel aller Wünsche, dann geschieht doch noch das "Miracle", das Wunder.

In der 90. Minute ignoriert der belgische Schiedsrichter Constantin ein klares Handspiel des Franzosen Despeyroux, der somit unmittelbar vor dem Abpfiff zum 2:2 einschießen kann. Das ist der Gruppensieg für Frankreich ! Andererseits übersah der Belgier zwei klare Fouls an Grether.

Trainer Horst Brunzlow ist jedoch ehrlich genug, die Ursachen für das Ausscheiden nicht im Schlußspiel zu suchen, denn "Wir wußten von vornherein, daß wir uns auf eine schmale Gratwanderung begeben mußten. Nun hilft kein Zagen, auch keine Schuldzuweisung. Man muß der Mannschaft bescheinigen, daß sie eine imponierende Leistung geboten hat. In einer ausgeglichenen Gruppe haben wir gegen Norwegen die entscheidenden Punkte verloren."

Trainer Horst Brunzlow begann mit dem Neuaufbau der Mannschaft. Gegen Bulgarien im März 1986 setzte er nicht weniger als zehn Neulinge ein. Die gute Ausgangsposition mit 8:2 Punkten wurde zunächst gegen Norwegen verspielt. In Hamarkameratene gelingt leider nur ein mageres 0:0. Die "Fußballwoche" schrieb über dieses Spiel: "Es fehlte mehr als nur ein'Hammer'." Kapitän Heiko Bonan stellte fest: "Wir konnten und mußten gewinnen."

In Vorbereitung auf die weiteren Spiele setzte Trainer Brunzlow 26 Spieler ein. Als einziger in allen Begegnungen dabei ist der Magdeburger Wuckel. Gegen Frankreich spielt die Mannschaft in Halle. Der Leipziger Matthias Lindner schießt im November 1986 den entscheidenden Treffer, doch die DDR-Presse berichtet von einem "mühevollen, aber hochwichtigen Sieg."

Im Frühjahr 1987 muß die DDR im Kiewer Zentralstadion gegen die UdSSR antreten und erreicht beim 1:2 ein normales Ergebnis. Die Ausgangsposition der DDR verschlechtert sich.

Dann kommt die UdSSR zum Rückspiel nach Ludwigsfelde. In der Mannschaft stehen die bewährten Mostowoi vom Meister Spartak Moskau, Schmatowalenko von Dynamo Kiew, der Dribbler Iwanauskas von Shalgiris Wilna, Kolywanow von Dynamo Moskau. 5 500 Zuschauer im Ludwigsfelder Waldstadion erleben eine DDR-Mannschaft, die wie entfesselt aufspielt. Bonan, Wuckel, Marschall, Lindner und Grether schießen bei einem Gegentreffer von Kusnezow einen sensationellen 5:1-Sieg heraus. Horst Brunzlow hob nach dem Spiel hervor:

"Unsere entscheidenden Vorzüge lagen im ausgewogenen Kollektivspiel, in der engagierten Einstellung jedes einzelnen." Doch gegen Norwegen folgt in Schönebeck umgehend die Ernüchterung. In einem ausgesprochen leistungsschwachen Spiel reicht es nur zu einem enttäuschenden 1:1. Das geschilderte 2:2 in Besancon bedeutete endgültig das Ausscheiden der Nachwuchs-Vertretung.

Folgende Spieler wurden in der Qualifikation eingesetzt:

5 Einsätze: Laudeley, Bonan, Teuber

4 Einsätze: Edmond, Lindner, Marschall, Wuckel, Unglaube

3 Einsätze: Fankhänel, Wagenhaus, Abel, März, Heidrich

2 Einsätze: Schmidt, Köhler, Sirocks, Röser, Kracht, Kirchner

1 Einsatz: Kostmann, Fügner, Doll, Scholz, Förster, Pilz, Schößler, Köller, Sammer, Grether, Steinmann

Junioren-Länderspiele von 1954 bis 1985

1. 11. April 1954 Neukirchen/BRD
DDR - Frankreich 3:1 (2:1)
Torfolge: Niewand (3)

2. 14. April 1954 Aachen
DDR - Argentinien 0:2 (0:1)

3. 15. April 1954 Herzogenrath
DDR - Niederlande 1:1 (1:0)
Torfolge: Otto

4. 18. April 1954 Neuwied
DDR - Jugoslawien 1:3 (1:1)
Torfolge: Niewand

5. 20. April 1954 Euskirchen
DDR - Belgien 3:2 (2:0)
Torfolge: Hilmar Ahnert (Motor Jena), Horst Kohle (ASK Vorwärts Berlin), Niewand

6. 8. Mai 1954 Berlin
DDR - Rumänien 1:2 (1:2)
Torfolge: Horst Kohle (ASK Vorwärts Berlin)

7. 23. Oktober 1954 Sofia
DDR - Bulgarien 1:1 (1:0)
Torfolge: Stiller (Motor Dessau)

8. 27. März 1955 Liberec
DDR - C S S R 4:1 (0:1)
Torfolge: Eggert (2), Stiller (Motor Dessau), Gebhardt

9. 3. Juli 1955 Karl-Marx-Stadt
DDR - BR Deutschland 1:2 (0:1)
Torfolge: Büchner (Chemie Halle)

10. 18. September 1955 Bukarest
DDR - Rumänien 2:5 (0:3)
Torfolge: Horst Kohle (ASK Vorwärts Berlin), Winfried Herz (Turbine Erfurt)

11. 7. Oktober 1955 Halle
DDR - C S S R 1:0 (0:0)
Torfolge: Niewand

12. 19. November 1955 Rostock
DDR - Bulgarien 0:0

13. 29. März 1956 Tatabanya
DDR - Türkei 1:1 (0:0)
Torfolge: Tschöp

14. 31. März 1956 Kecskemet
DDR - C S S R 1:1 (0:1)
Torfolge: Strohmeyer (Lok Stendal)

15. 2. April 1956 Eger (Ungarn)
DDR - Griechenland 1:1 (0:0)
Torfolge: Strohmeyer (Lok Stendal)

16. 21. April 1956 Dresden
DDR - C S S R 0:1 (0:0)

17. 22. Juli 1956 Danzig
DDR - Polen 1:3 (1:2)
Torfolge: Wilfried Klingbiel (Lok Stendal)

18. 13. Oktober 1956 Sofia
DDR - Bulgarien 0:0

19. 14. April 1957 Gijon
DDR - Italien 0:2 (0:2)

20. 16. April 1957 Oviedo
DDR - Türkei 1:2 (1:1)
Torfolge: Seiler

21. 15. Juni 1957 Gottwaldov
DDR - C S S R 0:7 (0:3)

22. 7. September 1957 Halle
DDR - Polen 0:1 (0:1)

23. 7. Oktober 1957 Magdeburg
DDR - Bulgarien 1:1 (1:0)
Torfolge: Strohmeyer (Lok Stendal)

24. 26. Oktober 1957 Zwickau
DDR - C S S R 2:3 (2:3)
Torfolge: Dieter Lange (Motor Jena), Renn

25. 22 März 1958 Karl-Marx-Stadt
DDR - Österreich 0:3 (0:2)

26. 5. April 1958 Grevesmühlen
DDR - Luxemburg 3:1 (2:0)
Torfolge: Renn, Walter, Dieter Lange (Motor Jena)

27. 7. April 1958 Neunkirchen
DDR - England 0:1

28. 9. April 1958 Luxemburg
DDR - Spanien 1:2 (0:0)
Torfolge: Heidenreich

29. 28. Juni 1958 Bialystok
DDR - Polen 2:5 (0:1)
Torfolge: Bernd Bauchspieß (Chemie Zeitz), Dieter Lange (Motor Jena)

30. 17. August 1958 Halle
DDR - Ungarn 1:3 (1:1)
Torfolge: Dieter Lange (SC Motor Jena)

31. 13. September 1958 Frankfurt/O.
DDR - Rumänien 2:0 (1:0)
Torfolge: Bernd Bauchspieß (Chemie Zeitz/2)

32. 4. Oktober 1958 Orljachowska
DDR - Bulgarien 0:3 (0:3)

33. 8. März 1959 Zwickau
DDR - England 4:3 (3:3)
Torfolge: Wolfgang Barthels (SC Empor Rostock), Rainer Nachtigall (ASK Vorwärts Berlin), Sommer (SC Rotation Leipzig), Heidenreich

34. 23. März 1959 Dimitrowgrad
DDR - Frankreich 3:1 (1:0)
Torfolge: Rainer Nachtigall (ASK Vorwärts Berlin), Sommer (SC Rotation Leipzig), Jürgen Nöldner (ASK Vorwärts Berlin)

35. 31. März 1959 Tschirwan
DDR - C S S R 0:1 (0:0)

36. 2. April 1959 Plowdiw
DDR - Polen 5:1 (2:0)
Torfolge: Horst Walter (SC Chemie Halle/3), Jürgen Nöldner (ASK Vorwärts Berlin/2)

37. 4. April 1959 Sofia
DDR - Bulgarien 0:3 (0:3)

38. 6. April 1959 Sofia
DDR - Ungarn 1:6 (1:1)
Torfolge: Jürgen Nöldner (ASK Vowärts Berlin)

39. 17. Oktober 1959 Greifswald
DDR - Polen 6:1 (3:1)
Torfolge: Jürgen Nöldner (ASK Vorwärts Berlin/3), Heydenreich (2), Dieter Fischer (SC Lok Leipzig)

40. 1. November 1959 Prag
DDR - C S S R 1:5 (0:3)
Torfolge: Peter Gießner (SC Lok Leipzig)

41. **27. März 1960 Riesa**
DDR - Österreich 2:1 (0:1)
Torfolge: Heydenreich (Foulelfmeter), Arno Zerbe (SC Lok Leipzig)

42. **3. April 1960 Portsmouth**
DDR - England 1:1 (1:0)
Torfolge: Schmahl

43. **16. April 1960 Wien**
DDR - Ungarn 0:2 (0:1)

44. **18. April 1960 St. Pölten**
DDR - Türkei 0:1 (0:1)

45. **20. April 1960 Linz**
DDR - BR Deutschland 1:1 (0:1)
Torfolge: Arno Zerbe (SC Lok Leipzig)

46. **10. Juli 1960 Halberstadt**
DDR - Bulgarien 0:0

47. **21. August 1960 Kielce**
DDR - Polen 0:0

48. **1. Oktober 1960 Erfurt**
DDR - C S S R 3:1 (1:0)
Torfolge: Geserich (SC Dynamo Berlin/2), Klaus Lisiewicz (SC Lok Leipzig)

49. **19. Februar 1961 Dresden**
DDR - Österreich 2:2 (2:1)
Torfolge: Fietz, Eigentor

50. **16. April 1961 Budapest**
DDR - Ungarn 0:1 (0:1)

51. **30. April 1961 Belgrad**
DDR - Jugoslawien 1:2 (0:0)
Torfolge: Henschel (Motor Zwickau)

52. **18. Juni 1961 Plauen**
DDR - Jugoslawien 0:1 (0:1)

53. **9. Sept. 1961 Karl-Marx-Stadt**
DDR - Ungarn 1:1 (1:0)
Torfolge: Hartmut Rentzsch (Mot. Zwickau)

54. **7. Oktober 1961 Brandenburg**
DDR - Polen 2:2 (1:1)
Torfolge: Queck (Motor Steinach), Hartmut Rentzsch (Motor Zwickau)

55. **25. Februar 1962 Halle**
DDR - Österreich 0:0

56. **21. April 1962 Cluj**
DDR - Griechenland 3:2 (1:1)
Torfolge: Queck (Motor Steinach), Hartmut Rentzsch (Motor Zwickau), Schröder

57. **23. April 1962 Cluj**
DDR - CSSR 1:3 (0:2)
Torfolge: G. John (Akt. Brieske-Senftenberg)

58. **25. April 1962 Cluj**
DDR - UdSSR 4:1 (3:1)
Torfolge: Hartmut Rentzsch (Motor Zwickau), Queck (Motor Steinach), Polywka (SC Motor Jena/2)

59. **16. Mai 1962 Belgrad**
DDR - Jugoslawien 1:1 (0:1)
Torfolge: Hans-Jürgen Naumann (SC Lok Leipzig)

60. **16. September 1962 Bydgoszcz)**
DDR - Polen 1:3 (1:2)
Torfolge: Geyer

61. **7. Oktober 1962 Saalfeld**
DDR - Jugoslawien 0:1 (0:1)

62. **14. Oktober 1962 Bukarest**
DDR - Rumänien 0:6 (0:3)

63. **18. November 1962 Löbau**
DDR - C S S R 3:0 (1:0)
Torfolge: Gerd Weber (Dynamo Dresden/Foulelfmeter), Matthei, Franke

64. 31. März 1963 Prag
DDR - C S S R 2:4 (1:2)
Torfolge: Gerd Weber (Dynamo Dresden),Franke

65. 13. Oktober 1963 Greifswald
DDR - Rumänien 4:1 (3:0)
Torfolge: Helmut Stein (SC Chemie Halle/2), Matthei (2)

66. 17. November 1963 Sofia
DDR - Bulgarien 2:3 (1:1)
Torfolge: Harald Irmscher (Motor Zwickau), Matthei

67. 1. März 1964 Wien
DDR - Österreich 1:1 (0:0)
Torfolge: Wolfgang Wruck (1. FC Union Berlin)

68. 8. März 1964 Karl-Marx-Stadt
DDR - UdSSR 0:1 (0:1)

69. 7. Oktober 1964 Neuruppin
DDR - Bulgarien 1:0 (1:0)
Torfolge: Jürgen Sparwasser (SC Aufbau Magdeburg)

70. 12. November 1964 Pitesti
DDR - Rumänien 0:3 (0:1)

71. 22. November 1964 Czestochowa
DDR - Polen 0:1 (0:0)

72. 18. März 1965 Magdeburg
DDR - Österreich 2:0 (1:0)
Torfolge: Steffen Krauß (Wismut Aue), Sykora (FC Hansa Rostock)

73. 15. April 1965 Schwenningen
DDR - Portugal 2:1 (2:0)
Torfolge: Rainer Schlutter (SC Motor Jena), Jürgen Sparwasser (SC Aufbau Magdeburg)

74. 19. April 1965 Offenburg
DDR - Österreich 7:0 (1:0)
Torfolge: Helmut Stein (SC Chemie Halle/2), Hans-Jürgen Kreische (Dynamo Dresden/2), Manfred Lienemann Karl - Marx - Stadt), Rainer Schlutter (SC Motor Jena), Sykora (FC Hansa Rostock/Foulelfmeter)

75. 21. April 1965 Rheydt
DDR - Niederlande 3:0 (3:0)
Torfolge: Roland Nowotny (SC Chemie Halle), Hans-Jürgen Kreische (Dynamo Dresden), Manfred Lienemann (SC Motor Karl - Marx - Stadt)

76. 23. April 1965 Oberhausen
DDR - CSSR 2:1 (2:0)
Torfolge: Helmut Stein (SC Chemie Halle/2)

77. 25. April 1965 Essen
DDR - England 3:2 (0:0)
Torfolge: Jürgen Sparwasser (SC Aufbau Magdeburg), Roland Nowotny (SC Chemie Halle), Hans-Jürgen Kreische (Dynamo Dresden)

78. 22. Mai 1965 Tatabanya
DDR - Ungarn 1:2 (1:1)
Torfolge: Jürgen Sparwasser (SC Aufbau Magdeburg)

79. 8. Juni 1965 Algier
DDR - Algerien 3:1 (2:0)
Torfolge: Rainer Schlutter (SC Motor Jena/2), Roland Nowotny (SC Chemie Halle)

80. 17. Juni 1965 Oran
DDR - Algerien 1:2 (1:2)
Torfolge: Jürgen Sparwasser (SC Aufbau Magdeburg)

81. 29. Sept. 1965 Neubrandenburg
DDR - Rumänien 0:1 (0:0)

82. **7. Oktober 1965 Bernburg**
DDR - Ungarn 3:3 (0:3)
Torfolge: Gerd Weber (Dynamo Dresden), D. Leuschner (Motor Zwickau), Roland Nowotny (SC Chemie Halle)

83. **30. Oktober 1965 Altenburg**
DDR - Polen 1:0 (0:0)
Torfolge: Wolf (Foulelfmeter)

84. **6. November 1965 Hässleholm**
DDR - Schweden 1:0 (1:0)
Torfolge: Roland Nowotny (SC Chemie Halle)

85. **14. November 1965 Sofia**
DDR - Bulgarien 0:3 (0:1)

86. **27. März 1966 Tarnow**
DDR - Polen 0:0

87. **27. April 1966 Leipzig**
DDR - Polen 2:0 (1:0)
Torfolge: Dieter Riedel (Dynamo Dresden), Jürgen Sparwasser (1. FC Magdeburg)

88. **21. Mai 1966 Belgrad**
DDR - Bulgarien 1:1 (1:0)
Torfolge: Jürgen Sparwasser (1. FC Magdeburg)

89. **23. Mai 1966 Vrsac**
DDR - Jugoslawien 1:2 (1:1)
Torfolge: Hempel

90. **25. Mai 1966 Kragujevac**
DDR - Portugal 0:2 (0:1)

91. **5. Oktober 1966 Belgrad**
DDR - Jugoslawien 0:1 (0:0)

92. **16. Oktober 1966 Frankfurt/Oder**
DDR - UdSSR 0:1 (0:1)

93. **23. Oktober 1966 Rimnicu Vilcea**
DDR - Rumänien 1:2 (1:0)
Torfolge: Jahn

94. **6. November 1966 Zwickau**
DDR - CSSR 0:3 (0:1)

95. **16. April 1967 Torgelow**
DDR - Polen 1:1 (0:1)
Torfolge: Kersten (Hallescher FC Chemie)

96. **5. Mai 1967 Ankara**
DDR - Türkei 0:1 (0:0)

97. **7. Mai 1967 Bolu**
DDR - UdSSR 0:0

98. **9. Mai 1967 Ankara**
DDR - Schweden 2:1 (1:1)
Torfolge: Gotthard Zölfl (FC Karl-Marx-Stadt), Ralf Schulenberg (Berliner FC Dynamo)

99. **16. September 1967 Blonie**
DDR - Polen 0:4 (0:2)

100. **27.September 1967 Budapest**
DDR - Ungarn 1:4 (0:2)
Torfolge: Gotthard Zölfl (FC Karl-Marx-Stadt)

101. **7. Oktober 1967 Stawropol**
DDR - UdSSR 1:0 (0:0)
Torfolge: Gotthard Zölfl (FC Karl-Marx-Stadt)

102. **29. Oktober 1967 Leipzig**
DDR - Ungarn 2:3 (0:3)
Torfolge: Karl-Heinz Bergmann (Brieske-Senftenberg), Gerd Schellenberg (FC Karl-Marx-Stadt)

103. **12. November 1967 Ursus**
DDR - Polen 2:3 (0:1)
Torfolge: Gert Schellenberg (FC Karl-Marx-Stadt), Wiedensee (FC Karl-Marx-Stadt)

104. **18. November 1967 Berlin**
DDR - Schweden 2:2 (1:2)
Torfolge: Gotthard Zölfl (FC Karl-Marx-Stadt/2)

105. **3. Dezember 1967 Karl-Marx-Stadt**
DDR - Polen 3:0 (2:0)
Torfolge: Rauschenbach (FC Karl-Marx-Stadt/2), Menge

106. **13. März 1968 Eisenhüttenstadt**
DDR - Niederlande 0:2 (0:1)

107. **24. März 1968 Babelsberg**
DDR - Bulgarien 1:0 (0:0)
Torfolge: Rauschenbach (FC Karl-Marx-Stadt)

108. **7. April 1968 Toulon**
DDR - Griechenland 1:1 (1:0)
Torfolge: Rauschenbach (FC Karl-Marx-Stadt)

109. **9. April 1968 Monaco**
DDR - Ungarn 1:4 (1:2)
Torfolge: Gerd Schellenberg (FC Karl-Marx-Stadt)

110. **11. April 1968 Toulon**
DDR - Frankreich 3:4 (1:3)
Torfolge: Konrad Weise (FC Carl Zeiss Jena), Gerd Schellenberg (FC Karl-Marx-Stadt), Neubert (FC Carl Zeiss Jena)

111. **1. Mai 1968 Hälsingborg**
DDR - Schweden 1:0 (0:0)
Torfolge: Neubert (FC Carl Zeiss Jena)

112. **9. August 1968 Györ**
DDR - Kuba 2:0 (1:0)
Torfolge: Schwierske (Berliner FC Dynamo), Joachim Streich (FC Hansa Rostock)

113. **12. August 1968 Petöhaza**
DDR - Koreanische VDR 1:3 (1:1)
Torfolge: Schwierske (Berliner FC Dynamo)

114. **14. August 1968 Varpalota**
DDR - Polen 4:2 (1:2)
Torfolge: Schwierske (Berliner FC Dynamo/2), Joachim Streich (FC Hansa Rostock), Hans-Jürgen Dörner (Dynamo Dresden)

115. **16. August 1968 Tatabanya**
DDR - Ungarn 1:0 (1:0)
Torfolge: Frank Richter (Dynamo Dresden)

116. **18. August 1968 Budapest**
DDR - Bulgarien 2:2 n. V. (2:2, 1:1)
Torfolge: Schwierske (Berliner FC Dynamo), Schott

117. **19. September 1968 Leipzig**
DDR - Jugoslawien 0:0

118. **9. Oktober 1968 Targoviste**
DDR - Rumänien 1:1 (0:0)
Torfolge: Labes (Berliner FC Dynamo)

119. **9. Nov. 1968 Machavidse/UdSSR**
DDR - Finnland 4:1 (2:1)
Torfolge: Schwierske (Berliner FC Dynamo/2), Lothar Kurbjuweit (Stahl Riesa), Joachim Müller (FC Karl-Marx-Stadt)

120. **26. März 1969 Craiova**
DDR - Rumänien 0:2 (0:0)

121. **28. März 1969 Rimnicu Vilcea**
DDR - Rumänien 0:0

122. **20. April 1969 Pulawy**
DDR - Polen 4:0 (2:0)
Torfolge: Labes (Berliner FC Dynamo/2), Jürgen Pommerenke (1. FC Magdeburg), Eigentor

123. **18. Mai 1969 Karl-Marx-Stadt**
DDR - CSSR 1:0 (1:0)
Torfolge: Gotthart Zölfl (FC Karl-Marx-Stadt)

124. **20. Mai 1969 Halle**
DDR - Malta 10:0 (4:0)
Torfolge: Erhard Mosert (Hallescher FC Chemie/3), Joachim Streich (FC Hansa Rostock/2), Jürgen Pommerenke (1. FC Magdeburg/2), Gotthard Zölfl (FC Karl - Marx - Stadt), Schwierske (Berliner FC Dynamo), Hans-Jürgen Dörner (Dynamo Dresden)

125. **22. Mai 1969 Magdeburg**
DDR - England 4:0 (2:0)
Torfolge: Gotthard Zölfl (FC Karl-Marx-Stadt/3), Erhard Mosert (Hallescher FC Chemie)

126. **24. Mai 1969 Karl-Marx-Stadt**
DDR - Schottland 2:1 (1:0)
Torfolge: Gottfried Zölfl (FC Karl-Marx-Stadt), Schwierske (Berliner FC Dynamo)

127. **26. Mai 1969 Leipzig**
DDR - Bulgarien 1:1 n. V.(1:1, 1:1)
Torfolge: Joachim Streich (FC Hansa Rostock)

128. **9. Juli 1969 Wismar**
DDR - Finnland 1:0 (1:0)
Torfolge: Braun

129. **11. Juli 1969 Wismar**
DDR - Finnland 4:3 (1:0)
Torfolge: Frank Richter (Dynamo Dresden/2), Labes (Berliner FC Dynamo/2)

130. **20. August 1969 Timisoara**
DDR - Jugoslawien 3:3 (1:0)
Torfolge: Jürgen Pommerenke (1. FC Magdeburg/2), Labes (Berliner FC Dynamo)

131. **22. August 1969 Timisoara**
DDR - Rumänien 2:1 (1:0)
Torfolge: Joachim Fritsche (1. FC Lok Leipzig/2)

132. **17. September 1969 Simferopol**
DDR - UdSSR 1:1 (1:0)
Torfolge: Frank Richter (Dynamo Dresden)

133. **1. Oktober 1969 Plauen**
DDR - Rumänien 1:0 (0:0)
Torfolge: Labes (Berliner FC Dynamo)

134. **2. Oktober 1969 Karl-Marx-Stadt**
DDR - Rumänien 0:0

135. **19. Oktober 1969 Wonsan (Korea)**
DDR - Kuba 0:0

136. **21. Oktober 1969 Phjongjang**
DDR - Bulgarien 0:2 (0:1)

137. **22. Oktober 1969 Phjongjang**
DDR - UdSSR 0:1 (0:1)

138. **25. Oktober 1969 Phjongjang**
DDR - Ungarn 0:1 (0:0)

139. **26. November 1969 Halle**
DDR - Niederlande 0:0

140. **4. Dezember 1969 Sofia**
DDR - Bulgarien 0:1 (0:0)

141. **18. März 1970 Magdeburg**
DDR - Österreich 4:1 (2:1)
Torfolge: Joachim Fritsche (1. FC Lok Leipzig), Konrad Weise (FC Carl Zeiss Jena), Frank Richter (Dynamo Dresden), Eigentor

142. **29. März 1970 Trieben**
DDR - Österreich 2:0 (1:0)
Torfolge: Jürgen Pommerenke (1. FC Magdeburg), Reinhard Häfner (Dynamo Dresden)

143. **9. April 1970 Dresden**
DDR - Bulgarien 2:0 (1:0)
Torfolge: Jürgen Pommerenke (1. FC Magdeburg), Waldemar Köppe (Hallescher FC Chemie)

144. **16. Mai 1970 Falkirk**
DDR - Türkei 1:0 (0:0)
Torfolge: Klaus Decker (1. FC Magdeburg)

145. **18. Mai 1970 Falkirk**
DDR - Belgien 2:0 (1:0)
Torfolge: Waldemar Köppe (Hallescher FC Chemie), Gerd Kische (FC Hansa Rostock)

146. **20. Mai 1970 Edinburgh**
DDR - Rumänien 0:0

147. **23. Mai 1970 Ayr**
DDR - Frankreich 1:1 n. V. (1:1, 0:1)
Torfolge: Klaus Decker (1. FC Magdeburg)

148. **25. Mai 1970 Glasgow**
DDR - Niederlande 1:1 n. V. (1:1, 0:1)
Torfolge: Klaus Decker (1. FC Magdeburg)

149. **5. September 1970 Myslowice**
DDR - CSSR 1:1 (0:1)
Torfolge: Axel Tyll (1. FC Magdeburg)

150. **7. September 1970 Wodzislaw**
DDR - UdSSR 0:0

151. **11. September 1970 Zabrze**
DDR - Polen 0:4 (0:3)

152. **17. September 1970 Valkeakoski**
DDR - Finnland 4:1 (4:1)
Torfolge: Waldemar Köppe (Hallescher FC Chemie/2), Detlef Robitzsch (Hallescher FC Chemie), Axel Tyll (1. FC Magdeburg)

153. **19. September 1970 Jämsänkoski**
DDR - Finnland 4:1 (3:0)
Torfolge: Rüdiger Schnuphase (FC Rot-Weiß Erfurt/3), Detlef Robitzsch (Hallescher FC Chemie)

154. **7. Oktober 1970 Leipzig**
DDR - UdSSR 1:2 (0:1)
Torfolge: Jürgen Pommerenke (1. FC Magdeburg)

155. **9. Oktober 1970 Weimar**
DDR - UdSSR 3:2 (0:1)
Torfolge: Jürgen Pommerenke (1. FC Magdeburg/Foulelfmeter), Rüdiger Schnuphase (FC Rot-Weiß Erfurt), Sommer

156. **14. Oktober 1970 Freital**
DDR - Polen 0:0

157. **29. November 1970 Bukarest**
DDR - Rumänien 0:1 (0:1)

158. **1. Dezember 1970 Targoviste**
DDR - Rumänien 0:1 (0:0)

159. **2. März 1971 Aschabad**
DDR - UdSSR 2:0 (1:0)
Torfolge: Sommer, Kranz

160. **4. März 1971 Aschabad**
DDR - CSSR 0:0 n. V.

161. **9. April 1971 Ozimek**
DDR - Polen 3:1 (3:0)
Torfolge: Jürgen Pommerenke (1. FC Magdeburg), W. Rahn (FC Hansa Rostock), Kehl (FC Hansa Rostock)

162. **9. Mai 1971 Leipzig**
DDR - Jugoslawien 2:0 (0:0)
Torschützen: Udo Schmuck (Dynamo Dresden), Jürgen Pommerenke (1. FC Magdeburg)

163. **22. Mai 1971 Ostrau**
DDR - Griechenland 5:1 (2:1)
Torfolge: Kehl (FC Hansa Rostock/2), Rahn (FC Hansa Rostock), Axel Tyll (1. FC Magdeburg), Jürgen Pommere (1. FC Magdeburg)

164. **24. Mai 1971 Vsetin**
DDR - CSSR 2:2 (1:1)
Torfolge: Waldemar Köppe (Hallescher FC Chemie), Jürgen Pommerenke (1. FC Magdeburg)

165. **26. Mai 1971 Veseli**
DDR - BR Deutschland 3:1 (2:1)
Torfolge: Jürgen Pommerenke (1. FC Magdeburg), Joachim Müller (FC Karl-Marx-Stadt), Enke (1. FC Magdeburg)

166. **28. Mai 1971 Prag**
DDR - Portugal 1:2 (0:1)
Torfolge: Waldemar Köppe (Hallescher FC Chemie)

167. **30. Mai 1971 Prag**
DDR - UdSSR 1:1 (1:0)
Torfolge: Detlef Robitzsch (Hallescher FC Chemie)

168. **28. Juli 1971 Kamenz**
DDR - Finnland 2:0 (1:0)
Torfolge: Dieter Kühn (1. FC Lok Leipzig, Hempel

169. **30. Juli 1971 Pirna-Copitz**
DDR - Finnland 2:1 (2:0)
Torfolge: Detlef Robitzsch (Hallescher FC Chemie), Juretzko

170. **5. August 1971 Halle**
DDR - Polen 2:0 (1:0)
Torfolge: Zuch (2)

171. **8. August 1971 Dessau**
DDR - UdSSR 2:1 (1:0)
Torfolge: Hempel (2)

172. **9. August 1971 Hermsdorf/Thür.**
DDR - Kuba 1:0 (0:0)
Torfolge: Detlef Robitzsch (Hallescher FC Chemie)

173. **11. August 1971 Thale/Harz**
DDR - Ungarn 1:0 (1:0)
Torfolge: Hempel

174. **15. August 1971 Halle**
DDR - CSSR 0:1 (0:1)

175. **22. August 1971 Secuare (ROM)**
DDR - Türkei 0:2 (0:1)

176. **24. August 1971 Brasov**
DDR - CSSR 0:0 n. V.

177. **26. September 1971 Decin**
DDR - CSSR 2:2 (0:0)
Torfolge: Hempel, Herrmann

178. **3. Oktober 1971 Weißenfels**
DDR - UdSSR 3:0 (1:0)
Torfolge: Wolfgang Steinbach (1. FC Magdeburg), Seering (FC Hansa Rostock), Wandke (Berliner FC Dynamo)

179. **24. Oktober 1971 Ajka**
DDR - Ungarn 0:2 (0:2)

180. **27. Oktober 1971 Budapest**
DDR - Ungarn 0:2 (0:1)

181. **26. Februar 1972 Aschabad**
DDR - Ungarn 2:1 (2:1)
Torfolge: Kaiser, Lüdtke

182. **29. Februar 1972 Aschabad**
DDR - BR Deutschland 1:1 (0:0)
Torfolge: Breternitz

183. **1. April 1972 Neubrandenburg**
DDR - Polen 2:0 (1:0)
Torfolge: Hartmut Schade (Dynamo Dresden), Wolfgang Steinbach (1. FC Magdeburg)

184. **9. April 1972 Koszalin**
DDR - Polen 0:2 (0:1)

185. **21. April 1972 Kamenz**
DDR - Rumänien 3:1 (2:0)
Torfolge: Rüdiger Schnuphase (FC Rot-Weiß Erfurt), Wolfgang Ramlow (FC Hansa Rostock), Breternitz

186. **23. April 1972 Bautzen**
DDR - Rumänien 1:2 (0:1)
Torfolge: Gerd Weber (Dynamo Dresden)

187. **28. April 1972 Altenburg**
DDR - Ungarn 2:0 (1:0)
Torfolge: Wolfgang Ramlow (FC Hansa Rostock), Rainer Bieleke (Dynamo Dresden)

188. **30. April 1972 Delitzsch**
DDR - Ungarn 3:3 (1:2)
Torfolge: Hans-Jürgen Riediger (Berliner FC Dynamo), Wolfgang Ramlow (FC Hansa Rostock), Rainer Bieleke (Dynamo Dresden)

189. **29. Juli 1972 Caransebes (Rum.)**
DDR - Koreanische VDR 0:0

190. **30. Juli 1972 Resita**
DDR - Bulgarien 1:3 (1:1)
Torfolge: Hans-Jürgen Riediger (Berliner FC Dynamo)

191. **1. August 1972 Timisoara**
DDR - Ungarn 0:0

192. **6. August 1972 Simnicolaul Mare**
DDR - UdSSR 1:1 n. V. (1:1, 0:0)
Torfolge: Wolfgang Ramlow (FC Hansa Rostock)

193. **22. September 1972 Budapest**
DDR - Ungarn 2:1 (0:0)
Torfolge: Dieter Kühn (1. FC Lok Leipzig), Hartmut Schade (Dynamo Dresden)

194. **24. September 1972 Budapest**
DDR - Ungarn 1:2 (1:0)
Torfolge: Kampf (FC Hansa Rostock)

195. **28. Okt. 1972 Hermsdorf/Thürin.**
DDR - Polen 3:0 (1:0)
Torfolge: Dieter Kühn (1. FC Lok Leipzig). Martin Hoffmann (1. FC Magdeburg), Detlef Raugust (1. FC Magdeburg)

196. **26. Oktober 1972 Plewen**
DDR - Bulgarien 0:3 (0:2)

197. **28. Oktober 1972 Lowetsch**
DDR - Bulgarien 2:1 (0:1)
Torfolge: Hartmut Schade (Dynamo Dresden), Hans-Jürgen Riediger (Berliner FC Dynamo)

198. **1. November 1972 Halle**
DDR - CSSR 1:1 (0:0)
Torfolge: Martin Hoffmann (1. FC Magdeburg)

199. **25. Nov. 1972 Otschamtschira**
DDR - UdSSR 1:2 (1:0)
Torfolge: Uwe Schmidt (FC Vorwärts Frankfurt)

200. **26. Februar 1973 Aschchabad**
DDR - C S S R 0:0

201. **4. März 1973 Aschchabad**
DDR - UdSSR 1:2 n. V. (1:1, 1:0)
Torfolge: Hartmut Schade (Dynamo Dresden)

202. **19. April 1973 Piesteritz**
DDR - Rumänien 2:1 (0:0)
Torfolge: Eckard Alms (FC Hansa Rostock/Handelfmeter), Eigentor

203. **21. April 1973 Dessau**
DDR - Rumänien 2:0 (1:0)
Torfolge: Hans-Jürgen Riediger (Berliner FC Dynamo), Dieter Kühn (1. FC Lok Leipzig)

204. **6. Mai 1973 Suhl**
DDR - Bulgarien 2:2 (2:2)
Torfolge: Hans-Jürgen Riediger (Berliner FC Dynamo), Martin Hoffmann (1. FC Magdeburg)

205. **8. Mai 1973 Ilmenau**
DDR - Bulgarien 1:2 (0:1)
Torfolge: Hartmut Schade (Dynamo Dresden)

206. **31. Mai 1973 Montecatini (Italien)**
DDR - Österreich 1:1 (0:0)
Torfolge: Martin Hoffmann (1. FC Magdeburg)

207. **2. Juni 1973 Lucca**
DDR - Schottland 3:1 (1:1)
Torfolge: Martin Hoffmann (1. FC Magdeburg/2), Hans-Jürgen Riediger (Berliner FC Dynamo)

208. **4. Juni 1973 Pistola**
DDR - CSSR 3:2 (0:1)
Torfolge: Gerd Weber (Dynamo Dresden), Martin Hoffmann 1. FC Magdeburg), Dieter Kühn (1. FC Lok Leipzig)

209. **7. Juni 1973 Montecatini**
DDR - Bulgarien 1:0 (1:0)
Torfolge: Hans-Jürgen Riediger (Berliner FC Dynamo)

210. **10. Juni 1973 Florenz**
DDR - England 2:3 n. V.(2:2, 1:1)
Torfolge: Hartmut Schade (Dynamo Dresden), Hans-Jürgen Riediger (Berliner FC Dynamo)

Hans-Jürgen Riediger war mit 16 Treffern zweitbester Torschütze der Juniorenauswahl bis 1985. Bei 193 Oberligaeinsätzen für den BFC Dynamo erzielte er 105 Tore.

211. **27. Juni 1973 Karjaa**
DDR - Finnland 3:0 (2:0)
Torfolge: Joachim Müller (FC Karl-Marx-Stadt), Hans-Jürgen Riediger (Berliner FC Dynamo), Michael Mischinger (FC Hansa Rostock)

212. **29. Juni 1973 Salo**
DDR - Finnland 1:1 (0:0)
Torfolge: Jürgen Ebeling (1. FC Magdeburg)

213. **18. August 1973 Ueckermünde**
DDR - Polen 4:0 (1:0)
Torfolge: Uwe Grüning (1. FC Magdeburg), Dieter Kühn 1. FC Lok Leipzig), Lothar Hause (FC Vorwärts Frankfurt), Hans-Jürgen Riediger (Berliner FC Dynamo)

214. **21. August 1973 Prenzlau**
DDR - Polen 4:1 (4:0)

Torfolge:
Dieter Kühn (1. FC Lok Leipzig), Hans-Jürgen Riediger (Berliner FC Dynamo), Uwe Grüning (1. FC Magdeburg), Lothar Hause (FC Vorwärts Frankfurt)

215. **28. August 1973 Zatec**
DDR - CSSR 3:1 (2:0)
Torfolge: Uwe Grüning (1. FC Magdeburg/3)

216. **30. August 1973 Kadan**
DDR - CSSR 1:1 (0:0)
Torfolge: Hans-Jürgen Kinne (1. FC Lok Leipzig)

217. **20. Sept. 1973 Konstantinowgrad**
DDR - Polen 0:0

218. **23. September 1973 Donezk**
DDR - Bulgarien 0:1 (0:1)

219. **25. September 1973 Dobropolje**
DDR - Kuba 1:0 (0:0)
Torfolge: Gerd Weber (Dynamo Dresden)

220. **23. September 1973 Kramatorsk**
DDR - CSSR 2:0 (1:0)
Torfolge: Lothar Hause (FC Vorwärts Frankfurt/Foulelfmeter), Gerd Weber (Dynamo Dresden)

221. **21. November 1973 Gabrowo**
DDR - Bulgarien 0:0

222. **23. November 1973 Serlievo**
DDR - Bulgarien 0:0

223. **25. Februar 1974 Taschkent**
DDR - Polen 2:1 (1:0)
Torfolge: Hans-Jürgen Riediger (Berliner FC Dynamo/2)

224. **3. März 1974 Taschkent**
DDR - BR Deutschland 0:3 (0:1)

225. **31. März 1974 Weißenfels**
DDR - Frankreich 0:0

226. **6. April 1974 Cannes**
DDR - Frankreich 1:1 (1:1)
Torfolge: Hans-Jürgen Riediger (Berliner FC Dynamo)

227. **28. April 1974 Bukarest**
DDR - Rumänien 0:1 (0:0)

228. **30. April 1974 Bukarest**
DDR - Rumänien 1:0 (1:0)
Torfolge: Michael Mischinger (FC Hansa Rostock)

229. **22. Mai 1974 Ystad**
DDR - Polen 1:0 (0:0)
Torfolge: Hans-Jürgen Riediger (Berliner FC Dynamo)

230. **24. Mai 1974 Sjöbö**
DDR - Jugoslawien 0:1 (0:0)

231. **26. Mai 1974 Ystad**
DDR - Türkei 2:0 (1:0)
Torfolge: Hans-Jürgen Riediger (Berliner FC Dynamo), Lothar Hause (FC Vorwärts Frankfurt)

232. **11. Oktober 1974 Wurzen**
DDR - Polen 3:1 (0:0)
Torfolge: M. Iffarth (FC Rot-Weiß Erfurt/2), Nachtigall (FC Vorwärts Frankfurt)

233. **13. Oktober 1974 Schmölln**
DDR - Polen 2:0 (2:0)
Torfolge: Nachtigall (FC Vorwärts Frankfurt), Reske

234. **8. November 1974 Frankfurt/O.**
DDR - Bulgarien 3:0 (2:0)
Torfolge: M. Iffarth (FC Rot-Weiß Erfurt), Nachtigall (FC Vorwärts Frankfurt), Bloch (FC Hansa Rostock)

235. **10. November 1974 Schwedt**
DDR - Bulgarien 1:1 (0:0)
Torfolge: Bloch (FC Hansa Rostock)

236. **4. Februar 1975 Neustadt/Sachsen**
DDR - Ungarn 0:0

237. **6. Februar 1975 Dresden**
DDR - Ungarn 0:0

238. **21. Februar 1975 Steti**
DDR - CSSR 2:1 (0:0)
Torfolge: M. Iffarth (FC Rot-Weiß Erfurt), Roland Jüngling Berliner FC Dynamo)

239. **23. Februar 1975 Theresienstadt**
DDR - CSSR 0:1 (0:1)

240. **16. März 1975 Zagreb**
DDR - Jugoslawien 2:0 (0:0)
Torfolge: Bloch (FC Hansa Rostock), Uwe Grüning (1. FC Magdeburg)

241. **30. März 1975 Gommern**
DDR - Jugoslawien 2:0 (0:0)
Torfolge: Uwe Grüning (1. FC Magdeburg/Foulelfmeter), Bloch (FC Hansa Rostock)

242. **25. April 1975 Eisenhüttenstadt**
DDR - Rumänien 0:0

243. **27. April 1975 Fürstenwalde**
DDR - Rumänien 2:1 (2:0)
Torfolge: Andreas Treske (1. FC Lok Leipzig), Burkhard Pingel Hallescher FC Chemie)

244. **9. Mai 1975 Wettingen/Schweiz**
DDR - BR Deutschland 1:3 (1:1)
Torfolge: Reske

245. **11. Mai 1975 Baden (Schweiz)**
DDR - UdSSR 1:0 (0:0)
Torfolge: Uwe Grüning (1. FC Magdeburg/Foulelfmeter)

246. **13. Mai 1975 Aarau**
DDR - Finnland 1:1 (0:0)
Torfolge: Roland Jüngling (Berliner FC Dynamo)

247. **13. Juli 1975 Phjöngjang**
DDR - Rumänien 0:0

248. **14. Juli 1975 Hamhun**
DDR - Polen 0:1 (0:0)

249. **20. Juli 1975 Phjöngjang**
DDR - UdSSR 2:0 (1:0)
Torfolge: Rainer Jarohs (FC Hansa Rostock), Heinze

250. **26. September 1975 Torn**
DDR - Polen 1:4 (0:0)
Torfolge: Rainer Rustler (FC Rot-Weiß Erfurt)

251. 28. September 1975 Swiecie
DDR - Polen 1:2 (0:1)
Torfolge: Martin Trocha (FC Carl Zeiss Jena)

252. 21. Oktober 1975 Kalocsa
DDR - Ungarn 0:3 (0:3)

253. 23. Oktober 1975 Paks
DDR - Ungarn 0:2 (0:1)

254. 7. November 1975 Welingrad
DDR - Bulgarien 0:2 (0:1)

255. 9. November 1975 Pasardschik
DDR - Bulgarien 0:1 (0:1)

256. 23. November 1975 Schönebeck
DDR - UdSSR 1:1 (0:0)
Torfolge: Matthias Liebers (1. FC Lok Leipzig)

257. 26. Februar 1976 Dushanbe
DDR - Polen 1:0 (1:0)
Torfolge: Rainer Rustler (FC Rot-Weiß Erfurt)

258. 1. März '76 Kurgan-Tjube (UdSSR)
DDR - Finnland 2:0 (2:0)
Torfolge: Thomas Töpfer (FC Carl Zeiss Jena), Hornik (FC Rot-Weiß Erfurt)

259. 4. März 1976 Nurek (UdSSR)
DDR - Ungarn 4:2 (0:1)
Torfolge: Rainer Jarohs (FC Hansa Rostock/3), Hornik (FC Rot-Weiß Erfurt)

260. 22. März 1976 Pitesti
DDR - Rumänien 0:1 (0:1)

261. 7. April 1976 Erewan
DDR - UdSSR 0:2 (0:1)

262. 16. April 1976 Schoinice
DDR - Polen 3:1 (1:1)
Torfolge: Matthias Liebers (1. FC Lok Leipzig), Schulz, Müller

263. 18. April 1976 Swiecle
DDR - Polen 2:0 (0:0)
Torfolge: Jürgen Raab (FC Carl Zeiss Jena), Frankl Teubel (1. FC Lok Leipzig)

264. 23. April 1976 Tanna/Thüringen
DDR - Ungarn 3:0 (3:0)
Torfolge: Matthias Liebers (1. FC Lok Leipzig/2), Müller

265. 25. April 1976 Eisenberg/Thür.
DDR - Ungarn 1:0 (0:0)
Torfolge: Seier (1. FC Union Berlin)

266. 17. Juli 1976 Rostock
DDR - Dänemark 4:1(3:0)
Torfolge: Matthias Liebers (1. FC Lok Leipzig), Frank Teubel (1. FC Lok Leipzig), Jürgen Goldstein (Hallescher FC Chemie), Jürgen Raab (FC Carl Zeiss Jena)

267. 14. Aug. 1976 Slivnica (Bulgarien)
DDR - Bulgarien 2:1 (1:0)
Torfolge: Rainer Rustler (FC Rot-Weiß Erfurt), Matthias Liebers (1. FC Lok Leipzig)

268. 20. August 1976 Pernik
DDR - UdSSR 0:1 (0:1)

269. 22. August 1976 Sofia
DDR - Koreanische VDR 0:0

270. 24. August 1976 Sofia
DDR - Polen 0:1 (0:0)

271. 29. September 1976 Roudnice
DDR - CSSR 1:1 (1:1)
Torfolge: Jürgen Raab (FC Carl Zeiss Jena)

272. 6. Oktober 1976 Lahti
DDR - Finnland 2:2 (1:0)
Torfolge: Müller, Thomas

273. 8. Oktober 1976 Lauchhammer
DDR - Polen 1:2 (0:1)
Torfolge: Matthias Liebers (1. FC Lok Leipzig/Foulelfmeter)

274. 10. Oktober 1976 Spremberg
DDR - Polen 1:0 (1:0)
Torfolge: Geflitter

275. 19. Oktober 1976 Neugersdorf
DDR - Bulgarien 1:0 (0:0)
Torfolge: Hendel (1. FC Union Berlin)

276. 21. Oktober 1976 Görlitz
DDR - UdSSR 2:0 (2:0)
Torfolge: Joachim Müller (FC Karl-Marx-Stadt/2)

277. 27. Oktober 1976 Halmstad
DDR - Schweden 2:3 (1:0)
Torfolge: Thomas Dennstedt (1. FC Lok Leipzig), Hendel (1. FC Union Berlin)

278. 11. Dezember 1976 Hagen
DDR - BR Deutschland 1:1 (1:1)
Torfolge: Rainer Troppa (Berliner FC Dynamo)

279. 2. März 1977 Taschkent
DDR - Bulgarien 1:0 (1:0)
Torfolge: Joachim Müller (FC Karl-Marx-Stadt)

280. 4. März 1977 Taschkent
DDR - C S S R 0:2 (0:1)

281. 3. April 1977 Babelsberg
DDR - Finnland 3:1 (0:1)
Torfolge: Jürgen Raab (FC Carl Zeiss Jena), Schulz, Matthias Liebers (1. FC Lok Leipzig/Foulelfmeter)

282. 10. April 1977 Rostock
DDR - Schweden 2:0 (1:0)
Torfolge: Rainer Rustler (FC Rot-Weiß Erfurt), Matthias Liebers (1. FC Lok Leipzig/Handelfmeter)

283. 23. April 1977 Leinefelde
DDR - Rumänien 0:0

284. 24. Mai 1977 Mlawa
DDR - Polen 1:0 (1:0)
Torfolge: Detlef Helms (1. FC Union Berlin)

285. 26. Mai 1977 Ciechonow
DDR - Polen 0:1 (0:1)

286. 20. Aug. 1977 in Jaszbereny (Ung.)
DDR - Polen 2:0 (1:0)
Torfolge: Detlef Helms (1. FC Union Berlin), Frank Richter (Dynamo Dresden)

287. 22. August 1977 Mezötur
DDR - Ungarn 1:2 (0:0)
Torfolge: Detlef Helms (1. FC Union Berlin)

288. 24. August 1977 Törokszentmiklos
DDR - Kuba 7:0 (2:0)
Torfolge: Detlef Helms (1. FC Union Berlin/2), Ronald Kreer (1. FC Lok Leipzig/2), Frank Richter (Dynamo Dresden), Lehmann (Schulz)

289. 28. August 1977 Kunszentmarton
DDR - C S S R 2:1 (1:1)
Torfolge: Frank Richter (Dynamo Dresden), Detlef Helms (Dynamo Dresden)

290. 31. August 1977 Szolnok
DDR - UdSSR 0:3 (0:0)

291. 7. September 1977 Kastrup
DDR - Dänemark 0:3 (0:0)

292. **20. Sept. 1977 Auerbach/Vogtl.**
DDR - CSSR 2:5 (1:3)
Torfolge: Münch (Hallescher FC Chemie), Lehmann

293. **22. Sept. 1977 Schwarzenberg/Erzg.**
DDR - CSSR 2:1 (0:0)
Torfolge: Matthias Brückner (FC Carl Zeiss Jena), Detlef Helms (1. FC Union Berlin)

294. **20. Oktober 1977 Eisenberg/Thür.**
DDR - UdSSR 0:1 (0:1)

295. **22. Oktober 1977 Weida/Thür.**
DDR - UdSSR 2:0 (2:0)
Torfolge: Matthias brückner (FC Carl Zeiss Jena), Ronald Kreer (1. FC Lok Leipzig)

296. **2. März 1978 Taschkent**
DDR - Polen 1:1 (0:1)
Torfolge: Göcke (FC Karl-Marx-Stadt)

297. **4. März 1978 Taschkent**
DDR - CSSR 0:1 (0:0)

298. **5. März 1978 Taschkent**
DDR - Bulgarien 5:2 (3:2)
Torfolge: Detlef Helms (1. FC Union Berlin/2), Lehmann (2), Treppschuh

299. **27. März 1978 Herakleion**
DDR - Griechenland 1:1 (0:0)
Torfolge: Schulz

300. **2. April 1978 Babelsberg**
DDR - Griechenland 1:1 (1:0)
Torfolge: Richter

301. **9. April 1978 Bukarest**
DDR - Rumänien 1:1 (0:1)
Torfolge: Kuscha

302. **11. April 1978 Alexandria**
DDR - Rumänien 0:0

303. **23. Mai 1978 Gorzow**
DDR - Polen 3:2 (1:2)
Torfolge: Hagen Wellschmidt (Berliner FC Dynamo/2), Detlef Helms (1. FC Union Berlin)

304. **29. Mai 1978 Debno**
DDR - Polen 1:1 (1:0)
Torfolge: Hagen Wellschmidt (Berliner FC Dynamo)

305. **4. August 1978 Gera**
DDR - Kuba 1:1 (0:0)
Torfolge: Detlef Helms (1. FC Union Berlin)

306. **7. August 1978 Eisenberg/Thür.**
DDR - Ungarn 4:3 (0:3)
Torfolge: Detlef Helms (1. FC Union Berlin/3), Hagen Wellschmidt (BFC Dynamo)

307. **9. August 1978 Pößneck/Thür.**
DDR - Bulgarien 2:0 (0:0)
Torfolge: Siersleben (1. FC Magdeburg), Hagen Wellschmidt (BFC Dynamo)

308. **11. August 1978 Weida/Thür.**
DDR - C S S R 1:0 (1:0)
Torfolge: Detlef Helms (1. FC Union Berlin)

309. **13. August 1978 Gera**
DDR - UdSSR 0:1 (0:0)

310. **5. September 1978 Varnsdorf**
DDR - CSSR 3:3 (1:2)
Torfolge: Gramenz (FC Vorwärts Frankfurt), Detlef Helms (1. FC Union Berlin), Hagen Wellschmidt (BFC Dynamo)

311. **7. September 1978 Ceske Lipa**
DDR - CSSR 4:1 (3:0)
Torfolge: Hagen Wellschmidt (BFC Dynamo/2), Kuscha, Andreas Zachhuber (FC Hansa Rostock)

312. 19. Sept. 1978 Wernigerode/Harz
DDR - Ungarn 2:1 (1:1)
Torfolge: Jens Pfahl (Stahl Riesa), Gramenz (FC Vorwärts Frankfurt)

313. 21. September 1978 Nordhausen
DDR - Ungarn 1:0 (1:0)
Torfolge: Andreas Zachhuber (FC Hansa Rostock)

314. 10. Oktober 1978 Bukarest
DDR - Rumänien 0:1 (0:0)

315. 22. Oktober 1978 Bernburg
DDR - UdSSR 2:0 (2:0)
Torfolge: Detlef Helms (1. FC Union Berlin), Uwe Zötzsche (1. FC Lok Leipzig)

316. 22. Oktober 1978 Dessau
DDR - UdSSR 0:0

317. 4. März 1979 Taschkent
DDR - Ungarn 0:0

318. 6. März 1979 Taschkent
DDR - BR Deutschland 2:2 n. V. (2:2, 2:1)
Torfolge: Detlef Helms (1. FC Union Berlin/2)

319. 10. März 1979 Jüterbog
DDR - Rumänien 3:0 (2:0)
Torfolge: Rainer Ernst (BFC Dynamo), Detlef Helms (1. FC Union Berlin), Windelband (1. FC Magdeburg)

320. 1. April 1979 Weißenfels
DDR - Bulgarien 1:1 (0:0)
Torfolge: Uwe Zötzsche (1. FC Lok Leipzig/Elfmeter)

321. 15. April 1979 Plowdiv
DDR - Bulgarien 1:1 (0:1)
Torfolge: Detlef Helms (1. FC Union Berlin)

322. 4. August 1979 Posen
DDR - SR Vietnam 2:0 (1:0)
Torfolge: Rainer Ernst (BFC Dynamo), Peter Englisch (1. FC Lok Leipzig)

323. 7. August 1979 Gnesen
DDR - Rumänien 1:1 (0:0)
Torfolge: Frank Lieberam (1. FC Magdeburg)

324. 8. August 1979 Gnesen
DDR - Polen 3:5 (2. 2)
Torfolge: Torsten Gütschow (Dynamo Dresden/2), Lars Petzold (BFC Dynamo)

325. 10. August 1979 Leszno
DDR - Kuba 5:0 (1:0)
Torfolge: Rainer Ernst (BFC Dynamo/3), Torsten Gütschow (Dynamo Dresden), Döring

326. 12. August 1979 Szamotuly
DDR - CSSR 0:2 (0:1)

327. 12. September 1979 Pernik
DDR - Bulgarien 0:3 (0:1)

328. 14. September 1979 Samokov
DDR - Bulgarien 0:0

329. 21. September 1979 Kecskemet
DDR - Ungarn 2:1 (1:1)
Torfolge: Peter Englisch (1. FC Lok Leipzig), Lars Petzold (BFC Dynamo)

330. 23. September 1979 Kiskörös
DDR - Ungarn 1:1 (0:0)
Torfolge: Rainer Ernst (BFC Dynamo)

331. 16. Oktober 1979 Forst
DDR - Polen 2:1 (2:1)
Torfolge: Falko Götz (Berliner FC Dynamo/2)

332. 18. Oktober 1979 Lauchhammer
DDR - Ungarn 0:0

333. **20. Oktober 1979 Cottbus**
DDR - UdSSR 2:1 (1:1)
Torfolge: Falko Götz (BFC Dynamo), Peter Englisch (1. FC Lok Leipzig)

334. **16. November 1979 Lützkendorf**
DDR - Rumänien 1:1 (1:1)
Torfolge: ynamo)

335. **18. November 1979 Sangerhausen**
DDR - Rumänien 1:1 (0:1)
Torfolge: Peter Englisch (1. FC Lok Leipzig)

336. **26. Februar 1980 Taschkent**
DDR - UdSSR 1:2 (0:2)
Torfolge: Frank Rillich (FC Hansa Rostock)

337. **1. März 1980 Taschkent**
DDR - Ungarn 0:1 (0:1)

338. **3. März 1980 Taschkent**
DDR - Bulgarien 2:1 (1:1)
Torfolge: Falko Götz (BFC Dynamo), Andreas Rath (Berliner FC (Dynamo)

339. **8. April 1980 Großenhain**
DDR - Finnland 1:1 (0:1)
Torfolge: Rainer Ernst (BFC Dynamo/Handelfmeter)

340. **10. April 1980 Görlitz**
DDR - Finnland 2:0 (0:0)
Torfolge: Falko Götz (BFC Dynamo), Rainer Ernst (BFC Dynamo)

341. **18. April 1980 Senftenberg**
DDR - Rumänien 1:0 (0:0)
Torfolge: Andreas Zachhuber (FC Hansa Rostock)

342. **20. April 1980 Forst**
DDR - Rumänien 3:0 (0:0)
Torfolge: Rainer Ernst (BFC Dynamo), Lars Petzold (BFC Dynamo), 1 Eigentor

343. **18. Mai 1980 Weißenfels**
DDR - Bulgarien 0:1 (0:1)

344. **20. Mai 1980 Torgau**
DDR - Frankreich 2:0 (1:0)
Torfolge: Rainer Ernst (BFC Dynamo), Nemetschek (Foulelfmeter)

345. **22. Mai 1980 Magdeburg**
DDR - Niederlande 0:0

346. **13. Juli 1980 Nam Po/Korea**
DDR - UdSSR 1:1 (0:1)
Torfolge: Sauer

347. **15. Juli 1980 Nam Po**
DDR - Bulgarien 4:0 (1:0)
Torfolge: Gerald Wagner (Hallescher FC Chemie), Christian Backs (BFC Dynamo), Carsten Rost (1. FC Lok Leipzig), Sauer

348. **16. Juli 1980 Nam Po**
DDR - CSSR 1:1 (0:1)
Torfolge: Damian Halata (1. FC Magdeburg)

349. **18. Juli 1980 Phongjang**
DDR - Ungarn 0:2

350. **20. Juli 1980 Phongjang**
DDR - Koreanische VDR 2:0 (1:0)
Torfolge: Pahlke (Hallescher FC Chemie), Damian Halata (1. FC Magdeburg)

351. **26. September 1980 Haskovo**
DDR - Bulgarien 1:0 (1:0)
Torfolge: Gerald Wagner (Hallescher FC Chemie)

352. **28. September 1980 Tschirpan**
DDR - Bulgarien 0:2 (0:0)

353. **14. Oktober 1980 Wusterhausen/D.**
DDR - Bulgarien 2:0 (2:0)
Torfolge: Carsten Rost (1. FC Lok Leipzig), Damian Halata (1. FC Magdeburg)

354. 16. Oktober 1980 Pritzwalk
DDR - Ungarn 4:0 (2:0)
Torfolge: Waldemar Köppe (Hallescher FC Chemie), Ralf Vogel (Dynamo Dresden), Carsten Rost (1. FC Lok Leipzig), Damian Halata (1. FC Magdeburg)

355. 18.Oktober 1080 Neustadt/Dosse
DDR - UdSSR 0:2 (0:0)

356. 7. November 1980 Tangerhütte
DDR - Rumänien 3:2 (1:1)
Torfolge: Frank Lieberam (1. FC Magdeburg), Pahlke (Hallescher FC Chemie), Pinkohs

357. 9. November 1980 Halberstadt
DDR - Rumänien 5:0 (2:0)
Torfolge: Gerald Wagner (Hallescher FC Chemie), Damian Halata (1. FC Magdeburg), Steinborn (1. FC Magdeburg), Stefan Meixner (FC Carl Zeiss Jena), Christian Backs (BFC Dynamo);

358. 1. Dezember 1980 Galata
DDR - CSSR 1:1 (0:1)
Torfolge: Eckard Alms (FC Hansa Rostock)

359. 4. Dezember 1980 Preßburg
DDR - CSSR 4:0 (2:0)
Torfolge: Stefan Meixner (FC Carl Zeiss Jena/2), Pahlke (Hallescher FC Chemie), Christian Backs (BFC Dynamo)

360. 14. März 1981 Fürstenwalde
DDR - Dänemark 4:0 (3:0)
Torfolge: Gerald Wagner (Hallescher FC Chemie/2), Damian Halata (1. FC Magdeburg), Steinborn (1. FC Magdeburg)

361. 17. März 1981 Edeleny
DDR - Ungarn 1:3 (1:0)

Heute spielt Falko Götz für Hertha BSC. 1981 jagte er noch für BFC Dynamo hinter dem Ball her.

Torfolge: Gerald Wagner (Hallescher FC Chemie)

362. 29. März 1981 Radom
DDR - Polen 0:2 (0:0)

363. 12. April 1981 Anklam
DDR - Polen 1:2 (1:1)
Torfolge: Pahlke (Hallescher FC Chemie)

364. 29. April 1981 Bukarest
DDR - Rumänien 0:2 (0:0)

365. 1. Mai 1981 Bukarest
DDR - Rumänien 1:2 (0:1)
Torfolge: Frank Lieberam (1. FC Magdeburg)

366. 3. Mai 1981 Bukarest
DDR - Rumänien 4:3 (2:2)
Torfolge: Gerald Wagner (Hallescher FC Chemie/2), Carsten Sänger (FC Rot-Weiß Erfurt), Damian Halata (1. FC Magdeburg)

367. 1. August 1981 Strachovice
DDR - UdSSR 1:2 (0:0)
Torfolge: Dirk Losert (Dynamo Dresden)

368. 5. August 1981 Tabor
DDR - Koreanische VDR 1:1 (0:0)
Torfolge: Zander

369. 7. August 1981 Chulm
DDR - Rumänien 0:2 (0:0)

370. 8. August 1981 Pisek
DDR - Kuba 1:0 (1:0)
Torfolge: Heiko Peschke (FC Carl Zeiss Jena)

371. 22. September 1981 Kuopio
DDR - Finnland 1:1 (0:0)
Torfolge: Schickgram

372. 24. September 1981 Jygastyla
DDR - Finnland 1:0 (0:0)
Torfolge: Ralf Vogel (Dynamo Dresden)

373. 13. Oktober 1981 Wernigerode
DDR - Polen 1:1 (0:0)
Torfolge: Berschuck (FC Rot-Weiß Erfurt)

374. 15. Oktober 1981 Langeln
DDR - UdSSR 4:0 (2:0)
Torfolge: Mentzel (1. FC Union Berlin/2), Ralf Vogel (Dynamo Dresden), Dirk Losert (Dynamo Dresden)

375. 17. Oktober 1981 Blankenburg
DDR - Ungarn 0:1 (0:1)

376. 6. März 1982 Taschkent
DDR - CSSR 2:1 (1:0)
Torfolge: Mario Neuhäuser (FC Karl-Marx-Stadt), Kittner

377. 7. März 1982 Taschkent
DDR - Ungarn 0:0

378. 4. Mai 1982 Bad Langensalza
DDR - Ungarn 3:1 (1:0)
Torfolge: Mentzel (1. FC Union Berlin), Heiko Peschke (FC Carl Zeiss Jena), Krause

379. 6. Mai 1982 Arnstadt
DDR - Ungarn 1:2 (0:2)
Torfolge: Berschuck (FC Rot-Weiß Erfurt)

380. 3. August 1982 Eisenberg/Thür.
DDR - Finnland 1:1 (1:0)
Torfolge: Jens Leonhard (Dynamo Dresden)

381. 5. August 1982 Greiz
DDR - Finnland 0:0

382. 21. September 1982 Joutseno
DDR - Finnland 1:3 (0:2)
Torfolge: Roß

383. 23. September 1982 Valkeakoski
DDR - Finnland 2:2 (1:1)
Torfolge: Jörg Stübner (Dynamo Dresden), Braun

384. 5. Oktober 1982 Templin
DDR - UdSSR 0:1 (0:0)

385. 7. Oktober 1982 Prenzlau
DDR - Ungarn 1:0 (1:0)
Torfolge: Braun

386. 9. Oktober 1982 Templin
DDR - Polen 0:1 (0:0)

387. 28. Oktober 1982 Prag
DDR - CSSR 0:1 (0:0)

388. 2. November 1982 Plau am See
DDR - Rumänien 0:0

389. 4. November 1982 Ludwigslust
DDR - Rumänien 1:1 (0:1)
Torfolge: Braun

390. **24. Februar 1983 Strausberg**
DDR - Polen 4:0 (2:0)
Torfolge: Ulf Kirsten (Dynamo Dresden/2), Lahn (BFC Dynamo), Roß

391. **26. Februar 1983 Ebersw.-Finow**
DDR - Polen 1:0 (0:0)
Torfolge: Ketzer

392. **6. März 1983 Waren/Müritz**
DDR - Finnland 2:1 (1:0)
Torfolge: Jörg Stübner (Dynamo Dresden), Steffen Krauß (Wismut Aue)

393. **31. März 1983 Nordhausen**
DDR - CSSR 1:2 (1:1)
Torfolge: Henschel (Sachsenring Zwickau)

394. **12. April 1983 Waalwijk**
DDR - Niederlande 0:4 (0:0)

395. **14. April 1983 Amsterdam**
DDR - Niederlande 0:0

396. **13. September 1983 Havanna**
DDR - Polen 4:1 (3:0)
Torfolge: Olaf Marschall (1. FC Lok Leipzig/3), Matthias Lindner (1. FC Lok Leipzig)

397. **15. September 1983 Havanna**
DDR - Kuba 1:1 (0:0)
Torfolge: Ulf Kirsten (Dynamo Dresden)

398. **17. September 1983 Havanna**
DDR - Koreanische VDR 1:1 n. V. (1:1, 0:1)
Torfolge: Matthias Lindner (1. FC Lok Leipzig)

399. **18. Oktober 1983 Olbernhau/S.**
DDR - Ungarn 4:0 (3:0)
Torfolge: Thomas Doll (FC Hansa Rostock/2), Ulf Kirsten (Dynamo Dresden), Olaf Marschall (1. FC Lok Leipzig)

400. **20. Oktober 1983 Flöha/Sachsen**
DDR - Ungarn 1:1 (0:1)
Torfolge: Lutz Wienhold (FC Karl-Marx-Stadt)

In beiden Begegnungen gegen die starken Ungarn demonstrierte die DDR ihre gewachsene Reife. Die selbstbewußten Köhler, Thom, Kirsten und Bonan gefielen mit angriffsbetontem Spiel. Der frühere Auswahltrainer der DDR-Nationalmannschaft, Karoly Soos, lobte: "Herzerfrischender Fußball. Nicht nur in Lauf und Athletik sind uns die DDR-Junioren überlegen, sondern auch in der Technik, unserer einstigen Stärke." Mit Andreas Thom, Ulf Kirsten, Heiko Bonan undOlaf Marschall wachsen große Talente heran.

401. **15. Nov. 1983 Mnichovo Hradiste**
DDR - C S S R 1:1 (0:0)
Torfolge: Andreas Thom (Berliner FC Dynamo)

402. **17. November 1983 Melnik**
DDR - CSSR 1:1 (0:1)
Torfolge: Grether (Berliner FC Dynamo)

Gegen die CSSR - Elf trifft die DDR-Auswahl auf erheblich größeren Widerstand. Trainer Engel zeigte sich zufrieden: "Bis auf eine verschlafene Halbzeit in Melnik verstanden wir es, unser Spielkonzept durchzusetzen."

403. **22. Februar 1984 Wurzen**
DDR - CSSR 2:0 (1:0)
Torfolge: Ulf Kirsten (Dynamo Dresden/2)

404. **14. März 1984 Hettstedt**
DDR - Bulgarien 2:2 (1:2)
Torfolge: Olaf Marschall (1. FC Lok Leipzig), Matthias Lindner (1. FC Lok Leipzig/Foulelfmeter)

405. 31. März 1984 Brandenb./Havel

DDR - Schweden 3:1 (1:1)

Torfolge: Ulf Kirsten (Dynamo Dresden), Matthias Lindner (1. FC Lok Leipzig/Foulelfmeter), Heiko Bonan (1. FC Magdeburg)

406. 1. April 1984 Hässleholm

DDR - Schweden 2:1 (1:1)

Torfolge: Ulf Kirsten (Dynamo Dresden), Andreas Thom (BFC (Dynamo)

Gegen Schweden sollte diesmal die Qualifikationshürde übersprungen werden. In Brandenburg führen die DDR-Talente Kombinationen wie aus dem Lehrbuch vor. Kirsten erzielt in der 7. Minute das 1:0, die Mannschaft beweist gewachsene Stärke nach dem Ausgleich der Schweden. Lindner und drei Minuten vor dem Abpfiff Bonan krönen die famose Leistung mit dem 3:1-Erfolg. DFV-Präsident Prof. Dr. Günter Erbach schränkte jedoch ein: "Vielen gelungenen Spielzügen fehlte nur der Abschluß."

Hässleholm erreichen die Jungen um Kapitän Torsten Wude, Mappes, Lindner und Thom das erstrebte Ziel, schalten nach dem 2:1 die Skandinavier aus."Die zielstrebige Arbeit mit den Jungen zahlt sich aus", würdigte DFV-Vizepräsident Dr. Gerhard Dylla die Leistung.

407. 2. Mai 1984 Bröndby

DDR -Dänemark 1:0 (0:0)

Torfolge: Heiko Bonan (1. FC Magdeburg)

408. 25. Mai 1984 Moskau

DDR -England 1:1 (1:1)

Torfolge: Matthias Lindner (1. FC Lok Leipzig/Foulelfmeter)

Mit dem 1:1 gegen England startete die Juniorenauswahl der DDR in Moskau zur 4. Junioren-Europameisterschaft. Zweimal standen sich die Junioren beider Länder bereits in UEFA - Endspielen in gegenüber.1965 in Essen gewannen die Croy, Schlutter, Kreische und in Sparwasser 3:2, 1973 unterlagen in Florenz Schade, Riediger, Kühn, in Raugust und Hoffmann erst in der Verlängerung mit 2:3. Moskau erlebt einen stürmischen Auftakt. Ein Kopfball von Forsyth nach der ersten Ecke führt in der 3. Minute zum 0:1. Kirsten kann schon nach sieben Minuten per Handelfmeter ausgleichen. In der 17. Minute will Torwart Hartmann ein Solo Atkinsons stoppen. Doch der läßt das Bein stehen und Hartmann scheidet mit einer tiefen Rißwunde am Bein aus. Mit harten Körperattacken und Fouls versuchen die Briten das deutsche Spiel zu stoppen. Die DDR - Elf kämpft leidenschaftlich, doch ein weiteres Tor bleibt ihr versagt. Trainer Frank Engel resümierte: "Das Spiel am Ball, das Kombinationsvermögen der Engländer ist nicht ausgeprägter als das unsere. Aber wir brauchen zehn Chancen für ein Tor."

409. 27. Mai 1984 Moskau

DDR - Luxemburg 4:0 (2:0)

Torfolge: Matthias Lindner (1. FC Lok Leipzig), Ulf Kirsten Dynamo Dresden), Szepanski, Thomas Doll (FC Hansa Rostock)

Luxemburg ist in Moskau krasser Außenseiter. Die DDR - Spieler lassen den tapferen Luxemburgern keine Chance. Bei einem Torschußverhältnis von 33:2 entscheiden vier Tore die einseitige Begegnung.

410. 29. Mai 1984 Moskau

DDR - UdSSR 0:1 (0:0)

Vor dem Spiel gegen die UdSSR prophezeite Lew Jaschin, der ehemalige Weltklassetorhüter: " Für beide Vertretungen geht es darum, wenig Fehler zu begehen. Eine kleine Unsicherheit kann das Spiel entscheiden." Beide Mannschaften gestatten sich nicht viel. Vorsicht und Taktik bestimmen das Handeln aller. Drei Minuten nach dem Seitenwechsel ist es passiert. Ein Moment der Unachtsamkeit bei einem Eckball führt durch Bubliauskas zum 0:1. Damit scheidet die DDR - Juniorenauswahl hinter der UdSSR und England als Gruppendritter aus. Im 15. Länderspiel der Saison muß die DDR - Elf die erste Niederlage hinnehmen. Delegationsleiter Manfred Zapf schätzte ein: "In der entscheidenden Prüfung vermochte die Mannschaft nicht das auszuspielen, wozu sie fähig ist." Trainer Engel munterte seine Jungen auf: "Kopf hoch! Ihr habt spielerisch nicht enttäuscht. Nur seid ihr diesmal unter euren Möglichkeiten geblieben. Jeder sammelte wertvolle Erfahrungen, nutzt diese auf eurem weiteren Weg! Lernt, euch durchzusetzen!" Die eingesetzten Spieler Lindner, Thom, Kirsten, Marschall, Mappes, Fankhänel, Grether, Bonan, Wude und Doll sollten weiter im Blickpunkt bleiben.

411. 20. Juli 1984 Ballafagyarnat
DDR - UdSSR 0:2 (0:0)

412. 22. Juli 1984 Romhany
DDR - Bulgarien 1:2 (0:1)
Torfolge: Klotz (1. FC Union Berlin)

413. 24. Juli 1984 Salgotarjan
DDR - CSSR 0:3 (0:1)

414. 26. Juli 1984 Romhany
DDR - Polen 2:3 (1:1)
Torfolge: Schlegel (FC Rot-Weiß Erfurt), Uwelius FC Rot-Weiß Erfurt)

415. 28. Juli 1984 Batonyterenye
DDR - Rumänien 4:0 (1:0)
Torfolge: Jens Protzner (Dynamo Dresden), Joachim Müller (FC Karl-Marx-Stadt), Klotz (1. FC Union Berlin), Steinfurth (1. FC Magdeburg)

416. 2. Oktober 1983 Oroshaza
DDR - Ungarn 0:5 (0:1)

417. 21. Oktober 1984 Sangerhausen
DDR - Rumänien 1:0 (0:0)
Torfolge: Matthias Sammer (Dynamo Dresden)

418. 23. Oktober 1984 Thale/Harz
DDR - Rumänien 3:1 (2:0)
Torfolge: Matthias Sammer (Dynamo Dresden), Kagelmann, Klotz (1. FC Union Berlin)

419. 4. November 1984 Hoyerswerda
DDR - Norwegen 1:0 (1:0)
Torfolge: Ralf Vogel (Dynamo Dresden)

420. 13. November 1984 Zielona Gora
DDR - Polen 2:2 (0:0)
Torfolge: Klotz (1. FC Union Berlin/2)

421. 27. Februar 1985 Burg
DDR - Niederlande 3:1 (1:0)
Torfolge: Torsten Kracht (1. FC Lok Leipzig), Klotz (1. FC Union Berlin), Müller

422. 6. März 1985 Frydland
DDR - CSSR 1:3 (1:1)
Torfolge: Markus Wuckel (1. FC Magdeburg)

423. 7. April 1985 Stralsund
DDR - Dänemark 2:0 (0:0)
Torfolge: Winkler, Müller

424. 8. Mai 1985 Guben
DDR - Schweden 2:1 (1:0)
Torfolge: Matthias Sammer (Dynamo Dresden), Klotz (1. FC Union Berlin)

425. 18. Mai 1985 Salo
DDR - Finnland 1:0 (0:0)
Torfolge: Uwe Abel (FC Rot-Weiß Erfurt)

426. 13. Juli 1985 Ljaskovez (BUL)
DDR - Koreanische VDR 7:1 (5:1)
Torfolge: Matthias Sammer (Dynamo Dresden/3), Axel Kruse (FC Hansa Rostock/2), Florian Weichert (FC Hansa Rostock), Matthias Liebers (1. FC Lok Leipzig)

427. 15. Juli 1985 Ljaskovez
DDR - CSSR 0:0

428. 17. Juli 1985 Gorna Orjarowicza
DDR - Ungarn 2:2 (1:1)
Torfolge: Axel Kruse (FC Hansa Rostock), Matthias Sammer (Dynamo Dresden)

429. 19. Juli 1985 Pavlikeni
DDR - Bulgarien 2:3 (1:2)
Torfolge: Matthias Sammer (Dynamo Dresden), Matthias Liebers (1. FC Lok Leipzig)

430. 21. Juli 1985 Weliko Tornowo
DDR - Polen 4:1 (2:0)
Torfolge: Matthias Sammer (Dynamo Dresden/2), Thomas Ritter (Dynamo Dresden), Matthias Liebers (1. FC Lok Leipzig)

431. 28. August 1985 Neunkirchen
DDR - Österreich 2:2 (1:1)
Torfolge: Jörg Prasse (Dynamo Dresden), Rico Steinmann (FC Karl-Marx-Stadt)

432. 25. September 1985 Grabowo
DDR - Niederlande 1:3 (0:1)
Torfolge: Matthias Sammer (Dynamo Dresden)

433. 9. Oktober 1985 Schönebeck
DDR - Finnland 2:0 (1:0)
Torfolge: Rico Steinmann (FC Karl-Marx-Stadt), Karsten Neitzel (Dynamo Dresden)

434. 16. Oktober 1985 Stavanger
DDR - Norwegen 1:1 (1:1)
Torfolge: Stefan Minkwitz (1. FC Magdeburg)

435. 13. November 1985 Kahla/Thür.
DDR - CSSR 2:0 (2:0)
Torfolge: Matthias Sammer (Dynamo Dresden/2)

Fazit

Matthias Sammer, Ulf Kirsten, Andreas Thom, Rico Steinmann, Axel Kruse und viele andere spielen heute mit Erfolg in der 1. Bundesliga. Doch sie alle gehörten zur letzten großen Generation, die ihren Einsatz in der DDR - Juniorenauswahl mit Erfolg bestanden und zum großen Teil auch aus der A-Nationalmannschaft nicht hinwegzudenken waren. Der Nachwuchs der DDR bekam vielfältige Bewährungsproben, die von den Spielern mehr oder weniger genutzt wurden. Was die Heinsch, Geisler, Pankau, Körner und Vogel in den 60er Jahren begannen, setzten in den 70er Jahren Kreische, Croy, Klaus Sammer, Bransch, Löwe und Peter Ducke fort. Ihnen folgten die Sparwasser, Pommerenke, Streich und Häfner und letztlich die Generation mit Matthias Sammer, Kirsten, Doll, Steinmann, Liebers und Kracht.

Stets standen hervorragende Talente in der Junioren - Auswahl, die später auch ihren Weg in der A-Nationalmannschaft der DDR gingen. An ihre Erfolge sollte die Aufzählung der Länderspiele bis 1985 nochmals erinnern.

Die meisten Länderspieleinsätze bis 1985

51 Spiele Gerd Weber (Dynamo Dresden)
44 Spiele Jürgen Pommerenke (1. FC Magdeburg)
43 Spiele Andreas Rath (Berliner FC Dynamo)
40 Spiele Dieter Kühn (1. FC Lok Leipzig)
39 Spiele Detlef Helms (1. FC Union /BFC Dyn.)
38 Spiele Eckhardt Kreutzer (FC Vorw. Frankfurt)
35 Spiele Detlef Enge (1. FC Magdeburg) Thomas Dennsted (1. FC Lok Leipzig) Matthias Liebers (1. FC Lok Leipzig)
34 Spiele Hans-Jürgen Riediger (BFC Dynamo), Uwe Grüning (1. FC Magdeburg)
32 Spiele Detlef Robitzsch (Hallescher FC Chemie), Roland Jüngling (BFC Dynamo)
30 Spiele Rüdiger Schnuphase (FC Rot-Weiß Erfurt), Wolfgang Ramlow (FC Hansa Rostock), Andreas Roth (1. FC Lok Leipzig), Andreas Zachhube (FC Hansa Ro-

Gerd Weber absolvierte die meisten Junioren-Länderspiele bis 1985 für die DDR.

stock),Thomas Michalowski (FC Rot-Weiß Erfurt)

29 Spiele Lothar Kurbjuweit (Stahl Riesa), Ulf Kirsten (Dynamo Dresden)

28 Spiele Lothar Hause (FC Vorwärts Frankfurt),Frank Rillich (FC Hansa Rostock)

27 Spiele Joachim Müller (FC Karl-Marx-Stadt), Konrad Weise (FC Carl Zeiss Jena)

26 Spiele Gotthard Zölfl (FC Karl-Marx-Stadt), Hartmut Schade (Dynamo Dresden),Jürgen Ebeling (1. FC Magdeburg)

25 Spiele Frank Richter (Dynamo Dresden), Waldemar Köppe (Hallescher FC Chemie),Gernot Alms (FC Hansa Rostock), Michael Mischinger (FC Hansa Rostock), Rainer Ernst (BFC Dynamo)

24 Spiele Norbert Trieloff (Berliner FC Dynamo), Carsten Sänger (FC Rot-Weiß Erfurt), Matthias Lindner (1. FC Lok Leipzig)

23 Spiele Andreas Treske (1. FC Lok Leipzig), Fred Mecke (Dynamo Dresden),Hagen Wellschmidt (Berliner FC Dynamo),Jochen Illert (Berliner FC Dynamo)

23 Spiele Lars Petzold (Berliner FC Dynamo), Falko Götz (Berliner FC Dynamo), Heiko Bonan (1. FC Magdeburg)

22 Spiele Matthias Donix (Dynamo Dresden), Rainer Rustler (FC Rot-Weiß Erfurt), Thomas Rudolph (1. FC Magdeburg)

21 Spiele Matthias Brückner (FC Carl Zeiss Jena), Uwe Becker (FC Rot-Weiß Erfurt), Uwe Zötzsche (1. FC Lok Leipzig), Peter Englisch (1. FC Lok Leipzig), Frank Lieberam (1. FC Magdeburg)

20. Spiele Erhard Mosert (Hallescher FC Chemie), Bernd Jakubowski (FC Hansa Rostock), Uwe Schmidt (FC Vorwärts Berlin), Martin Hoffmann (1. FC Magdeburg), Gert Brauer (FC Carl Zeiss Jena), Jürgen Goldstein (Hallescher FC Chemie), Jürgen Raab (FC Carl Zeiss Jena) Damian Halata (1. FC Magdeburg), Olaf Marschall (1. FC Lok Leipzig),Gerald Wagner (Hallescher FC Chemie), Frank Lehmann (FC Vorwärts Frankfurt)

Die Torschützen der Juniorenauswahl bis 1985

21 Tore Detlef Helms (1. FC Union/BFC Dyn.)

16 Tore Hans-Jürgen Riediger (BFC Dynamo)

14 Tore Jürgen Pommerenke (1. FC Magdeburg)

13 Tore Matthias Sammer (Dynamo Dresden)

12 Tore Matthias Liebers (1. FC Lok Leipzig)

11 Tore Gotthard Zölfl (FC Karl-Marx-Stadt)

10 Tore Rainer Ernst (Berliner FC Dynamo)

9 Tore Ulf Kirsten (Dynamo Dresden)

8 Tore Frank Richter (Dynamo Dresden), Schwierske (Berliner FC Dynamo), Uwe Grüning (1. FC Magdeburg), Hagen Wellschmid (BFC Dynamo), Gerald Wagner (Hallescher FC Chemie)

7 Tore Jürgen Nöldner (ASK Vorwärts Berlin), Gerd Weber (Dynamo Dresden), Jürgen Sparwasser (1. FC Magdeburg), Labes (Berliner FC Dynamo), Dieter Kühn (1. FC Lok Leipzig), Martin Hoffmann (1. FC Magdeburg) Joachim Müller (FC Karl-Marx-Stadt), Klotz (1. FC Union Berlin)

6 Tore Helmut Stein (Hallescher FC Chemie), Waldemar Köppe (Hallescher FC Chemie), Hartmut Schade (Dynamo Dresden), Falko Götz (BFC Dynamo),Damian Halata (1. FC Magdeburg), Matthias Lindner (1. FC Lok Magdeburg) Niewand

5 Tore Olaf Marschall (1. FC Lok Leipzig), Nachtigall (FC Vorwärts Frankfurt), Roland Nowotny (Hallescher FC Chemie), Joachim Streich (FC Hansa Rostock), Detlef Robitzsch (Hallescher FC Chemie), Rüdiger Schnuphase (FC Rot-Weiß Erfurt), sowie Heydenreich und Hempel

4 Tore Dieter Lange (FC Carl Zeiss Jena), Horst Walter (Hallescher FC Chemie), Hartmut Rentzsch (Motor Zwickau), Rainer Schlutter (FC Cark Zeiss Jena), Hans-Jürgen Kreische (Dynamo Dresden) Gerd Schellenberg (FC Karl - Marx - Stadt / Zwickau), Erhard Mosert (Hallescher FC Chemie), Rauschenbach (FC Karl - Marx - Stadt), Wolfgang Ramlow (FC Hansa Rostock), Lothar Hause (FC Vorwärts Frankfurt), Iffarth (FC Rot - Weiß Erfurt), Bloch (FC Hansa Rostock),Rainer Jarohs (FC Hansa Rostock) Rainer Rustler (FC Rot-Weiß Erfurt), Jürgen Raab (FC Carl Zeiss Jena), Axel Schulz (FC Hansa Rostock), Frank Lehmann (FC Vorwärts Frankfurt), Peter Englisch (1 .FC Lok Leipzig), sowie Matthei und Pahlke (Hallescher FC Chemie)

3 Tore Stefan Meixner (FC Carl Zeiss Jena), Steinborn (1. FC Magdeburg), Thomas Doll (FC Hansa Rostock), Joachim Müller (FC Karl-Marx-Stadt), Axel Kruse (FC Hansa Rostock), Horst Kohle (ASK Vorwärts Berlin), A. Strohmeyer, (Lok Stendal), Bernd Bauchspieß (Chemie Zeitz/Chemie Leipzig), G. Queck (Motor Steinach), Joachim Fritsche (1. FC Lok Leipzig), Klaus Decker (1. FC Magdeburg), Axel Tyll (1. FC Magdeburg), Kehl (FC Hansa Rostock), Ronald Kreer (1. FC Lok Leipzig), Andreas Zachhuber (FC Hansa Rostock), Frank Lieberam (1. FC Magdeburg), Torsten Gütschow (Dynamo Dresden), Lars Petzold (Berliner FC Dynamo), Christian Backs (Berliner FC Dynamo), Carsten Rost (1. FC Lok Leipzig), Ralf Vogel (Dynamo Dresden), Mentzel (1. FC Union Berlin), sowie Braun

2 Tore Dirk Losert (Dynamo Dresden), Hans-Jürgen Dörner (Dynamo Rainer Bieleke (Dynamo Dresden), Heiko Peschke, Konrad Weise, Matthias Brückner(alle FC Carl Zeiss Jena), Berschuck, Jörg Hornik (beide Rot - Weiß Erfurt), Andreas Thom, Geserich, Roland Jüngling (alle BFC Dynamo), Heiko Bonan, Wolfgang Steinbach(beide Magdeburg), G. Stiller (Motor Dessau), Rico Steinmann, Manfred Lienemann, (beide FC Karl -Marx -Stadt), Arno Zerbe, Uwe

Zötzsche (beide 1. FC Lok Leipzig), Sykora, Zuch, Gernot Alms, Michael Mischinger(alle FC Hansa Rostock), Steffen Krauß (Wismut Aue), Hendel (1. FC Union Berlin), Gramenz (FC Vorwärts Frankfurt), Jörg Stübner (Dynamo Dresden), Eggert (1. FC Magdeburg), Sommer (SC Lok Leipzig), Rahn (FC Hansa Rostock), sowie Roß, Breternitz, Franke, Neubert, Reske, Teubel und Kuscha

1 Tor Waldemar Köppe, Kersten, Burkhard Pingel, Jürgen Goldstein, Münch, Büchner (alle HFC Chemie), Carsten Sänger, Uwelius, Abel, Winfried Herz (alle Rot - Weiß Erfurt), Mario Neuhäuser, Lutz Wienhold, Dieter Leuschner, Wiedensee, Göcke (alle FC Karl-Marx-Stadt), Andreas Krause, H.-J. Otto, Hilmar Ahnert, Martin Trocha, Thomas Töpfer, Polywka (alle FC Carl Zeiss Jena), Jens Leonhard, Jens Protzner, Thomas Ritter, Karsten Neitzel, Dieter Riedel, Udo Schmuck, Jens Pfahl, Jörg Prasse, Ralf Vogel (alle Dynamo Dresden), P. Henschel, Harald Irmscher (beide Sachsenring Zwickau), Enke, Markus Wuckel, Stefan Winkwitz,Detlef Raugust,Jürgen Ebeling,Siersleben, Windelband, Steinfurth (alle 1. FC Magdeburg), Lahn, Grether, Schlegel, Ralf Schulenberg, Rainer Troppa, Andreas Rath (alle BFC Dynamo), Torsten Kracht, Dieter Fischer, Peter Gießner, Klaus Lisiewicz, Jürgen Naumann, Hans-Jürgen Kinne, Andreas Treske, Thomas Dennstedt (alle 1. FC Lok Leipzig), Wolfgang Barthels, Florian Weichert, Gerd Kische, Frank Rillich, Kampfalle FC Hansa Rostock), Wilfried Klingbiel (Lok Stendal), Geyer, Uwe Schmidt (beide FC Vorwärts Frankfurt), Lothar Kurbjuweit (Stahl Riesa), Reinhard Häfner (Rot - Weiß Erfurt/Dynamo Dresden), Seier, Wolfgang Wruck (beide 1.FC Union Berlin), G. John, Karl-Heinz Bergmann (beide Brieske-Senftenberg), sowie Pinkohs, Zander, Schickgram, Kittner, Ketzer, Szepanski, Kagelmann, Winkler, Gebhard, Tschöp, Seiler, Schmahl, Wolf, Hempel, Jahn, Menge, Schott, Braun, Krantz, Juretzko, Wandke, Herrmann, Lüdtke,Seering, Kaiser, Heinze, Thomas, Geflitter, Treppschuh, Döring, Nemetschek

Bilanz der 435 bis 1985 ausgetragenen Länderspiele

Argentinien	1	0	0	1	0:2	0:2
Algerien	2	1	0	1	4:3	2:2
Belgien	2	2	0	0	5:2	4:0
Bulgarien	47	14	17	16	48: 53	45:49
CSSR	52	18	16	18	69: 75	52:52
BR Deutschland	8	1	4	3	10:14	6:10
Dänemark	5	4	0	1	11:4	8:2
England	7	3	2	2	15:11	8:6
Finnland	24	15	8	1	47:21	38:10
Frankreich	7	3	3	1	13:8	9:5
Griechenland	6	2	4	0	12:7	8:4
Italien	1	0	0	1	0:2	0:2
Jugoslawien	13	3	3	7	13: 15	9:17
Koreanische VDR	7	2	4	1	12:6	8:6
Kuba	2	2	0	0	19:2	4:0
Luxemburg	2	2	0	0	7:1	4:0
Malta	1	1	0	0	10:0	2:0
Niederlande	10	2	5	3	9:12	9:11
Norwegen	2	1	1	0	2:1	3:1
Österreich	11	5	5	1	23:11	15:7
Polen	59	29	10	20	102: 72	68:50
Portugal	3	1	0	2	3:5	2:4
Rumänien	49	18	14	17	58: 52	50:48
Schottland	2	2	0	0	5:2	4:0
Schweden	9	7	1	1	17:9	15:3
Spanien	1	0	0	1	1:2	0:2
Türkei	6	2	1	3	5:6	5:7
UdSSR	38	13	8	17	40: 37	34:42
Ungarn	50	17	12	21	51:75	46:54
SR Vietnam	1	1	0	0	2:0	2:0
	435	**175**	**121**	**139**	**623:510**	**471:399**

Die UEFA-Juniorenturniere

1948 wurde das UEFA - Juniorenturnier ins Leben gerufen und alljährlich ausgetragen. Zum ersten Turnier in England waren nur acht Teilnehmer vertreten. Später mußten die Bewerber zunächst Qualifikationsspiele austragen, um die Endrunde zu erreichen. Seit 1981 wird das UEFA-Turnier als Junioren-Europameisterschaft geführt.

1965 in der Bundesrepublik und 1970 in Schottland konnte die Juniorenauswahl der DDR das Turnier gewinnen, 1969 stand die Auswahl gegen Bulgarien im Finale, spielte 1:1 und verlor nur durch Losentscheid. Als einziger Fußballer Europas zog der Magdeburger Jürgen Pommerenke mit der DDR-Juniorenauswahl in drei UEFA - Turniere und gewann dreimal eine Medaille: Silber 1969, Gold 1970 und Bronze 1971.

Pommerenke bekannte selbst, daß diese Turniere für ihn eine glänzende Schule waren. Zur Bedeutung dieser Turniere äußerte er: "Es waren die ersten Schritte auf den internationalen Fußballfeldern. Ich begriff, daß Talent nicht reicht und daß ohne Kampf im modernen Spiel nichts läuft. Ich wurde frühzeitig gefordert, das war wegbestimmend."

Gegen die Bulgaren Denev und Panov, Blochin und Burjak aus der Sowjetunion, die Portugiesen Jordao und Nando, die Schotten Dalglish und Hartford sowie Neeskens aus Holland spielte er später auch in der A-Nationalmannschaft.

An den UEFA-Turnieren nahmen u. a. folgende Spieler, die danach auch in der DDR-Nationalmannschaft spielten, teil:

1954	Kalinke, Kohle, Hirschmann
1956	Dörner, Stöcker, Mühlbächer
1957	Erler, Wehner
1958	Bauchspieß, Heinsch
1959	Geisler, Nachtigall, Nöldner, Weigang
1960	Peter Ducke, Pankau
1962	Wolfgang Wruck
1965	Croy, Kreische, Schlutter, Sparwasser, Stein, Krauß
1966	Sparwasser, Ganzera
1967	Dieter Schneider, Kurbjuweit
1968	Dieter Schneider, Kurbjuweit
1969	Kurbjuweit, Dörner, Weise, Pommerenke, Streich, Joachim Müller, Hans Richter
1970	Fritsche, Decker, Häfner, Richter, Joachim Müller, Kische, Weise, Pommerenke
1971	Pommerenke, Tyll, Schnuphase, Schmuck, Klaus Müller
1973	Hause, Hoffmann, Kühn, Raugust, Schade, Riediger
1974	Hause, Kühn, Riediger, Brauer

Erstmals kehrte eine DDR-Auswahl 1965 mit einer Medaille aus der Bundesrepublik zurück. Die junge Mannschaft drang bis in das Endspiel vor und konnte sich überraschend gegen England 3:2 durchsetzen. Mit Jürgen Croy im Tor, Steffen Krauß im Mittelfeld sowie Rainer Schlutter, Hans-Jürgen Kreische, Jürgen Sparwasser und Helmut Stein im Angriff verfügte die DDR-Mannschaft über ihre stärksten Spieler.

Eine neue Generation wuchs in der Auswahl des Jahrgangs 1969 heran, die im eigenem Land die Silbermedaille holte. Gegen Bulgarien gelang im Finale ein 1:1 nach Verlängerung, das Los entschied für Bulgarien. In dieser Mannschaft standen die erfahrenen Lothar Kurbjuweit, Hans-Jürgen Dörner, Konrad Weise, Jürgen Pommerenke und Joachim Streich.

1970 konnte in Schottland erneut Gold geholt werden. Weise und Pommerenke zählten noch immer zum bewährten Stamm, zu ihnen gesellten sich Gerd Kische, Reinhard Häfner, Klaus Decker und Joachim Fritsche.

1973 mußte sich die DDR-Auswahl in Italien den Engländern in der Verlängerung mit 2:3 beugen. Zum Aufgebot gehörten die Dresdner Hartmut Schade, Matthias Donix und Gerd Weber, die Leipziger Andreas Roth und Dieter Kühn sowie der Berliner Hans-Jürgen Riediger.An guten Spielern hatte es den Ostdeutschen nie gemangelt. So konnten am Ende Erfolge nicht ausbleiben.

So spielte die Junioren-Auswahl bei den UEFA-Turnieren:

7. UEFA-Turnier 1954 in der Bundesrepublik Deutschland

Vorrunde Gruppe A

DDR - Frankreich	3:1
DDR - Argentinien	0:2
DDR - Niederlande	1:1

Die DDR belegte Platz 2 mit 3:3 Punkten

Zwischenrunde:

DDR - Jugoslawien	1:3

Spiel um Platz 7:

DDR - Belgien	3:2

9. UEFA-Turnier 1956 in Ungarn

Vorrunde Gruppe D

DDR - Türkei	1:1
DDR - CSSR	1:1
DDR - Griechenland	1:1;

Die DDR belegte mit 3:3 Punkten den zweiten Platz hinter der CSSR und schied aus.

10. UEFA-Turnier 1957 in Spanien

Vorrunde Gruppe A

DDR - Italien	0:2
DDR - Türkei	1:2

Die DDR belegte mit 0:4 Punkten den dritten Platz hinter Italien und der Türkei und schied aus.

11. UEFA-Turnier 1958 in Luxemburg

Vorrunde Gruppe D

DDR - Luxemburg	3:1
DDR - England	0:1
DDR - Spanien	1:2

Die DDR belegte mit 2:4 Punkten Platz 3 hinter England und Spanien und schied aus.

12. UEFA-Turnier 1959 in Bulgarien

Vorrunde Gruppe A

DDR - Frankreich	3:1
DDR - CSSR	0:1
DDR - Polen	5:1

Die DDR wurde mit 4:2 Punkten Gruppensieger.

Halbfinale:

DDR - Bulgarien	0:3

Spiel um Platz 3:

DDR - Ungarn	1:6

13. UEFA-Turnier 1960 in Österreich

Vorrunde Gruppe C

DDR - Ungarn	0:2
DDR - Türkei	0:1
DDR - BR Deutschland	1:1

Die DDR belegte mit 1:5 Punkten den vierten Platz hinter Ungarn, Deutschland und der Türkei und schied aus.

15. UEFA-Turnier 1962 in Rumänien

Vorrunde Gruppe E

DDR - Griechenland	3:2
DDR - CSSR	1:3
DDR - UdSSR	4:1

Die DDR belegte mit 4:2 Punkten Platz 2 hinter der CSSR und schied aus.

18. UEFA-Turnier 1965 in der Bundesrepublik Deutschland

Vorrunde Gruppe VII:

DDR - Portugal	2:1
DDR - Österreich	7:0

Die DDR wurde mit 4:0 Punkten Gruppensieger vor Portugal und Österreich.

Viertelfinale:

DDR - Niederlande	3:0

Halbfinale:

DDR - CSSR 2:1

Endspiel

DDR - England	3:2

Die **DDR** spielte mit: Jürgen Croy - Withulz, Sykora, Benes - Müller, Steffen Krauß - Rainer Schlutter, Hans-Jürgen Kreische, Jürgen Sparwasser, Helmut Stein, Roland Nowotny

19. UEFA-Turnier 1966 in Jugoslawien

Vorrunde Gruppe B

DDR - Bulgarien	1:1
DDR - Jugoslawien	1:2
DDR - Portugal	0:2

Die DDR belegte mit 1:5 Punkten Platz 4 hinter Jugoslawien, Bulgarien und Portugal und schied aus.

20. UEFA-Turnier 1967 in der Türkei

Vorrunde Gruppe C

DDR - Rumänien	0:1
DDR - UdSSR	0:0
DDR - Schweden	2:1

Die DDR belegte mit 3:3 Punkten Platz 2 hinter der UdSSR und schied aus.

21. UEFA-Turnier 1968 in Frankreich

Qualifikation

DDR - Polen	2:3 und 3:0

Vorrunde Gruppe D

DDR - Griechenland	1:1
DDR - Ungarn	1:4
DDR - Frankreich	3:4

Die DDR belegte mit 1:5 Punkten Platz 4 hinter Frankreich, Ungarn und Griechenland und schied aus.

22. UEFA-Turnier 1969 in der DDR

Vorrunde Gruppe B

DDR - CSSR	1:0
DDR - Malta	10:0
DDR - England	4:0

Die DDR wurde mit 6:0 Punkten Gruppensieger vor England, der CSSR und Malta.

Halbfinale:

DDR - Schottland	2:1

Endspiel

DDR - Bulgarien	1:1 n. V.

Losentscheid für Bulgarien

DDR

Keipke - Lothar Kurbjuweit (Stahl Riesa), Hans-Jürgen Dörner (Dynamo Dresden), Achtel (1. FC Magdeburg), Zimmermann - Enge (1. FC Magdeburg), Konrad Weise (FC Carl Zeiss Jena), Erhard Mosert (Hallescher FC Chemie) - Gotthard Zölfl (FC Karl-Marx-Stadt), Jürgen Pommerenke (1. FC Magdeburg), ab 41. Joachim Streich (FC Hansa Rostock), Joachim Müller (FC Karl-Marx-Stadt), ab 55. Schwierske (Berliner FC Dynamo)

23. UEFA-Turnier 1970 in Schottland

Qualifikation

DDR - Österreich	4:1 2:0

Vorrunde Gruppe D

DDR - Türkei	1:0
DDR - Belgien	2:0
DDR - Rumänien	0:0

Die DDR wurde mit 5:1 Punkten Gruppensieger vor Belgien, Rumänien und der Türkei.

Halbfinale:

DDR - Frankreich 1:1
Losentscheid für die DDR

Endspiel

DDR - Niederlande 1:1
Losentscheid für die DDR

DDR

Bernd Jakubowski (FC Hansa Rostock) - Albert Krebs (FC Rot-Weiß Erfurt), Enge (1. FC Magdeburg), Konrad Weise (FC Carl Zeiss Jena), Filohn (Berliner FC Dynamo) - Gerd Kische (FC Hansa Rostock), Jürgen Pommerenke (1, FC Magdeburg), ab 47. Frank Richter (Dynamo Dresden), Joachim Fritsche(1. FC Lok Leipzig) - Reinhard Häfner(FC Rot-Weiß Erfurt), Klaus Decker(1. FC Magdeburg), ab 91. Frank Rohde (Berliner FC Dynamo), Joachim Müller(FC Karl-Marx-Stadt)

24. UEFA-Turnier 1971 in der Tschechoslowakei

Vorrunde Gruppe C

DDR - Griechenland	5:1
DDR - CSSR	2:2
DDR - BR Deutschland	3:1

Die DDR wurde mit 5:1 Punkten Gruppensieger vor der CSSR, Griechenland und der Bundesrepublik Deutschland.

Halbfinale:

DDR - Portugal 1:2

Spiel um Platz 3:

DDR - UdSSR 1:1 n. V.
5:3 nach Elfmeterschießen

26. UEFA-Turnier 1973 in Italien

Vorrunde Gruppe D

DDR - Österreich	1:1
DDR - Schottland	3:1
DDR - CSSR	3:2

Die DDR wurde mit 5:1 Punkten Gruppensieger vor der CSSR, Schottland und Österreich.

Halbfinale:

DDR - Bulgarien 1:0

Endspiel

DDR - England 2:3 n. V.

DDR

Krüger - Wolfgang Ramlow (FC Hansa Rostock) - Detlef Raugust (1. FC Magdeburg), Gerd Weber (Dynamo Dresden), ab 12. Gernot Alms (FC Hansa Rostock), Andreas Roth (1. FC Lok Leipzig) - Joachim Müller (FC Karl-Marx-Stadt), ab 51. Kampf (FC Hansa Rostock), Hartmut Schade (Dynamo Dresden), Matthias Donix (Dynamo Dresden) - Hans-Jürgen Riediger (Berliner FC Dynamo), Dieter Kühn (1. FC Lok Leipzig), Martin Hoffmann (1. FC Magdeburg)

27. UEFA-Turnier 1974 in Schweden

Qualifikation

DDR - Frankreich	0:0 1:1

Vorrunde Gruppe B

DDR - Polen	1:0
DDR - Jugoslawien	0:1
DDR - Türkei	2:0

Die DDR belegte mit 4:2 Punkten Platz 2 hinter Jugoslawien und schied aus.

28. UEFA-Turnier 1975 in der Schweiz

Qualifikation:

DDR - Jugoslawien	2:0 2:0

Vorrunde Gruppe C

DDR - BR Deutschland	1:3
DDR - UdSSR	1:0
DDR - Finnland	1:1

Die DDR belegte mit 3:3 Punkten Platz 2 hinter Finnland und schied aus.

30. UEFA-Turnier 1977 in Belgien

Qualifikation

DDR - Finnland	2:2 3:1
DDR - Schweden	2:3 2:0

Die DDR belgte mit 5:3 Punkten Platz 2 hinter Schweden und scheiterte damit in der Qualifikation.

33. UEFA-Turnier 1980 in der DDR

Vorrunde Gruppe B

DDR - Bulgarien	0:1
DDR - Frankreich	2:0
DDR - Niederlande	0:0

Die DDR belegte mit 3:3 Punkten Platz 2 hinter den Niederlanden und schied aus.

Jugend- und Schülerfußball

Der Erfolgstrainer des DDR-Fußballs, Walter Fritzsch, sprach einmal die klugen Worte: "Fußballspielen lernt man nur, indem man Fußball spielt." Dieses Prinzip wurde in der DDR in die Tat umgesetzt. Im Nachwuchsbereich wurden nicht weniger als 13 zentrale Wettbewerbe ausgetragen. Zur Austragung kamen die Meisterschaften der Schüler, Jugend und Junioren, die Spiele um den Junge-Welt-Pokal der Junioren sowie den Pokal der FDJ, an dem die Jugendlichen beteiligt waren. Weiterhin kamen hinzu die Kinder- und Jugendspartakiaden, die Hallenmeisterschaften der Knaben sowie die Wettbewerbe für Jugend- und Junioren - Auswahlmannschaften.

Das Netz der Bewährungsmöglichkeiten war breit gefächert. Nicht selten führte der Weg eines DDR-Nationalspielers vom Spartakiadesieger zum Auswahlspieler aller Altersgruppen bis in die A-Nationalmannschaft. Die Erfolge in allen Bereichen des Fußballs sind demzufolge kein Zufall. Bereits seit 1951 wurden Jugend- und seit 1960 Schülermeisterschaften ausgetragen. Der Austragungsmodus war der gleiche wie bei den Junioren.

Die Jugendmeisterschaften waren anfangs für alle Mannschaften offen, Gemeinschaften wie Motor Limbach - Oberfrohna, Einheit Teterow und Fortschritt Guben bei den Jugendlichen sowie Vorwärts Bautzen, Motor Süd Brandenburg und TSG Wismar bei den Schülern konnten bis in das Endspiel vordringen. Dann beschränkte sich die Meisterschaft auf die führenden Klubs der Oberliga. Der 1. FC Lok Leipzig, Berliner FC Dynamo, Dynamo Dresden und der 1. FC Magdeburg bestimmten weitgehend das Meisterschaftsgeschehen.

Überraschende Pokalsiege gab es 1977 und 1978 für die Jugendlichen von Energie Cottbus. Sachsenring Zwickau und FSV Lok Dresden konnten jeweils 2:0 geschlagen werden. 1980 bezwang Chemie Leipzig Post Neubrandenburg 7:0, die Norddeutschen rächten sich ein Jahr später mit einem 3:1-Erfolg. Mit fünf Pokalsiegen war der Berliner FC Dynamo erfolgreichste Mannschaft.

Für die Schüler und Jugendlichen gab es eine weitere Bewährungsprobe - die Teilnahme an den Fußballturnieren anläßlich der Kinder- und Jugendspartakiade. Hier wurde erkennbar, daß Bezirke der ehemaligen DDR, die über keine Oberligamannschaft verfügten, sich kaum einmal vorn plazieren konnten. So endeten Suhl, Schwerin und Neubrandenburg meist auf den letzten Plätzen.

Im folgenden Teil sollen nochmals alle Meister und Pokalsieger, die Sieger bei den Spartakiaden genannt werden.

DDR-Jugendmeisterschaften

1951 **Finale**
SC Turbine Erfurt - Rotation Babelsberg 4:2
1952 **Finale**
Adlershofer BC- M. Limbach-Oberfrohna 2:0
1953 **Finale**
Empor Halle - Lok Dresden 5:0
1954 **Finale**
Chemie Zeitz - Einheit Schwerin 3:1 n. V.
1955 **Finale**
SC Chemie Halle - Leuna - Einheit Teterow 5:0
1956

Meister	Forts. Wilhelm - Pieck - Stadt Guben
2.	SC Lok Leipzig
3.	Rotation Babelsberg

1957 **Finale**
ASK Vorwärts Berlin - SC Empor Rostock 4:1
1958 bis 1964 nicht ausgetragen
1965 **Finale**
SC Turbine Erfurt - SC Einheit Dresden 2:0
1966 **Finale**
1. FC Magdeburg - 1. FC Lok Leipzig
1:1 n. V., 5:2 n. Elfm.
1967 **Finale**
Berliner FC Dynamo - Dynamo Eisleben n. V. 3:3 n. V., 2:0 n. Elfm.
1968 **Finale**
1. FC Magdeburg - HFC Chemie 3:1 n. V.
1969 **Finale**
1. FC Lok Leipzig - HFC Chemie 3:2 n. V.
1970 **Finale**
FC Hansa Rostock - 1. FC Lok Leipzig 2:1
1971 **Finale**
1. FC Lok Leipzig - Stahl Riesa 1:0
1972 **Finale**
Berliner FC Dynamo - 1. FC Magdeburg 3:0
1973 **Finale**
FC Vorwärts Frankfurt - FC Hansa Rostock 3:2
1974 **Finale**
FC Rot-Weiß Erfurt - Sachsenr. Zwickau 1:0 n. V.
1975 **Finale**
Berliner FC Dynamo - FC Hansa Rostock 4:0
1976 **Finale**
Hallescher FC Chemie - Vorwärts Frankfurt 3:2
1977

Meister	FC Karl-Marx-Stadt
2.	FC Hansa Rostock
3.	Berliner FC Dynamo

1978

Meister	FC Hansa Rostock
2.	1. FC Lok Leipzig
3.	1. FC Magdeburg

1979
Meister

1.	FC Lok Leipzig
2.	FC Hansa Rostock
3.	FC Rot-Weiß Erfurt

1980
Meister:

1.	FC Magdeburg
2.	1. FC Lok Leipzig
3.	Dynamo Dresden

1981

Meister	1. FC Lok Leipzig
2.	1. FC Magdeburg
3.	FC Vorwärts Frankfurt

1982

Meister	FC Vorwärts Frankfurt
2.	Dynamo Dresden
3.	1. FC Lok Leipzig

1983

Meister	Dynamo Dresden
2.	Berliner FC Dynamo
3.	FC Karl-Marx-Stadt

1984 **Finale**
Lok Leipzig - FC RW Erfurt 1:1 n. V., 5:4 n. Elfm.
1985 **Finale**
FC Rot-Weiß Erfurt - 1. FC Union Berlin 1:0
1986
Meister FC Vorwärts Frankfurt
1987
Meister **FC Carl-Zeiss Jena**
1988
Meister **Dynamo Dresden**
1989
Meister **Dynamo Dresden**

1990
Meister **FC Hansa Rostock**

FDGB-Pokalsieger der Jugend

1952
Meister Motor Limbach-Oberfrohna
2. Wismut Oberschlema
1953
Motor Ost Halle - Rotation Dresden 3:1
1954
Stahl Helbra - Empor Halle 3:1
1955
Rotation Babelsberg - Wissenschaft Halle 1:0
1956
SC Motor Jena - Chemie Fürstenwalde 2:1
1957
ASK Vorwärts Berlin - SC Empor Rostock 4:1
1958
Einheit Greifswald - Motor Süd Brandenburg 3:1
1959
SC Rotation Leipzig - SC Fortschr. Weißenfels 3:1
1960
TSC Oberschöneweide - SC Turbine Erfurt 2:0
1961
SC Einh. Dresden - TSC Oberschönew. Berlin 1:0
1962
TSG Wismar - TSC Berlin 1:0
1963
TSG Wismar - Dynamo Hohenschönhausen 3:2
1964
SC Motor Jena, 2. SC Dynamo Berlin
1965
SC Dynamo Berlin - SC Chemie Halle 5:1
1966
Hallescher FC Chemie - 1. FC Lok Leipzig 4:3
1967
1. FC Lok Leipzig - Hallescher FC Chemie 5:1
1968
Berliner FC Dynamo - 1. FC Magdeburg 3:2
1969
FC Karl-Marx-Stadt - FSV Lok Dresden 2:0
1970
FC Rot-Weiß Erfurt - Stahl Riesa 1:0
1971
Berliner FC Dynamo - 1. FC Magdeburg 3:1
1972
Berliner FC Dynamo - Sachsenring Zwickau 4:1
1973
Dynamo Dresden - FC Vorwärts Frankfurt 2:0
1974
Hallescher FC Chemie - Hansa Rostock 2:1 n. V.
1975
FC Rot-Weiß Erfurt - Berliner FC Dynamo 2:1
1976
Berliner FC Dynamo - 1. FC Lok Leipzig 1:0
1977
Energie Cottbus - Sachsenring Zwickau 2:0
1978
Energie Cottbus - FSV Lok Dresden 2:0
1979
Stahl Riesa - Chemie Leipzig 5:0
1980
Chemie Leipzig - Post Neubrandenburg 7:0
1981
Post Neubrandenburg - Chemie Leipzig 1:0
1982
Stahl Riesa - Post Neubrandenburg 1:0
1983
Sachsenring Zwickau - Stahl Riesa 3:0
1984
FC Karl-Marx-Stadt - FC Hansa Rostock 4:1
1985
FC Vorwärts Frankfurt - FC Karl-Marx-Stadt 1:0
1986
FC Karl-Marx-Stadt
1987
Hallescher FC Chemie
1988
FC Vorwärts Frankfurt
1989
Dynamo Dresden
1990
FC Hansa Rostock

DDR - Schülermeisterschaften

1960 **Finale**
TSG Wismar - SC Aufbau Magdeburg 2:1
1961 **Finale**
SC Einheit Dresden - SC Lok Leipzig 2:1

1962 **Finale**
Chemie Zeitz - Vorwärts Bautzen 5:0
1963 **Finale**
SC Lok Leipzig - SC Empor Rostock 2:0
1964 **Finale**
SC Turbine Erfurt - SC Leipzig 3:1
1965 **Finale**
Motor Süd Brandenburg - Dynamo Schwerin 5:0
1966 **Finale**
1. FC Magdeburg - 1. FC Lok Leipzig 2:1
1967 **Finale**
FC Hansa Rostock - FC Rot-Weiß Erfurt 2:0
1968 **Finale**
FC Rot-Weiß Erfurt - 1. FC Lok Leipzig 3:1
1969 **Finale**
1. FC Magdeburg - Hallescher FC Chemie
2:2 n. V., 4:3 n. Elfm.
1970 **Finale**
1. FC Lok Leipzig - Dynamo Dresden 1:0
1971 **Finale**
1. FC Magdeburg - Berliner FC Dynamo 4:0
1972 **Finale**
1. FC Magdeburg - Dynamo Dresden 1:0
1973 **Finale**
FC Vorwärts Frankfurt - 1. FC Lok Leipzig 2:1
1974 **Finale**
FC Karl-Marx-Stadt - Berliner FC Dynamo
1:1 n. V., 4:3 n. Elfm.
1975 **Finale**
Dynamo Dresden - 1. FC Lok Leipzig 1:0
1976 **Finale**
FC Karl-Marx-Stadt - Berliner FC Dynamo 5:2
1977
1. 1. FC Magdeburg,
2. Energie Cottbus
3. Berliner FC Dynamo
1978 **Finale**
1. FC Magdeburg - FC Hansa Rostock 1:0
1979 **Finale**
Dynamo Dresden - Berliner FC Dynamo 5:0
1980 **Finale**
Berliner FC Dynamo - 1. FC Magdeburg 3:0
1981 **Finale**
1. FC Lok Leipzig - FC Karl-Marx-Stadt 4:2
1982 **Finale**
1. FC Lok Leipzig - Dynamo Dresden 2:1
1983 **nicht ausgetragen**
1984 **Finale**
Dynamo Dresden - Berliner FC Dynamo 1:0
1985 **Finale**
FC Rot-Weiß Erfurt - FC Vorwärts Frankfurt 2:1

Die Jugendwettkämpfe der Freundschaft

Unter dieser Bezeichnung wurde der Jugendmeister der "sozialistischen" Länder" ermittelt. Die Jugendspieler trafen sich alljährlich in einem anderen Land und ermittelten den Sieger nach dem gleichen Modus wie bei den UEFA-Turnieren.

1. Turnier vom 25. 8. -2. 9. 1967 in Bulgarien

Endspiel:
Bulgarien - Jugoslawien 2:1

Die DDR spielte gegen Bulgarien 1:4, Ungarn 2:5, die Tschechoslowakei 1:0, Kuba 1:2 und Bulgarien II 1:2. Sie belegte in diesem Turnier Platz 10

2. Turnier vom 9. -18. August 1968 in Ungarn

Endspiel:
Jugoslawien - Ungarn 1:0

Die DDR spielte gegen Kuba 2:0, Korea 1:3, Polen 4:2, Ungarn 1:0 und Bulgarien 2:2 nach Verlängerung. Beide Mannschaften belegten am Ende gemeinsam Platz 3.

3. Turnier vom 18. -25. Oktober 1969 in Korea

Endspiel:
Korea - Sowjetunion 2:0

Die DDR spielte gegen Kuba 0:0, Bulgarien 0:2, die Sowjetunion 0:1, Korea II 2:4 und Ungarn 0:1. Sie belegte am Ende den enttäuschenden 10. Platz.

4. Turnier vom 3. -12. September 1970 in Polen

Endspiel:
Rumänien - Polen II 2:1

Die DDR spielte gegen die Tschechoslowakei 1:1, Sowjetunion 0:0, Polen II 1:2 und Polen I 0:4. Sie belegte Platz 6.

5. Turnier vom 7. -13. August 1971 in der DDR

Endspiel:
Tschechoslowakei - DDR 1:0

Die DDR spielte gegen Polen 2:0, die Sowjetunion 2:1, Kuba 1:0, Ungarn 1:0 und die Tschechoslowakei im Finale 0:1.

6. Turnier vom 25. 7. -6. 8. 1972 in Rumänien

Endspiel:
Rumänien - Bulgarien 1:0

Die DDR spielte gegen Korea 0:0, Bulgarien 1:3, Ungarn 0:0, Rumänien II 3:0 und gegen die Sowjetunion 1:1 nach Verlängerung. Das Spiel endete 5:2 nach Elfmeterschießen für die DDR. Die DDR belegte Platz 5.

7. Turnier vom 19. -29. September 1973 in der Sowjetunion

Endspiel:
Bulgarien - Sowjetunion 2:2 n. V., 3 n. Elfm.

Die DDR spielte gegen Polen 0:0, Bulgarien 0:1, Kuba 1:0, Sowjetunion II 3:3 und die Tschechoslowakei 2:0. Trotz nur einer Niederlage belegte sie am Ende Platz 7.

8. Turnier vom 10. -20. Juli 1974 in Kuba

Die DDR war an diesem Turnier nicht beteiligt. Es gewann die Tschechoslowakei im Finale gegen die Sowjetunion.

9. Turnier vom 11. -20. Juli 1975 in Korea

Endspiel:
Korea II - Korea I 1:0 n. V.

Die DDR spielte gegen Korea 0:0, Rumänien 0:0, Polen 0:1 und die Sowjetunion 2:0. Sie belegte Platz 5.

10. Turnier vom 14. -25. August 1976 in Bulgarien

Endspiel:
Bulgarien - Sowjetunion 3:0

Die DDR spielte gegen Ungarn 2:1, Bulgarien II 1:2, die Sowjetunion 0:1 und Polen 0:1. Sie belegte den 8. Platz.

11. Turnier vom 18. -31. August 1977 in Ungarn

Endspiel:
Sowjetunion - DDR 3:0

Die DDR spielte zuvor gegen Polen 2:0, Ungarn 1:2, Kuba 7:0 und die Tschechoslowakei 2:1.

12. Turnier vom 4. -13. August 1978 in der DDR

Endspiel:
Sowjetunion - DDR 1:0

Zuvor spielte die DDR gegen Kuba 1:1, Ungarn 4:3, Bulgarien 2:0, die Tschechoslowakei 1:0

13. Turnier vom 3. -12. August 1979 in Polen

Endspiel:
Sowjetunion - Rumänien 3:1

Die DDR spielte gegen Vietnam 2:0, Rumänien 1:1, Polen 3:5, Kuba 5:0 und die Tschechoslowakei 0:1. Sie belegte Platz 4.

14. Turnier vom 9. -21. Juli 1980 in Korea

Die DDR spielte gegen Korea II 1:1, Bulgarien 4:0 und die Tschechoslowakei 1:1. Sie erreichte damit die Endrunde. Hier spielte sie gegen Ungarn 0:2, Korea I 2:0 und die Sowjetunion 1:1.

Endstand:
1. Ungarn 3:2 Tore /3:3 Punkte, 2. DDR 3:3 Tore /3:3 Punkte, 3. Sowjetunion 2:2 Tore /3:3 Punkte, 4. Korea I 1:2 Tore /3:3 Punkte

15. Turnier vom 1. -9. August 1981 in der Tschechoslowakei

Endspiel:
Korea - Polen 0:0
:3 nach Elfmeterschießen

Die DDR spielte gegen die Sowjetunion 1:2, Tschechoslowakei II 1:1, Korea 1:1, Rumänien 0:2 und Kuba 1:0. Sie belegte den 7. Platz.

16. Turnier vom 12. -22. August 1982 in Korea

Es gewann Korea I vor Korea II und der Tschechoslowakei. Die DDR war am Turnier nicht beteiligt.

17. Turnier vom 11. -17. September 1983 in Kuba

Endspiel:
DDR - Korea 1:1 n. V., 5:4 n. Elfm.

Die DDR spielte gegen Polen 4:1 und Kuba 1:1. Erstmals konnte ein Turnier gewonnen werden. Gegen Polen gelang ein überzeugender 4:1-Sieg. Der Leipziger Olaf Marschall erzielte allein drei Tore. Am Ende wurde er als bester Spieler des Turniers ausgezeichnet. Im Finale kam die Koreanische DVR, Turniersieger von 1981, zu einem 1. 1 und gab sich erst im Elfmeterschießen geschlagen. Auswahltrainer Frank Engel bemängelte: "Der einzige Schönheitsfleck. Wir nutzten unsere Chancen noch zu wenig." Neben Marschall imponierten besonders Mappes, Fankhänel, Hartmann, Kirsten, Thom und Köhler. Die Spiele fanden überwiegend bei Temperaturen von über 40 Grad statt.

18. Turnier vom 19. -28. Juli 1984 in Ungarn

Es gewann die Sowjetunion vor der Tschechoslowakei und Ungarn. Die DDR spielte gegen die Sowjetunion 0:2, Bulgarien 1:2, die Tschechoslowakei 0:3, Polen 2:3 und Rumänien 4:0. Sie belegte den 7. Platz.

19. Turnier vom 13. -21. Juli 1085 in Bulgarien

Die DDR spielte gegen Korea 7:1, die Tschechoslowakei 0:0, Ungarn 2:2, Bulgarien 2:3 und Polen 4:1.

Endstand:
1. Bulgarien 6:0 Punkte, 2. Tschechoslowakei 6:2 Tore/3:3 Punkte, 3. DDR 6:4 Tore/3:3 Punkte;

Die Kinder- und Jugendspartakiaden

Bestenermittlung im Fußball

1. Spartakiade vom 24. -31. Juli 1966 in Berlin

Es wurden drei Turniere mit jeweils 15 Bezirksauswahlmannschaften der Schüler, Jugend und Junioren ausgetragen.

Schüler
Endspiel:
Leipzig - Magdeburg 2:1
Spiel um Platz 3:
Dresden - Rostock 2:1

Endstand:
1. Leipzig, 2. Magdeburg, 3. Dresden, 4. Rostock, 5. Gera, 6. Halle, 7. Karl-Marx-Stadt, 8. Frankfurt/Oder, 9. Potsdam, 10. Erfurt, 11. Neubrandenburg, 12. Berlin, 13. Suhl, 14. Schwerin, 15. Cottbus

Jugend
Endspiel:

Leipzig - Karl-Marx-Stadt	1:0
Spiel um Platz 3:	
Halle - Dresden	3:0

Endstand:
1. Leipzig, 2. Karl-Marx-Stadt, 3. Halle, 4. Dresden, 5. Magdeburg, 6. Schwerin, 7. Berlin, 8. Erfurt, 9. Potsdam, 10. Frankfurt/Oder, 11. Suhl,, 12. Cottbus,, 13. Gera, 14. Rostock, 15. Neubrandenburg

Junioren
Endspiel:

Rostock - Karl-Marx-Stadt	4:0
Spiel um Platz 3:	
Dresden - Halle	2:1

Endstand:
1. Rostock, 2. Karl-Marx-Stadt, 3. Dresden, 4. Halle, 5. Berlin, 6. Erfurt, 7. Cottbus, 8. Magdeburg, 9. Gera, 10. Leipzig, 11. Schwerin, 12. Neubrandenburg, 13. Frankfurt/Oder, 14. Potsdam, 15. Suhl

Im Schülerbereich setzten sich die eindeutig stärksten Mannschaften aus den Bezirken Leipzig und Magdeburg durch. In der Meisterschaft hatte sich der 1. FC Magdeburg gegen den 1. FC Lok Leipzig durchgesetzt. Die erwarteten Plätze gab es für Dresden und Rostock. Überraschend schwach zeigte sich die Berliner Auswahl, auch Erfurt konnte nicht überzeugen.

Bei den Jugendlichen konnten sich die Spieler um den Meister 1. FC Magdeburg nicht plazieren. Vizemeister 1. FC Lok Leipzig stellte die erfahrensten Akteure und gewann das Turnier knapp gegen Karl-Marx-Stadt. Erwartet stark die Auswahlmannschaften aus Dresden und Halle, überraschend weit vorn plaziert die Auswahl Schwerins. Dagegen enttäuschten die Rostocker auf der ganzen Linie.

Nicht unerwartet kommt der Sieg der Rostocker Junioren, kam doch der Juniorenmeister aus Wismar. Die Spieler vom Vizemeister Hallescher FC Chemie konnten nur Platz 4 belegen. Auch in dieser Altersklasse dominierte der Süden der DDR.

2. Spartakiade vom 23. -28. Juli 1968 in Berlin

Es wurden drei Turniere mit jeweils 15 Bezirksauswahlmannschaften der Schüler, Jugend sowie bei den Junioren mit einer DDR-Auswahl und fünf Territorialmannschaften gebildet.

Schüler
Endspiel:

Leipzig - Dresden	1:0
Spiel um Platz 3:	
Rostock - Erfurt	2:1

Endstand:
1. Leipzig, 2. Dresden, 3. Rostock, 4. Erfurt, 5. Halle, 6. Magdeburg, 7. Berlin, 8. Neubrandenburg, 9. Potsdam, 10. Gera, 11. Karl-Marx-Stadt, 12. Frankfurt/Oder, 13. Suhl, 14. Cottbus, 15. Neubrandenburg

Jugend
Endspiel:

Rostock - Dresden	2:1
Spiel um Platz 3:	
Leipzig - Cottbus	4:1

Endstand:
1. Rostock, 2. Dresden, 3. Leipzig, 4. Cottbus, 5. Berlin, 6. Suhl, 7. Halle, 8. Frankfurt/Oder, 9. Magdeburg, 10. Potsdam, 11. Karl-Marx-Stadt, 12. Gera, 13. Schwerin, 14. Erfurt, 15. Neubrandenburg

Junioren

Folgende Territorialmannschaften bestritten das Turnier:

Auswahl Ost (Cottbus, Karl-Marx-Stadt, Dresden)

Auswahl Süd (Leipzig, Halle, Magdeburg)

Auswahl West (Erfurt, Gera, Suhl)

Auswahl Nord (Rostock, Schwerin, Neubrandenburg)

Auswahl Mitte (Berlin, Potsdam, Frankfurt)

Endspiel:

DDR-Auswahl - Auswahl Mitte	6:0

Spiel um Platz 3:

Auswahl West - Auswahl Süd	3:2

Endstand:
1. DDR-Auswahl, 2. Auswahl Mitte, 3. Auswahl West, 4. Auswahl Süd, 5. Auswahl Ost, 6. Auswahl Nord

Bei den Schülern war die Leipziger Auswahl favorisiert, belegte doch der 1. FC Lok Leipzig in der Meisterschaft Platz 2. Erfurt mit den Spielern des Meisters FC Rot-Weiß Erfurt konnte sich gegenüber 1966 erheblich steigern. Dresden und Rostock hinterließen einen starken Eindruck, belegten Medaillenplätze. Eine Überraschung stellt Rang 7 der Berliner Auswahl dar. Von den Hauptstädtern hatte man sich mehr erwartet. Enttäuschend Platz 11 der Auswahl Karl-Marx-Stadts.

Bei den Jugendlichen konnte die Magdeburger Auswahl mit den Meisterspielern vom 1. FC Magdeburg nicht in das Geschehen an der Spitze eingreifen, belegte nur den enttäuschenden 9. Platz. Auch die Hallenser Auswahl, mit Spielern des Vizemeisters in den Reihen, konnte die vor ihr liegenden Mannschaften nicht gefährden. Sehr stark die Rostocker Auswahl, die im Finale die namhafte Dresdner Vertretung auf Rang 2 verweisen konnte. Eine positive Überraschung stellt der 6. Rang der Suhler Auswahl dar, negativ überraschte Erfurt mit dem vorletzten Platz.

Erwartungsgemäß gewann bei den Junioren die DDR-Auswahl. Überraschend zog die Auswahl Mitte in das Endspiel ein. Den Spielern aus Berlin, Potsdam und Frankfurt hatte man keineswegs den Gewinn der Silbermedaille zugetraut. Auch die Spieler aus Thüringen steigerten sich im Verlauf des Turniers, während die Auswahl Nord mit den Spielern des Meisters FC Hansa Rostock völlig unerwartet nur den letzten Platz belegte.

3. Spartakiade vom 20. -26. Juli 1970 in Berlin

Es wurden drei Turniere mit jeweils 15 Bezirksauswahlmannschaften der Schüler, Jugend und Junioren gespielt.

Schüler:
Endspiel:

Gera - Magdeburg	3:0

Spiel um Platz 3:

Halle - Suhl	4:0

Endstand:
1. Gera, 2. Magdeburg, 3. Halle, 4. Suhl, 5. Dresden, 6. Leipzig, 7. Karl-Marx-Stadt, 8. Rostock, 9. Cottbus, 10. Frankfurt/Oder, 11. Erfurt, 12. Berlin, 13. Potsdam, 14. Schwerin, 15. Neubrandenburg

Jugend
Endspiel:

Rostock - Leipzig	2:1

Spiel um Platz 3:

Halle - Potsdam	1:0 n. V.

Endstand:
1. Rostock, 2. Leipzig, 3. Halle, 4. Potsdam, 5. Karl-Marx-Stadt, 6. Erfurt, 7. Berlin, 8. Gera, 9. Dresden, 10. Neubrandenburg, 11. Cottbus, 12. Magdeburg, 13. Schwerin, 14. Suhl, 15. Frankfurt/Oder

Junioren:
Endspiel:

Magdeburg - Leipzig	2:1

Spiel um Platz 3:

Berlin - Karl-Marx-Stadt	1:0

Endstand:
1. Magdeburg, 2. Leipzig, 3. Berlin, 4. Karl-Marx-Stadt, 5. Halle, 6. Rostock, 7. Potsdam, 8. Dresden, 9. Gera, 10. Frankfurt/Oder, 11. Erfurt, 12. Schwerin, 13. Neubrandenburg, 14. Cottbus, 15. Suhl

Die Turniere des Jahrgangs 1970 brachten überraschende Ergebnisse. Nach der Papierform hätten bei den Schülern Leipzig und Dresden die stärksten Auswahlmannschaft mit stellen müssen. Doch es gab eine faustdicke Überraschung. Nach dem 10. Platz 1968 sicherte sich die Auswahl Geras den Spartakiadesieg. Magdeburg wurde klar mit 3:0 bezwungen.

Auch der 4. Platz der Suhler grenzt schon an eine Sensation. Abgeschlagen die höher eingeschätzten Teams aus Dresden, Leipzig, Erfurt und Berlin. Bei den Jugendlichen gab es den gleichen Einlauf wie zur Meisterschaft.

Rostock setzte sich knapp gegen Leipzig durch. Stark in diesem Jahr die Potsdamer Auswahl, die so renomierte Vertretungen wie Dresden und Magdeburg klar auf die Plätze verweisen konnte. Der 12. Rang der Magdeburger war die Sensation bei den Jugendlichen.

Bei den Junioren war mit der Magdeburger Auswahl der klare Favorit gegeben. Sie wurde dieser Rolle auch gerecht. Berlin mit den Spielern des Berliner FC Dynamo konnte erstmals eine Medaille erkämpfen. Enttäuschung bei den Vertretungen aus Erfurt und Dresden, die ihre Ergebnisse aus der Meisterschaft nicht bestätigen konnten.

4. Spartakiade vom 24. -30. Juli 1972 in Berlin

Beteiligt waren je acht Bezirksauswahlmannschaften der Schüler, Jugend und Junioren.

Schüler
Endspiel:

Erfurt - Leipzig	4:0

Spiel um Platz 3:
Rostock - Halle 3:1

Endstand:
1. Erfurt, 2. Leipzig, 3. Rostock, 4. Halle, 5. Potsdam, 6. Dresden, 7. Berlin, 8. Cottbus

Jugend
Endspiel:

Leipzig - Frankfurt	3:0

Spiel um Platz 3:

Karl-Marx-Stadt - Berlin	2:2 n. V., 4:2 n. Elfm.

Endstand:
1. Leipzig, 2. Frankfurt, 3. Karl-Marx-Stadt, 4. Berlin, 5. Dresden, 6. Gera, 7. Magdeburg, 8. Rostock

Junioren

Endspiel:

Leipzig - Karl-Marx-Stadt	1:0

Spiel um Platz 3:

Berlin - Suhl	2:1

Endstand:
1. Leipzig, 2. Karl-Marx-Stadt, 3. Berlin, 4. Suhl, 5. Cottbus, 6. Frankfurt/Oder, 7. Magdeburg, 8. Neubrandenburg

Bei den Schülern hatte der 1. FC Magdeburg vor Dynamo Dresden den Meistertitel Errungen. Zur Spartakiade war Magdeburg nicht vertreten, Dresden belegte nur den enttäuschenden 6. Platz. Überraschend konnte sich Erfurt gegen die im Finale favorisierten Leipziger klar durchsetzen. Ebenfalls ohne Chance die Auswahl Berlins.

Berlin und Magdeburg, in der Meisterschaft der Jugend erfolgreich, gingen ohne Medaille aus. Der Leipziger Sieg geht in Ordnung, doch hatte keiner mit der Auswahl Frankfurts im Endspiel gerechnet. Enttäuschend auch der letzte Platz der Rostocker Auswahl.

Bei den Junioren gab es den erwarteten Sieg der Leipziger Auswahl. In Abwesenheit der Spieler um den Juniorenmeister Dynamo Dresden waren sie den stark verbesserten Karl-Marx-Städtern knapp überlegen. Auch bei den Junioren mußte Magdeburg den leistungsschwächeren Bezirken Suhl, Cottbus und Frankfurt den Vortritt lassen. Leipzig erwies sich mit zweimal Gold und einmal Silber als erfolgreichster Bezirk der ehemaligen DDR.

5. Spartakiade vom 21. -27. Juli 1975 in Berlin

Gespielt wurden drei Turniere mit jeweils acht Bezirksauswahlmannschaften der Schüler, Jugend und Junioren.

Schüler:
Endspiel:
Karl-Marx-Stadt - Neubrandenburg 2:1 n. V.
Spiel um Platz 3:
Gera - Frankfurt/Oder 3:1

Endstand:
1. Karl-Marx-Stadt, 2. Neubrandenburg, 3. Gera, 4. Frankfurt/Oder, 5. Leipzig, 6. Halle, 7. Erfurt, 8. Berlin

Jugend
Endspiel:
Berlin - Dresden 3:2 n. V.
Spiel um Platz 3:
Frankfurt - Magdeburg 1:1 n. V., 4:3 n. Elfm.

Endstand:
1. Berlin, 2. Dresden, 3. Frankfurt/Oder, 4. Magdeburg, 5. Leipzig, 6. Erfurt, 7. Halle, 8. Potsdam

Junioren
Endspiel:
Karl-Marx-Stadt - Berlin 1:1 n. V., 5:4 n. Elfm.
Spiel um Platz 3:
Magdeburg - Leipzig 3:2

Endstand:
1. Karl-Marx-Stadt, 2. Berlin, 3. Magdeburg, 4. Leipzig, 5. Dresden, 6. Frankfurt/Oder, 7. Halle, 8. Schwerin

Bei den Schülern erwartete man die Spieler um den Vizemeister 1. FC Lok Leipzig vorn, doch die Auswahl konnte nicht in den Kampf um die Medaillen eingreifen. Gold holte sich die stark verbesserte Auswahl aus Karl-Marx-Stadt vor den überraschend auftrumpfenden Junioren aus dem Bezirk Neubrandenburg. Hier trug die gute Arbeit bei Post Neubrandenburg erste Früchte. Auch Rang 3 der Geraer Auswahl kommt unerwartet. Frankfurt im kleinen Finale, Leipzig, Halle und Berlin abgeschlagen - das war ein unerwarteter Ausgang des Turniers.

Die Jugendlichen aus Berlin wurden ganz vorn erwartet, hatte sich doch der Berliner FC Dynamo die Landesmeisterschaft gesichert. Dresden konnte dann auch erst nach harter Gegenwehr in der Verlängerung besiegt werden.

Frankfurt vor Magdeburg, Leipzig, Erfurt und Halle - auch dieser Einlauf war von keinem Experten erwartet worden. Bei den Junioren spielten die in der Meisterschaft vorn eingekommenen Mannschaften keine Rolle. Frankfurt und Dresden landeten auf den Plätzen, der Bezirk Rostock war nicht vertreten.

6. Spartakiade vom 25. -31. Juli 1977 in Leipzig

Ausgetragen wurden in diesem Jahr zwei Turniere mit jeweils acht Bezirksauswahlmannschaften der Altersklassen 13 und 14.

AK 13
Endspiel:
Frankfurt - Potsdam 3:2
Spiel um Platz 3:
Leipzig - Cottbus 1:0

Endstand:
1. Frankfurt, 2. Potsdam, 3. Leipzig, 4. Cottbus, 5. Schwerin, 6. Karl-Marx-Stadt, 7. Halle, 8. Magdeburg

AK 14
Endspiel:
Erfurt - Gera 1:0
Spiel um Platz 3:
Berlin - Frankfurt 3:0

Endstand:
1. Erfurt, 2. Gera, 3. Berlin, 4. Frankfurt, 5. Rostock, 6. Magdeburg, 7. Leipzig, 8. Dresden

Daß bei den Dreizehnjährigen die Spieler aus Magdeburg und Halle die letzten Plätze belegen, war die Sensation des Turniers. In dieser Altersklasse zahlte sich die gute Nachwuchsarbeit beim FC Vorwärts Frankfurt aus. Die Vertretungen aus den Norden (Schwerin, Potsdam) konnten sich vor den stärker eingeschätzten Teams aus Karl-Marx-Stadt und wie erwähnt Halle und Leipzig plazieren.

In der Altersklasse 14 kam es zum nicht erwarteten Thüringen-Derby. Erfurt erwies sich um ein Tor besser als die Spieler aus Ostthüringen. Doch diese hatten mit der Silbermedaille viel mehr erreicht, als zu erwarten war. Auch in diesem Turnier überraschend die vermeintlichen Favoriten am Ende: Dresden, Leipzig und Magdeburg.

7. Spartakiade vom 23. -29. Juni 1979 in Berlin

Gespielt wurden drei Turniere mit jeweils 15 Bezirksauswahlmannschaften der Altersklassen 11 und 12 sowie 11 Klubmannschaften der AK 13.

AK 11
Endspiel:
Dresden - Rostock 6:1
Spiel um Platz 3:
Karl-Marx-Stadt - Frankfurt 4:0

Endstand:
1. Dresden, 2. Rostock, 3. Karl-Marx-Stadt, 4. Frankfurt, 5. Leipzig, 6. Magdeburg, 7. Berlin, 8. Halle, 9. Cottbus, 10. Erfurt, 11. Gera, 12. Neubrandenburg, 13. Suhl, 14. Schwerin, 15. Potsdam

AK 12
Endspiel:
Magdeburg - Erfurt 1:1 n. V., 3:2 n. Elfm.
Spiel um Platz 3:
Berlin - Rostock 1:0

Endstand:
1. Magdeburg, 2. Erfurt, 3. Berlin, 4. Rostock, 5. Leipzig, 6. Dresden, 7. Halle, 8. Karl-Marx-Stadt, 9. Frankfurt/Oder, 10. Schwerin, 11. Cottbus, 12. Potsdam, 13. Gera, 14. Neubrandenburg, 15. Suhl

AK 13

Endspiel:

Dynamo Dresden - FC Vorwärts Frankfurt 1:0

Spiel um Platz 3:

1. FC Lok Leipzig - 1. FC Magdeburg 3:0

Endstand:

1. Dynamo Dresden, 2. FC Vorwärts Frankfurt, 3. 1. FC Lok Leipzig, 4. 1, FC Magdeburg, 5. Berliner FC Dynamo, 6. FC Hansa Rostock, 7. FC Carl Zeiss Jena, 8. FC Rot-Weiß Erfurt, 9. 1. FC Union Berlin, 10. FC Karl-Marx-Stadt, 11. Hallescher FC Chemie

Bei den Jüngsten setzte sich erwartungsgemäß die Auswahl aus Dresden durch. Das Turnier brachte kaum überraschende Resultate, die Endplazierung enrspricht annähernd dem Leistungsstand. Auch in der AK 12 gab es kaum Überraschungen, sieht man davon ab, daß Leipzig weiter vorn erwartet wurde. Eine Steigerung konnte bei den Auswahlmannschaften von Erfurt und Berlin verzeichnet werden. Ein interessantes Turnier gab es bei den Dreizehnjährigen, waren doch hier Klubmannschaften vertreten.

Auch in dieser Altersklasse war der Dresdner Sieg verdient. Mehr erwartet hatte an vom FC Carl Zeiss Jena, der im Verlauf des Turniers keine Rolle spielte. Bedenklich - die Hallenser rutschten an das Tabellenende!

8. Spartakiade vom 20. -26. Juli 1981 in Berlin

Es fanden fünf Turniere mit 15 Bezirksauswahlmannschaften der Altersklasse 12 sowie elf Klubmannschaften und einer Territorialauswahl in den Altersklassen 13, 14, 15 und 16 statt.

AK 12

Endspiel:

Magdeburg - Rostock 3:1

Spiel um Platz 3:

Berlin - Gera 3:0

Endstand:

1. Magdeburg, 2. Rostock, 3. Berlin, 4. Gera, 5. Halle, 6. Dresden, 7. Cottbus, 8. Frankfurt/Oder, 9. Leipzig, 10. Potsdam, 11. Karl-Marx-Stadt, 12. Schwerin, 13. Erfurt, 14. Suhl, 15. Neubrandenburg

AK 13

Endspiel:

1. FC Lok Leipzig - Dynamo Dresden 4:1

Spiel um Platz 3:

FC Hansa Rostock - FC Carl Zeiss Jena 2:1 n. V.

Endstand:

1. 1. FC Lok Leipzig, 2. Dynamo Dresden, 3. FC Hansa Rostock, 4. FC Carl Zeiss Jena, 5. Berliner FC Dynamo, 6. Hallescher FC Chemie, 7. FC Rot-Weiß Erfurt, 8. Territorialauswahl, 9. FC Karl-Marx-Stadt, 10. FC Vorwärts Frankfurt, 11. 1. FC Union Berlin, 12. 1. FC Magdeburg

AK 14

Endspiel:

Berliner FC Dynamo - FC Karl-Marx-Stadt 2:0

Spiel um Platz 3:

1. FC Magdeburg - Hallescher FC Chemie 2:0

Endstand:

1. Berliner FC Dynamo, 2. FC Karl-Marx-Stadt, 3. 1. FC Magdeburg, 4. Hallescher FC Chemie, 5. FC Hansa Rostock, 6. FC Rot-Weiß Erfurt, 7. 1. FC Union Berlin, 8. FC Carl Zeiss Jena, 9. FC Vorwärts Frankfurt, 10. 1. FC Lok Leipzig, 11. Dynamo Dresden, 12. Territorialauswahl

AK 15

Endspiel:

FC Vorwärts Frankfurt - Dynamo Dresden 1:0

Spiel um Platz 3:

FC Hansa Rostock - FC Karl-Marx-Stadt 3:2

Endstand:

1. FC Vorwärts Frankfurt, 2. Dynamo Dresden, 3. FC Hansa Rostock, 4. FC Karl-Marx-Stadt, 5. 1. FC

Lok Leipzig, 6. FC Carl Zeiss Jena, 7. 1. FC Magdeburg, 8. FC Rot-Weiß Erfurt, 9. Berliner FC Dynamo, 10. Hallescher FC Chemie, 11. 1. FC Union Berlin, 12. Territorialauswahl

AK 16

Endspiel:

1. FC Lok Leipzig - 1. FC Union Berlin	2:0

Spiel um Platz 3:

FC Carl Zeiss Jena - FC Rot-Weiß Erfurt	3:2 n. V.

Endstand

1. 1. FC Lok Leipzig, 2. 1. FC Union Berlin, 3. FC Carl Zeiss Jena, 4. FC Rot-Weiß Erfurt, 5. 1. FC Magdeburg, 6. FC Karl-Marx-Stadt, 7. Berliner FC Dynamo, 8. Hallescher FC Chemie, 9. FC Hansa Rostock, 10. Territorialauswahl, 11. FC Vorwärts Frankfurt, 12. Dynamo Dresden

Überraschungen blieben auch in diesem Jahr nicht aus. In der Altersklasse 12 setzten sich mit Magdeburg und Rostock klar die stärksten Auswahlmannschaften durch. Allerdings hatte man die Geraer Vertretung nicht so weit vorn erwartet. Dresden und Leipzig konnten überraschend nicht in den Kampf um die Medaillen eingreifen. Normaler Ausgang auch in der Altersklasse 13. Hier überrascht lediglich das schwache Abschneiden des 1. FC Magdeburg, der nur den letzten Platz belegen konnte. In der Altersklasse 14 konnten sich die Berliner endlich einmal durchsetzen.

Ohne Chance die Mannschaften des FC Carl Zeiss Jena sowie von Dynamo Dresden, die mit enttäuschenden Ergebnissen aufwarteten.

Die Altersklasse 15 sah den FC Vorwärts Frankfurt ganz vorn. Ohne Chance hier Lok Leipzig, Carl Zeiss Jena und der 1. FC Magdeburg. Bei den Sechzehnjährigen drang überraschend der 1. FC Union Berlin in das Endspiel vor. Eine Riesenpleite gab es für Dynamo Dresden, das nur auf dem letzten Rang einkam. Dabei hatten die Dresdner Junioren die Landesmeisterschaft gewonnen.

9. Spartakiade vom 25. -31. Juli 1983 in Leipzig

Ausgetragen wurden diesmal nur drei Turniere mit jeweils 15 Bezirksauswahlvertretungen der Altersklassen 12, 13 und 15.

AK 12

Endspiel:

Dresden - Berlin	2:2 n. V, 4:3 n. Elfm.

Spiel um Platz 3:

Schwerin - Rostock	2:1

Endstand:

1. Dresden, 2. Berlin, 3. Schwerin, 4. Rostock, 5. Magdeburg, 6. Halle, 7. Karl-Marx-Stadt, 8. Erfurt, 9. Potsdam, 10. Gera, 11. Frankfurt/Oder, 12. Neubrandenburg, 13. Cottbus, 14. Leipzig, 15. Suhl

AK 13

Endspiel:

Dresden - Berlin	0:0 n. V., 6:5 n. Elfm.

Spiel um Platz 3:

Karl-Marx-Stadt - Erfurt	3:0

Endstand:

1. Dresden, 2. Berlin, 3. Karl-Marx-Stadt, 4. Erfurt, 5. Halle, 6. Leipzig, 7. Gera, 8. Cottbus, 9. Frankfurt/Oder, 10. Magdeburg, 11. Schwerin, 12. Potsdam, 13. Suhl, 14. Neubrandenburg, 15. Rostock

AK 15

Endspiel:

Rostock - Karl-Marx-Stadt	0:0 n. V., 5:4 n. Elfm.

Spiel um Platz 3:

Dresden - Leipzig	3:2

Endstand:

1. Rostock, 2. Karl-Marx-Stadt, 3. Dresden, 4. Leipzig, 5. Magdeburg, 6. Gera, 7. Erfurt, 8. Frankfurt, 9. Halle, 10. Berlin, 11. Cottbus, 12. Schwerin, 13. Potsdam, 14. Neubrandenburg, 15. Suhl

Mit zwei Gold- und einer Bronzemedaille waren die Dresdner Auswahlmannschaften am erfolgreichsten. Zeimal trafen sie im Finale auf die Berliner Auswahl, und beide Spiele konnten im erforderlichen Elfmeterschießen entschieden werden. Eine Überraschung gab es in der Altersklasse 12. Im kleinen Finale konnte sich die Schweriner Vertretung gegen die favorisierten Rostocker durchsetzen. Nach hinten durchgereicht wurde die Auswahl Leipzigs.

Das gleiche trifft auf die Rostocker Auswahl in der Altersklasse 13 zu. Mehr erwartet hatte sich auch die Magdeburger Auswahl. Bei den Fünfzehnjährigen gab es kaum Überraschungen. Karl-Marx-Stadt stark verbessert, kam noch vor Dresden und Leipzig ein.

10. Spartakiade vom 22. -28. Juli 1985 in Berlin

Es fanden drei Turniere mit jeweils acht Bezirksauswahlmannschaften der Altersklassen 12, 13/14 und 15 statt.

AK 12
Endspiel:
Halle - Gera 1:0
Spiel um Platz 3:
Dresden - Schwerin 3:1

Endstand:
1. Halle, 2. Gera, 3. Dresden, 4. Schwerin, 5. Cottbus, 6. Neubrandenburg, 7. Rostock, 8. Leipzig

AK 13/14
Endspiel:
Magdeburg - Berlin 2:0
Spiel um Platz 3:
Frankfurt - Rostock 2:0

Endstand:
1. Magdeburg, 2. Berlin, 3. Frankfurt, 4. Rostock, 5. Dresden, 6. Gera, 7. Erfurt, 8. Halle

AK 15
Endspiel:
Dresden - Leipzig 1:0
Spiel um Platz 3:
Halle - Magdeburg 4:2

Endstand:
1. Dresden, 2. Leipzig, 3. Halle, 4. Magdeburg, 5. Frankfurt, 6. Rostock, 7. Berlin, 8. Gera

Einen überraschenden Ausgang nahm das Turnier der Altersklasse 12. Das Endspiel bestritten unerwartet Halle und Gera, besonders für die Thüringer ein Erfolg. Auch Schwerin konnte in das kleine Finale vordringen, mußte sich jedoch erwartungsgemäß den favorisierten Dresdnern beugen. Rostock und Leipzig am Ende - auch das überraschte.

In der Altersklasse 13/14 konnte sich die Auswahl Magdeburgs wieder einmal durchsetzen, während sich bei den Fünfzehnjährigen die Dresdner Auswahl die Goldmedaille sicherte.

Die Spartakiaden boten oftmals guten Fußball. Für die Jüngsten war dieses Ereignis ein Ansporn, sich für höhere Aufgaben zu empfehlen.

Zwei Traditionsklubs des DDR-Fußballs mit 129 Auswahlspielern

Am Beispiel der Mannschaften von Dynamo Dresden und des 1. FC Lok Leipzig soll gezeigt werden, wie in den Klubs der DDR-Oberliga die vielen Talente gefördert und systematisch auf internationale Bewährungsproben vorbereitet wurden. Es gab viele talentierte Spieler, die mehrere Auswahlmannschaften durchlaufen haben, bis sie schließlich in die A-Nationalmannschaft berufen wurden.

Für viele begann die internationale Laufbahn in der Juniorenauswahl, setzte sich über die Nachwuchs- und mitunter die Olympiaauswahl fort.

Doch man muß auch die andere Seite der Talenteförderung in Betracht ziehen. In der Fuwo-Sonderausgabe "Das war unser Fußball im Osten" wird berichtet: "Bei einem ausgeklügelten, langfristigen Förderungssystem. in das - wie im gesamten Leistungssport - sehr viel Geld investiert wurde. Aus den Vereinen, die sich nur Gemeinschaften nennen durften, wurden die Talente bereits mit neun, zehn Jahren herausgepickt. Sie trainierten in 140 über das ganze Land verteilten Trainingszentren (TZ) durchschnittlich viermal in der Woche. Im Verein wurden sie nur noch am Wochenende zum Spiel gesehen. Den Zentren standen knapp 150 hauptamtliche Trainer und etwa 800 Übungsleiter zur Verfügung, die bei voller Bezahlung am Nachmittag von ihrer beruflichen Tätigkeit freigestellt wurden.

Die wiederum besten Jungen wurden mit 14, 15 Jahren nach eingehender Überprüfung (nicht nur sportlich!) in einen der elf Fußballklubs und die dazu gehörende Kinder- und Jugendsportschule (KJS) delegiert. Aus diesem Elitekreis wurden dann die Auswahlmannschaften gebildet. Schlimm war, daß selbst großen Talenten aus Betriebssportgemeinschaften, die einen solchen Weg nicht gehen wollten, die Aufnahme verwehrt wurde.

In oftmals monatelangen Lehrgängen wurden die Erfolge geplant und vorbereitet. Für jede internationale Meisterschaft gab es konkrete Ziele, die 'Fußballtheoretiker' am Schreibtisch festlegten.

Den Jungen an den KJS, die für viele 100 und mehr Kilometer vom Heimatort entfernt lagen, wurde alles vorgegeben: der Tagesablauf, Zensurenforderungen für die Schule, selbst die Freizeitgestaltung. Eigenständigkeit und Kreativität waren nicht erwünscht. Zu Trainingslagern durften die Talente nicht mit eigenen Fahrzeugen anreisen. Vorsichtshalber suchten die Nachwuchsverantwortlichen Zugverbindungen und Umsteigemöglichkeiten heraus. Die 'Sorge' ging so weit, daß Fahrkarten besorgt und der Weg zum Bahnhof erklärt wurde. Kein Wunder, daß die wenigsten Spieler in der Lage waren, auf dem Rasen eigenes Denken einzubringen. Und bei den Funktionären herrschte Ratlosigkeit, wenn die gegnerische Mannschaft anders als vorhergeplant spielte. Um so mehr verwunderten die Nachwuchs-Erfolge."

Dieter Riedel (rechts) war von 1967 bis 1980 für Dynamo Dresden in der Oberliga aktiv.

Das betraf fast ausnahmslos alle Spitzenfußballer der ehemaligen DDR. Dynamo Dresden stellte bis Mitte 1987 79 Auswahlspieler ab. Beim 1. FC Lok Leipzig sind es 56 Spieler, die in einer Auswahl zum Einsatz kamen.

Hier die namentliche Aufstellung aller Auswahlspieler:

Dynamo Dresden

Name:	A/Tore	Olympia	Nachw.	Junioren
Bielecke, Rainer	-	-	-	6/2
Blaseck, Mathias	-	-	1/0	7/0
Boden, Claus	-	-	25/0	1/0
Büttner, Steffen	3/0	-	1/0	-
Donix, Matthias	-	-	6/0	22/0
Dörner, Hans-Jürgen	100/9	10/4	15/0	17/2
Döschner, Matthias	40/2	9/2	13/2	-
Förster, Sven	-	-	3/1	7/0
Fritzsche, Peter	-	-	-	12/0
Ganzera, Frank	13/0	-	8/1	3/0
Gerstenberger, Steffen	-	-	6/0	13/0
Geyer, Eduard	-	-	9/0	4/0
Gottlöber, Tino	-	-	-	1/0
Gütschow, Torsten	3/2	3/2	16/0	4/3
Haack, Lothar	-	-	4/0	-
Häfner, Reinhard	58/5	11/2	36/3	42/1
Hauptmann, Ralf	4/0	-	-	11/0
Heidler, Gert	12/2	-	25/7	-
Haustein, Wolfgang	-	-	2/0	-
Helm, Christian	-	-	8/0	1/0
Hofmann, Bernd	-	-	4/0	-
Jähnig, Uwe	-	-	-	3/0
Jakubowski, Bernd	-	6/0	-	-
Juretzko, Peter	-	-	-	9/1
Kirsten, Ulf	49/14	-	10/	4
Kotte, Peter	21/	3	-	28/10
Kreische, Hans-Jürgen	57/25	6/10	28/10	-
Kretzschmar, Sven	-	-	1/0	-
Lachmann, Steffen	-	-	1/0	8/0
Leonhard, Jens	-	-	-	8/1
Lichtenberger, Klaus	-	-	3/0	-
Lieberam, Frank	1/0	2/0	-	-
Lippmann, Frank	-	-	1/0	-
Löpelt, Heiko	-	-	-	1/0
Losert, Dirk	-	-	-	13/2
Matthes, Gottfried	-	-	5/0	-
Maucksch, Matthias	1/0	-	-	9/0
Mecke, Fred	-	-	7/0	23/0
Milde, Rocco	-	-	-	7/0
Minge, Ralf	36/8	13/2	11/1	-
Mittag, Andreas	-	-	1/0	2/0
Müller, Klaus	2/0	-	3/0	18/0
Müller, Matthias	4/0	-	5/0	18/0
Narr, Andreas	-	-	1/0	5/0
Neitzel, Karsten	-	-	-	18/1
Noske, Peter	-	-	1/0	-
Pfahl, Jens	-	-	-	18/1
Pilz, Hans-Uwe	35/0	14/4	2/0	-
Prasse, Jörg	-	-	-	15/1
Protzner, Jens	-	-	-	4/1
Rau, Horst	-	-	3/0	-
Richter, Frank	7/1	-	21/0	25/8
Riedel, Dieter	4/0	-	7/1	1/1
Ritter, Thomas	-	-	-	22/1
Sachse, Rainer	2/0	-	16/6	4/0
Sammer, Klaus	17/0	4/1	6/0	-
Sammer, Matthias	23/6	-	1/0	25/13
Schade, Hartmut	31/5	6/1	6/1	26/6
Schlicke, Volker	-	-	1/0	9/0
Schmidt, Andreas	-	-	1/0	1/0
Schmuck, Udo	7/1	-	42/5	16/1
Schößler, Detlef	18/0	-	-	-
Schülbe, Lutz	-	-	16/0	-
Schulz, Matthias	-	-	-	1/0
Schuster, Frank	-	1/0	11/1	-
Seifert, Gerd	-	-	-	3/0
Stübner, Jörg	47/1	-	10/1	14/2
Teuber, Ronny	1/0	-	5/0	-
Trautmann, Andreas	14/1	18/3	13/1	3/0
Vogel, Ralf	-	-	-	36/4
Vorwerg, Dietmar	-	-	1/0	-
Wagenhaus, Andreas	3/0	-	9/1	-
Wätzlich, Siegmar	24/0	-	-	-
Weber, Gerd	35/5	-	13/0	51/7
Wude, Torsten	-	-	5/0	13/0
Zschiedrich, Falk	-	-	-	4/0
	665/116	**103/31**	**457/56**	**580/68**

1. FC Lok Leipzig

Altmann, Wolfgang	-	-	7/0	14/0
Arnold, Peter	-	-	-	16/0
Baum, Frank	17/0	11/1	4/1	-
Bornschein, Andreas	1/0	-	13/2	13/0
Bott, Freimuth	-	-	-	6/0
Bredow, Uwe	-	-	12/0	11/0
Dennstedt, Thomas	1/0	10/2	21/3	35/1
Edmond, Frank	-	-	3/0	5/0
Eichhorn, Lutz	-	-	2/0	11/0
Engelhardt, Dieter	3/1	1/0	1/0	-
Englisch, Peter	-	-	-	21/4
Faber, Michael	1/0	1/0	1/0	-
Franke, Christoph	-	-	5/0	3/0

Heiko Scholz im FDGB-Pokalspiel 1987 für den 1. FC Lok Leipzig. Danach wechselte er über Dresden und Leverkusen nach Bremen.

Frenzel, Henning	56/19	16/7	5/2	1/0
Friese, Werner	-	-	10/0	-
Fritsche, Joachim	14/0	1/0	27/0	19/3
Gase, Werner	-	-	5/0	11/0
Geisler, Manfred	15/1	8/0	2/0	7/0
Gießner, Peter	-	-	-	11/1
Gröbner, Wilfried	8/0	1/0	10 /0	-
Hammer, Roland	-	-	10/0	1/0
Kaiser, Rolf	-	-	-	8/0
Kinne, Hans-Jürgen	-	-	11/3	9/1
Kracht, Torsten	2/0	-	-	26/1
Krauß, Roland	-	-	-	15/0
Kreer, Ronald	65/2	13/1	12/1	14/3
Kühn, Dieter	13/5	17/6	28/18	40/7
Kupfer, Manfred	-	-	2/0	-
Liebers, Matthias	59/4	11/1	20/2	35/12
Lindner, Matthias	22/0	-	14/1	21/
Löwe, Wolfram	43/12	11/2	10/1	2/0
Mappes, Frank	-	-	1/0	14/0
Marschall, Olaf	4/0	-	6/0	26/5
Matoul, Hans-Bert	3/1	-	-	-
Moldt, Lutz	-	1/0	15/3	-
Müller, Rene	46/0	16/0	13/0	10/0
Naumann, Hans-Jürgen	1/0	2/0	12/2	7/1
Neuhaus, Hartmut	-	-	-	1/0
Niklasch, Joachim	-	-	1/0	-
Pfeufer, Claus	-	-	4 /0	-
Richter, Hans	15/4	15/0	2/0	8/0
Rietzschel, Udo	-	-	3/0	-
Rost, Carsten	-	-	3/0	17/3
Roth, Andreas	-	1/0	40/2	30/0
Sauer, Roland	-	-	3/0	17/0
Schulze, Ulrich	-	-	-	10/0
Sekora, Gunter	1/0	-	18/0	3/0
Scholz, Heiko	7/0	-	-	-
Stötzner, Siegfried	-	4/0	-	-
Teubel, Frank	-	-	-	18/2
Tramp, Bernd	-	-	-	16/0
Treske, Andreas	-	-	-	23/1
Trölitzsch, Rainer	-	-	9/1	-
Weigang, Horst	12/0	1/0	6/0	10/0
Zerbe, Arno	1/0	-	2/0	6/2
Zötzsche, Uwe	38/5	11/3	8/0	21/2
	448/54	**151/23**	**382/42**	**592/55**

Weitere Spieler, die in mehreren Auswahlmannschaften zum Einsatz kamen:

Name:	Verein	A/Tore	Olympia	Nachw.	Junioren
Alms, Gernot	(Hansa Rostock)	-	-	22/0	25/2
Backs, Christian	(BFC Dynamo)	9/0	16/2	16/4	(11/3)
Bähringer, Jürgen	(FC Karl-Marx-Stadt)	1/0	18/2	(9/1)	-
Brauer, Gerd	(Carl Zeiss Jena)	4/0	9/0	23/0	20/0
Croy, Jürgen	(Sachsenring Zwickau)	94/0	23/0	-	-
Decker, Klaus	(1. FC Magdeburg)	3/0	6/0	17/0	-
Ernst, Rainer	(BFC Dynamo)	56/20	-	23/11	25/10
Fräßdorf, Otto	(Vorwärts Berlin)	33/4	18/6	(9/1)	-
Halata, Damian	(1. FC Magdeburg)	4/0	-	21/4	20/6
Hause, Lothar	(Vorwärts Frankfurt)	9/0	12/1	24/5	28/4
Heun, Jürgen	(Rot-Weiß Erfurt)	17/0	7/1	(7/2)	-
Hoffmann, Martin	(1. FC Magdeburg)	66/16	10/1	-	20/7
Irmscher, Harald	(Zwickau/Zeiss Jena)	41/4	12/2	(9/1)	(7/1)
Jarohs, Rainer	(Hansa Rostock)	3/0	2/1	26/10	(11/4)
Kische, Gerd	(Hansa Rostock)	63/0	12/0	-	(
Kleiminger, Heino	(Empor Rostock)	4/5	9/8	(6/2)	-
Körner, Gerhard	(Vorwärts Berlin)	33/4	13/1	-	-
Kurbjuweit, Lothar	(Riesa/Zeiss Jena)	66/4	13/1	11/2	29/1
Mischinger, Michael	(Hansa Rostock)	-	11/1	21/0	25/2
Müller, Joachim	(FC Karl-Marx-Stadt)	5/0	11/2	33/4	27/7
Nöldner, Jürgen	(Vorwärts Frankfurt)	30/16	11/4	(6/2)	(14/7)
Nowotny, Roland	(Hallescher FC)	-	-	20/6	11/5
Pankau, Herbert	(Hansa Rostock)	25/4	17/1	-	-
Peter, Werner	(Hallescher FC)	9/0	15/6	9/3	-
Pommerenke, Jürgen	(1. FC Magdeburg)	57/3	9/2	20/6	44/14
Raab, Jürgen	(Carl Zeiss Jena)	20/0	15/2	23/6	20/4
Raugust, Detlef	(1. FC Magdeburg)	3/0	3/0	20/0	-
Riediger, Hans-Jürgen	(BFC Dynamo)	41/6	8/3	7/3	34/16
Rudwaleit, Bodo	(BFC Dynamo)	33/0	13/0	24/0	-
Sänger, Carsten	(Rot-Weiß Erfurt)	16/0	5/0	23/0	24/1
Schnuphase, Rüdiger	(Erfurt/Zeiss Jena)	45/6	12/2	-	30/5
Schößler, Detlef	(1. FC Magdeburg)	18/0	7/0	24/0	-
Sparwasser, Jürgen	(1. FC Magdeburg)	53/15	11/6	7/3	(12/7)
Stahmann, Dirk	(1. FC Magdeburg)	46/0	14/1	-	-
Stein, Helmut	(Carl Zeiss Jena)	22/3	3/0	(10/6)	(11/6)
Steinbach, Wolfgang	(1. FC Magdeburg)	28/1	13/2	18/3	(11/2)
Stöcker, Hermann	(1. FC Magdeburg)	6/4	11/8	(8/1)	-
Streich, Joachim	(Rostock/Magdeburg)	102/55	11/8	(6/2)	(11/5)
Terletzki, Frank	(BFC Dynamo)	4/1	21/5	40/7	-
Töpfer, Thomas	(Carl Zeiss Jena)	-	-	24/0	11/1
Trieloff, Norbert	(BFC Dynamo)	18/0	16/0	23/1	24/0
Trocha, Martin	(Carl Zeiss Jena)	8/0	2/0	18/1	(11/1)
Tyll, Axel	(1. FC Magdeburg)	4/0	6/0	20/4	(11/3)
Ullrich, Artur	(BFC Dynamo)	13/0	4/0	23/1	-
Urbanczyk, Klaus	(Hallescher FC)	34/0	20/1	-	-
Vogel, Eberhard	(Carl Zeiss Jena)	74/25	24/10	(7/1)	-
Weise, Konrad	(Carl Zeiss Jena)	86/2	22/1	11/2	27/2
Zapf, Manfred	(1. FC Magdeburg)	16/0	10/1	19/0	

Nachbetrachtungen

Der Nachwuchsfußball spielte in der ehemaligen DDR eine entscheidende Rolle. Stets widmete man ihm die größte Aufmerksamkeit. Das geht auch aus der großen Anzahl von Länderspielen hervor, die die Juniorenauswahl bestritten hat. Zwanzig Länderspiele pro Saison und mehr waren keine Seltenheit. Frühzeitig sollten die Talente in Auswahlspielen gestählt werden, internationale Erfahrungen sammeln, die sie dann auch in der A-Nationalmannschaft umsetzen konnten.
Allein die Dresdner Spieler bestritten in den verschiedenen Auswahlmannschaften 1.805 Spiele, die vom 1. FC Lok Leipzig 1.573.
Hans-Jürgen Dörner absolvierte 142, Matthias Liebers 125, Reinhard Häfner 117 und Ronald Kreer 104 Länderspiele in mehreren Auswahlteams.
Und es gab auch die großen Verlierer. Der Leipziger Andreas Roth bestritt kein einziges A-Länderspiel, war jedoch bei 71 internationalen Begegnungen dabei. 40mal spielte er in der Nachwuchs- und 30mal in der Juniorenauswahl. Hinzu kommt ein Einsatz in der Olympiaauswahl.
Nach der Wende verließen viele Spieler die ehemalige DDR, wanderten in die alten Bundesländer ab. Das brachte den Ostfußball in eine tiefe Krise. Wo könnten die Mannschaften der DDR-Oberliga stehen, wenn sich nachstehende Spieler nicht Mannschaften der alten Bundesländer angeschlossen hätten.
So spielen bzw. spielten bei:

Borussia Dortmund:
Matthias Sammer, Steffen Freund, Steffen Karl, Rene Schneider, Jörg Heinrich, Rene Tretschok

FC Bayern München:
Carsten Jancker, Andreas Zickler

FC Schalke 04:
Thomas Linke, Frank Schön, Waldemar Ksienzyk, Uwe Weidemann

Borussia Mönchengladbach:
Robert Enke, Dirk Heyne

Hamburger SV:
Holger Hiemann, Marco Kostmann, Jens Dowe, Sven Kmetsch, Uwe Jähnig, Frank Rohde

Karlsruher SC:
Burkhard Reich, Thomas Ritter, Dirk Schuster, Heiko Bonan

TSV 1860 München:
Rayk Schröder, Jörg Böhme, Ronny Ernst, Jens Jeremies

SV Werder Bremen:
Frank Rost, Heiko Scholz, Bernd Hobsch

VfB Stuttgart:
Hendrik Herzog

SC Freiburg:
Karsten Neitzel, Thomas Rath

1. FC Köln:
Ralf Huptmann, Rico Steinmann, Henri Fuchs, Carsten Janker, Marsell Fensch

Bayer 04 Leverkusen:
Ulf Kirsten, Andreas Thom, Jens Melzig, Jens Haustein, Mario Tolkmitt, Matthias Stahmann, Jörg Nowotny, Rene Rydlewicz, Mike Rietpietsch

VfL Bochum:
Jörg Schwanke, Dariusz Wosz, Rocco Milde, Mathias Jack, Olaf Schreiber,

Arminia Bielefeld:
Heiko Gerber, Silvio Meißner

Doch auch die Zweitligisten hatten sich nicht unwesentlich verstärkt:

1. FC Saarbrücken:
Marco Kostmann, Michael Hennig, Henning Bürger

MSV Duisburg:
Alexander Löbe und Dirk Anders

1. FC Kaiserslautern:
Andreas Reinke, Olaf Marschall

Eintracht Frankfurt:
Rene Beuchel, Steffen Menze

KFC Uerdingen:
Heiko Peschke, Jörg Scherbe, Sebastian Hahn, Jörg Nowotny, Heiko Laessig

SV Waldhof Mannheim:
Rene Hecker, Tom Stohn, Jörg Kirsten, Andreas Wagenhaus, Jens Gerlach, Mirco Reichel

Fortuna Köln:
Andre Köhler, Rene Deffke, Roy Präger, Volker Röhrich, Nico Niedziella, Olaf Renn

VfL Wolfsburg:
Matthias Maucksch, Ulf-Volker Probst, Matthias Stamman, Sven Ratke

Hertha BSC Berlin:
Jens Adler, Falko Götz, Michael Hartmann, Steffen Karl, Sixten Veit, Axel Kruse, Marcel Rath

FC Gütersloh:
Ronny Teuber, Stefan Böger, Heiko Bonan

Stuttgarter Kickers:
Ralf Strogies, Dirk Wüllbier, Torsten Raspe, Andre Sirocks

Einige der genannten Spieler haben erst in jüngster Vergangenheit den Wechsel in die alten Bundesländer vollzogen, einige auch bereits ihren Verein gewechselt.

Das veranlaßte die "Sächsische Zeitung" vom 13. April 1994 zu folgendem Kommentar: "Ein Damoklesschwert über dem Ostfußball. Dunkle Wolken ziehen über den deutschen Fußball-Osten. Im Mai könnte der Profifußball auf den Gebiet der neuen Länder ins Bodenlose fallen, wenn nicht noch ein Wunder geschieht. Der VfB Leipzig ist bereits aus der Bundesliga abgestiegen, Dynamo Dresden droht noch immer das gleiche Schicksal. In der zweiten Liga hat nur Hansa Rostock einen Platz für die nächste Saison sicher. Tennis Borussia Berlin verschwindet in der Regionalliga, Hertha BSC, Carl Zeiss Jena und der Chemnitzer FC müssen mit dem Schlimmsten rechnen. 'Jetzt haben wir die Situation, die ich vor drei Jahren schon kommen sah', sagt Jenas Trainer Hans Meyer über die kritische Lage. Die Euphorie war nach der Vereinigung der beiden deutschen Fußballverbände und der

Seine steile Karriere begann Matthias Sammer im Nachswuchsbereich von Dynamo Dresden.

Aufnahme von ostdeutschen Mannschaften in die Profiligen vor der Saison 1991/92 groß. Rostock und Dresden im Oberhaus, dazu Jena, Chemnitz, Leipzig, Halle, Brandenburg und Erfurt sowie Hertha und Blau-Weiß 90 in der 2. Liga - der Boden für die gedeihliche Zukunft schien bereitet.

'So recht kann ich mir nicht erklären, was plötzlich los ist. Die Truppen haben doch nachgewiesen, daß sie Profi-Niveau besitzen. Wie es weitergehen soll, wenn wirklich das Schlimmste eintrifft, weiß ich gegenwärtig nicht', sagt Hans-Georg Moldenhauer, Präsident des Nordostdeutschen Fußball-Verbandes (NOFV) .

Meyer und sein Chemnitzer Kollege Reinhard Häfner sehen Gründe für den Absturz sowohl im sportlichen wie auch im wirtschaftlichen Bereich: 'Die Ost Teams haben oftmals versucht, mit Mannschaften spielerisch mithalten zu wollen, die das wesentlich besser können. Aber der Fußball in den neuen Ländern kann nur mit seinen arteigenen Stärken wie Kampf und Einsatzbereitschaft bestehen', erklärte Meyer. Häfner fügt hinzu:'Die ortsansässige Industrie ist noch immer nicht so stark wie im Westen. Wir haben nicht die Chance, uns mit einer halben Mannschaft zu verstärken. Wir müssen aus dem etwas machen, was wir haben'. " Und das ist nicht so leicht. Die begabten Spieler aus den Ostvereinen drängt es zum Profifußball. Und da oft genügend Angebote vorhanden sind, wird die Basis für die Profimannschaften im Osten immer kleiner. Vor Beginn der Saison 1994/95 äußerte Trainer Benno Möhlmann vom Hamburger SV: "Es ist kein Geheimnis, daß ich Uwe Jähnig aus Dresden gerne gehabt hätte. " Sein Wunsch ist inzwischen in Erfüllung gegangen.

Aber im Interesse der ostdeutschen Mannschaften darf kein weiterer Ausverkauf erfolgen. Vor der Saison 1994/95 verlor der VfB Leipzig Mittelfeldspieler Dirk Anders an den 1. FC Kaiserslautern, Olaf Marschall fiel Dresdens Zwangsverkäufen zum Opfer, spielt heute ebenfalls auf dem Betzenberg. Der Rostocker Kopfballspezialist Jens Dowe erzielte für TSV 1860 München manch wichtiges Tor, seit der Saison 1996/97 hat er sein Domizil beim Hamburger SV aufgeschlagen. Jenas Torhüter Perry Bräutigam hütete nicht das Tor von Dynamo Dresden, sondern zog es vor, sich dem 1. FC Nürnberg anzuschließen.

Der in den gesamtdeutschen Fußball integrierte Nachwuchsfußball der neuen Bundesländer hat kaum Bedeutung. 1993 konnte der FC Carl Zeiss Jena in das Finale der B-Meisterschaft "U 16" vordringen. Doch Borussia Dortmund zeigte den Thüringern beim 5:1 die Grenzen ihrer Möglichkeiten auf. Es grenzt schon an ein Wunder, wenn überhaupt eine Mannschaft aus dem Osten bis in die Zwischenrunde vordringen kann.

Zur Saison 1993/94 überstand kein Ostverein die 1. Runde bei der A- und B-Jugendmeisterschaft. Einziger Lichtblick war das Vordringen Dynamo Dresdens im DFV-Jugenkicker-Pokal in das Halbfinale. Doch der FC Augsburg verwehrte den Elbestädtern den Einzug in das Endspiel.

Im Kampf um die A-Junioren-Meisterschaft 1995/96 schaffte der FC Carl Zeiss Jena die Qualifikation gegen Tennis Borussia Berlin, schied jedoch im Viertelfinale gegen den SV Waldhof Mannheim mit 0:0 und 0:2 aus. Im DFB-Jugendkicker-Pokal drang Energie Cottbus bis in das Endspiel vor, hatte jedoch das Glück, in der 1. Runde sowie im Viertelfinale mit dem 1. FC Magdeburg und dem Greifswalder SC Gegner aus dem Osten zugelost zu bekommen. Die Elf des SV Jenaer Glas bestritt nur ein Pokalspiel und verlor dieses gegen den VfR Heilbronn hoch mit 0:9!

Eines hat sich auch im Jugendbereich durchgesetzt. Selbst bei den Jüngsten spielen Ausländer eine entscheidende Rolle - die Bundesliga läßt grüßen! Die A-Jugendmeisterschaft entschied Ibrahim Tanko aus Ghana mit zwei Toren entscheidend für Borussia Dortmund. Giuseppe Carnevale aus Italien sicherte dem VfB Stuttgart mit dem 3:0 endgültig die B-Meisterschaft.

Dariusz Wosz, hier noch im Trikot des Halleschen FC Chemie, ist heute vielumworbener Regisseur beim VfL Bochum.

Berkant Oral aus der Türkei gewann mit dem FC Augsburg den Jugend-Pokal gegen den 1. FC Köln. Ob Augsburg, Dortmund, Stuttgart oder Werder Bremen - die Verantwortlichen vieler Klubs haben ihre Vorliebe zu den Türken, Italienern und Isländern entdeckt. Was soll dann noch eigene Talente bewegen, wenn sie nur auf der Bank sitzen?

Welche Chancen haben die jungen Burschen aus Leipzig, Chemnitz, Dresden und anderen Vereinen, ihr Talent unter Beweis zu stellen?

Die Wiedervereinigung, der professionelle Fußball haben die früher so erfolgreichen Nachwuchsvertretungen aus Leipzig, Magdeburg, Jena und Halle aus der Bahn geworfen, haben die Klubs ausgeblutet, haben sie in die Bedeutungslosigkeit gestürzt. Wie will Dirk Schuster, der ehemalige Magdeburger, mit seiner neuen Mannschaft, dem Karlsruher SC, in eine Region zurückkehren, wenn Mannschaften dieser Region nur noch in unteren Spielklassen anzutreffen sind?

Was ist heute aus Mannschaften wie Dynamo Dresden, 1. FC Magdeburg oder Hallescher FC geworden? Dresden ist heute nur noch in der Regionalliga zu finden, Magdeburg spielt in der Amateur-Oberliga und Halle, Ostzonen-und DDR-Meister, dreifacher Junioren- und zweifacher Jugendmeister, mußte nach der Saison 1994/95 sogar in die Landesliga Sachsen-Anhalt absteigen. Auch die ehemaligen DDR-Meister Rot-Weiß Erfurt und Erzgebirge Aue, ehemals SC Wismut, fristen ihr Dasein in der Regionalliga. Und die führenden Nachwuchsmannschaften der ehemaligen DDR sind nur noch in der Regionalliga zu finden. Wann zeigt sich am ostdeutschen Fußballhimmel wieder ein Silberstreif?

Aus welchem Born konnten diese Mannschaften einst schöpfen? Pommerenke, Grüning, Bonan, Lieberam, Hoffmann und Halata aus Magdeburg, fast durchweg gestandene Nationalspieler, erlernten das Fußball-ABC in der Juniorenmannschaft, spielten international zunächst in der Juniorenauswahl. Robitzsch, Köppe, Mosert auf Hallenser Seite, die Jenaer Weise, Brauer und Raab, sie alle wurden im Nachwuchsbereich ihrer Klubs groß, kletterten Stufe um Stufe, wurden erfolgreiche Nationalspieler und Olympiasieger.

Es kommt schon eine gehörige Portion Wehmut auf, wenn man an die goldenen Zeiten des DDR-Fußballs zurückdenkt, wenn man sieht, wie eine Mannschaft nach der anderen aus dem Blickfeld verschwindet.

Was wäre heute Dynamo Dresden mit Matthias Sammer, Ulf Kirsten, Alexander Zickler, Heiko Scholz, Karsten Neitzel und Uwe Jähnig!

Was könnte der VfB Leipzig bewerkstelligen, wenn ein Bernd Hobsch noch in der Messestadt spielen würde? Was wäre Rico Steinmann für eine Verstärkung des Chemnitzer FC! Damit soll nicht gesagt sein, daß diesen Spielern eine Karriere in Bundesligavereinen verwehrt werden soll. Jeder soll seine Chance nutzen. Doch für viele ehemalige Spitzenmannschaften der damaligen DDR war eben der Aderlaß zu groß.

Die genannten Spieler leisten heute in ihren neuen Vereinen anständige Arbeit, und diese soll auch mit gutem Geld bezahlt werden. Dortmund, München, Leverkusen oder Hamburg sind nun einmal finanzkräftiger als Dresden, Leipzig oder Chemnitz.

Unter den heutigen Bedingungen im Profisport wird den ehemaligen Spitzensportlern keiner den Vorwurf machen, ihrer Mannschaft den Rücken gekehrt zu haben. Angebot bleibt Angebot - Geschäft ist Geschäft. Unter DDR-Bedingungen hatten sie nie die Chance, an das große Geld zu gelangen. Im vereinten Deutschland freuen auch wir uns über hervorragende Leistungen "unserer" Spieler in ihren neuen Klubs und der Nationalmannschaft. Doch ihre Spiele im damaligen DDR-Fußball bleiben noch lange in Erinnerung.

Mit dem Vorliegen dieses Buches ist die Geschichte des DDR-Fußballs abgeschlossen. Es wurde der Versuch unternommen, alle Bereiche des Fußballs annähernd aufzuarbeiten. Sicherlich wird es dem Leser dieser Bücher so ergehen wie dem Rekordinternationalen Joachim Streich, der nach Beendigung der Saison 1990/91 zum Ausdruck brachte:

"Der Fußball in der DDR hat mir viele Erlebnisse gebracht. Höhepunkte und Tiefschläge. Nichts davon möchte ich missen. Im Gegenteil. Klar, ich freue mich auf die Bundesliga. Da geht es mir genauso wie den meisten Fußballfans im Osten. Jetzt sind auch unsere Klubs endlich dabei. Aber mich befällt auch ein bißchen Wehmut, wenn ich daran denke, daß die allerletzte Oberligasaison beendet ist. Sicher fühlen auch Sie, die Zuschauer, die jahrelang zu uns gestanden oder uns auch ausgepfiffen haben, so. Denn was man über unseren Fußball im Osten auch denken mag, für viel Abwechslung hat er immer gesorgt. . . Und ganz so schlecht, wie es uns viele nachsagen, waren wir ja auch nicht. Ich denke nur an die großen Spieler, die der DDR-Fußball hervorgebracht hat. In allen Jahrzehnten. Manfred Kaiser aus Aue, der Rostocker Herbert Pankau, Peter Ducke aus Jena, Jürgen Croy aus Zwickau, Dresdens Hans-Jürgen Dörner. Sie alle hätten auch in berühmten Mannschaften des bezahlten Fußballs bestanden, wie jetzt Thomas Doll beim Hamburger SV.

Es gab ja auch mannschaftliche Erfolge. Der 1. FC Magdeburg gewann 1974 als einziger DDR-Klub einen Europapokal. Die Auswahl erreichte im gleichen Jahr die WM-Endrunde. Eine Riesensensation war damals das Tor von Jürgen Sparwasser, das uns das 1:0 gegen den späteren Weltmeister Bundesrepublik brachte. Nicht zu vergessen der Olympiasieg 1976, als unsere Mannschaft im Finale immerhin den WM-Dritten Polen mit 3:1 bezwang. Wirklich, es gab gute Trainer, die Klasse-Mannschaften formten: Georg Buschner, Heinz Krügel, Hans Meyer oder Walter Fritzsch.

Leider gab es auch dunkle Kapitel. Flucht, Sperren, Verleumdungen - das gehört genauso zum Fußball im Osten wie die Erfolge."

Mit diesem Rückblick soll das Kapitel Fußball in der DDR abgeschlossen werden. Schon längst denken auch wir in anderen Dimensionen, bangen wir mit unseren Mannschaften, die den Osten Deutschlands im bezahlten Fußball vertreten. Ob Bundesliga- oder Regionalligamannschaften, ob Fußball im Senioren- oder Juniorenbereich - von allen Mannschaften wünschen wir uns, daß sie an frühere Traditionen anknüpfen und den ostdeutschen Fußball wieder zu neuer Blüte verhelfen mögen.